CASIO

fx–5800P

测量程序设计

向继平 编著

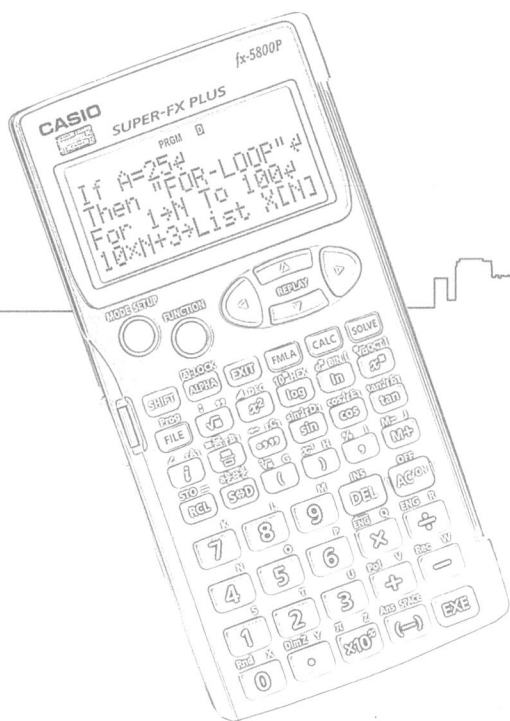

中国电力出版社
CHINA ELECTRIC POWER PRESS

内 容 提 要

本书以 CASIO fx-5800P 计算器为载体，结合实例程序介绍了程序的三种结构，并基于计算器程序设计的特点，详细分析了 CASIO fx-5800P 测量程序设计的方法和技巧。书中所有实例程序均来源于典型的测量计算任务，程序设计步骤规范，选择的数学模型正确、高效，可以直接用于生产实践。全书共七章，主要内容包括 CASIO fx-5800P 计算器基本操作、程序设计基础、顺序结构程序设计、选择结构程序设计、循环结构程序设计、子程序和综合实例等。

本书可作为高等职业院校测绘类、土木工程类专业的教学用书，也可作为在一线从事测绘生产、土木工程施工的专业技术人员开发计算器程序的参考用书。

图书在版编目（CIP）数据

CASIO fx-5800P 测量程序设计 / 向继平编著 . —北京：中国电力出版社，2017.9（2024.1 重印）
ISBN 978-7-5198-0992-8

Ⅰ . ①C… Ⅱ . ①向… Ⅲ . ①道路测量－可编程序计算器－应用程序 Ⅳ . ①U412.24-39

中国版本图书馆 CIP 数据核字（2017）第 173883 号

出版发行：中国电力出版社
地　　址：北京市东城区北京站西街 19 号（邮政编码 100005）
网　　址：http://www.cepp.sgcc.com.cn
责任编辑：王晓蕾　（010-63412610）
责任校对：常燕昆
装帧设计：张俊霞
责任印制：杨晓东

印　　刷：北京锦鸿盛世印刷科技有限公司
版　　次：2017 年 9 月第一版
印　　次：2024 年 1 月北京第四次印刷
开　　本：787 毫米 ×1092 毫米　　16 开本
印　　张：13
字　　数：309 千字
定　　价：45.00 元

前　　言

　　测绘数据处理能力是测绘从业人员职业能力的重要组成部分，而数据计算是数据处理的基础，因此计算能力是测绘从业人员能力培养的重要组成部分。

　　随着科学技术的发展，测量计算的工具也在与时俱进，形成了由函数计算器、可编程计算器、智能手机和计算机组成的完整体系。数据处理的效率得到了空前的提高，工程建设现场的实时数据处理已成为一种发展趋势。计算机对电源和使用环境的要求高，不适宜用于工程现场的数据处理；携带方便、环境适应性好、可靠耐用的计算器更适宜用于工程现场的实时计算，特别是可编程计算器 CASIO fx-5800P，它在工程建设领域发挥着极其重要的作用。

　　本书针对 CASIO fx-5800P 计算器程序设计语言的特点，详细阐述了计算器程序设计的方法和技巧。本书的编写立足于"看得懂、学得会、用得上"，力求做到知识易学能用、实例好懂实用，书中所有实例程序全部采用模块化、结构化的程序设计方法，方法与技术并重，突出算法设计，注重在生产实践中的应用，容错性较好。读者通过阅读此书，可在掌握程序设计原理的基础上，学会编写满足自身工作需要的程序，也可直接运用书中的程序解决相关工程的计算问题。本书非常适合工程测量技术专业、土木工程类专业的学生和工程施工单位的测量技术人员进行编程学习，提高程序设计和程序应用的能力。

　　本书是作者多年以来对计算器编程的研究和教学的成果总结，书中程序均为作者本人独立开发完成，书中的程序均可向作者索取。联系邮箱 58953002@qq.com。

　　在本书的编写过程中，唐保华、袁江红、王怀球、王中伟等老师均不同程度地给予了帮助和支持，在此一并致谢。

　　限于作者水平，书中难免有不妥之处，恳请读者批评指正。真诚地希望广大读者将使用书中程序时遇到的问题及工程案例数据发送到作者的电子邮箱，以持续改进、完善程序的功能。

编著者

2017 年 3 月于长沙

目　　　录

第1章 CASIO fx-5800P 计算器基本操作

1.1 CASIO fx-5800P 计算器简介

1.1.1 CASIO fx-5800P 计算器

卡西欧计算器产品进入中国至今已将近 30 年，广泛应用于测绘与土木工程领域。CASIO fx-5800P 是卡西欧计算机株式会社（CASIO Computer Co.，Ltd.，CASIO®）推出的一款可编程计算器，于 2006 年 10 月引入中国市场，是 CASIO fx-4850P 的升级产品。CASIO fx-5800P（图 1-1）拥有强大的程序计算功能，适合测绘生产、土木工程施工等专业人员使用，用户（本书中指CASIO fx-5800P 计算器的使用者）可根据自身需要编写计算程序，简化计算工作，提高计算的精度和速度。

注：CASIO 系列可编程计算器型号后面的字母"P"是英文 Program（即程序）的首字母。

1.1.2 CASIO fx-5800P 计算器的特点

（1）体积小，质量轻，携带方便。CASIO fx-5800P 计算器外形尺寸为 15.1mm（H）×81.5mm（W）×163mm（D），质量约 150g（含电池）。

（2）性能稳定，耗电量小，电池更换方便。计算器操作环境温度范围 0～40℃，功耗 0.12W，使用一节 AAA 碱性电池（LR03）作为电源，电池使用寿命约 1 年（按每天操作 1 小时计算）。

图 1-1 CASIO fx-5800P 计算器

（3）屏幕显示直观。显示屏采用 96×31 点的连续液晶矩阵显示，每屏可以显示 4 行，允许按自然书写形式输入与显示各种数学公式。

（4）关机现场保护功能。在任何操作界面下（包括正在运行程序），用户都可以按键关机，机器保存关机前现场的屏幕显示与运行状态，下次按键开机时，机器自动恢复最近一次关机的屏幕显示与运行状态。

（5）存储器采用闪存技术，容量大。使用闪存存储数据（与 U 盘类似），即使取出电池也不会丢失存储器中的程序与数据；程序存储器有 28500 字节，可用于存储程序和额外变量，用户可以将工程中常用的计算程序存储在一个计算器中。

（6）内置功能丰富。包括 40 个科学常数、128 个常用公式（包括数学、物理、电子与测量）、矩阵计算和方程求解等。公式变量可以为大小写英文字母变量及大小写希腊字母变量，且允许使用一个字符作为下标，使公式变量更贴近其实际意义。矩阵计算最多可定义 Mat A～

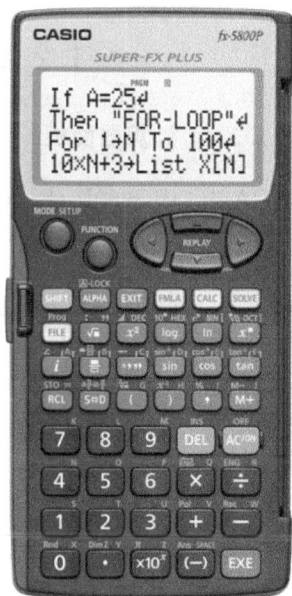

Mat F 六个矩阵，矩阵的阶数最大为 10 行×10 列，可以对矩阵进行加、减、乘、行列式、转置与求逆计算。方程求解可以计算二元～五元线性方程组及一元二次与一元三次方程的数值解。

（7）统计串列。用统计串列存储统计计算中的样本数据，便于数据的输入与修改。程序设计时可用统计串列批量存储已知数据和计算结果，方便查看。

图 1-2　数据通信线（SB-62）

（8）类 BASIC 编程语言。CASIO fx-5800P 计算器程序设计语言的功能和程序的编写形式十分接近计算机的 BASIC 语言，程序指令丰富，能实现嵌套调用和子程序调用，实现了条件语句、循环语句等命令的结构化，编写的程序易于阅读。

（9）数据通信功能。可使用如图 1-2 所示的专用数据通信线（SB-62）在两台 CASIO fx-5800P 计算器之间传输程序，无需重复输入程序，便于程序共享，可促进成熟程序的推广应用。

1.2　CASIO fx-5800P 计算器基本操作

1.2.1　计算器面板

CASIO fx-5800P 计算器面板如图 1-3 所示。面板分为 4 个区域：显示区、第一键盘

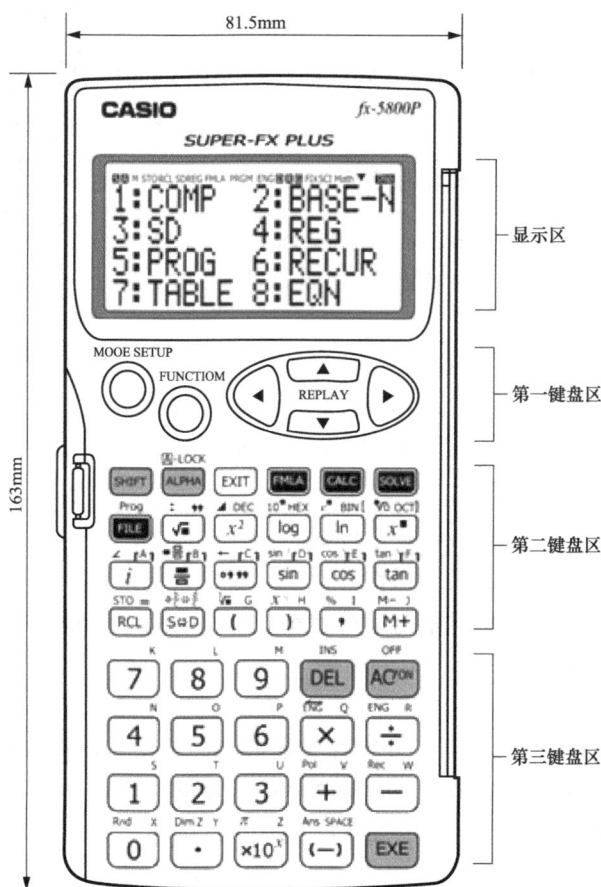

图 1-3　CASIO fx-5800P 计算器面板

区、第二键盘区和第三键盘区。

显示区共有 5 行，第 1 行为状态栏，第 2～5 行用于显示输入/输出的数字和字符、内置的数学公式和编制的程序，每行可显示 16 个字符。

第一键盘区有 6 个圆形（或椭圆形）键，分别为模式键 [MODE]（设定键 SETUP）、功能键 [FUNCTION] 和光标移动键 ▲、▼、◀、▶，其中 ◀ 和 ▶ 键兼具回放功能。

第二键盘区有 24 个键，呈 4 行 6 列排列，其键面功能主要是数学函数运算。

第三键盘区有 20 个键，呈 4 行 5 列排列，其键面功能主要是数字 0～9、小数点和＋、－、×、÷等四则运算，使用最多的输入（或执行）键 [EXE] 位于右下角。

1.2.2　键标记

CASIO fx-5800P 计算器的每个按键一般都有一种以上的功能，各功能在键盘及其上方用不同颜色的符号标记，以帮助用户方便地找到所需的按键。

如图 1-4 所示按键的功能与操作方法见表 1-1。

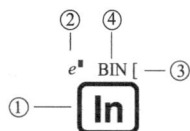

图 1-4　CASIO fx-5800P 计算器按键

表 1-1　　　　　　　　　　CASIO fx-5800P 计算器按键功能及操作方法

序号	功能	键标记颜色	功能说明	按键操作	本书中的表述形式
①	ln	白色	自然对数函数	按该键	[ln]
②	$e^{\blacksquare}$	橘黄色	常数 e 的指数函数	先按 [SHIFT] 键，然后按该键	[SHIFT] [ln] ($e^{\blacksquare}$)
③	[	红色	输入方括号"["	先按 [ALPHA] 键，然后按该键	[ALPHA] [ln] ([)
④	BIN	绿色	设定为二进制计算模式	在 BASE-N 模式下，按该键	[ln] (BIN)

按 [ALPHA] 键，状态行显示 Ａ，表示进入红色字符（英文字母 A～Z，＝,"，[,]，空格）输入状态，按下一个字母或字符按键之后，标记 Ａ 消失，键盘返回其基本功能状态。若先按 [SHIFT] 键再按 [ALPHA] 键，状态行亦显示 Ａ，但此时键盘将锁定为红色字符输入状态，用户可以连续输入多个红色字符，直至再次按下 [ALPHA] 键，Ａ 标记消失为止。

1.2.3　屏幕状态栏

CASIO fx-5800P 计算器开机后，显示屏的状态栏上会显示各种相应的指示符来表示计算器当前所处的状态（或模式），通过按键可以使计算器处于某种状态（或模式）下。CASIO fx-5800P 计算器的状态栏指示符如图 1-5 所示，其含义见表 1-2。

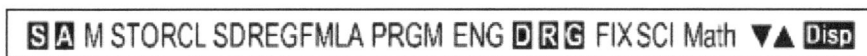

S Ａ M STO RCL SD REG FMLA PRGM ENG Ｄ Ｒ Ｇ FIX SCI Math ▼▲ Disp

图 1-5　CASIO fx-5800P 计算器的状态栏指示符

表 1-2　　　　　　　　CASIO fx-5800P 计算器状态栏指示符的含义

序号	指示符	含　义
1	Ｓ	按下 [SHIFT] 键后出现，表示将输入按键上方橙色字符所标注的功能
2	Ａ	按下 [ALPHA] 键后出现，表示将输入按键上方红色字符所标注的字母或符号

序号	指示符	含 义
3	STO	按下 [SHIFT] [RCL] 键后出现，将指定值或计算结果存入指定的变量
4	RCL	按下 [RCL] 键后出现，查看/显示指定变量的值
5	SD	单变量统计计算模式
6	REG	双变量统计计算模式
7	FMLA	当前程序模式工作对象是公式
8	PRGM	当前程序模式工作对象是程序
9	ENG	工程显示格式有效
10	**D**	选用"度"作为角度计算单位
11	**R**	选用"弧度"作为角度计算单位
12	**G**	选用"哥恩"作为角度计算单位
13	FIX	指定显示小数位数格式有效
14	SCI	指定显示小数位的科学显示格式有效
15	Math	输入与输出设定为普通显示
16	**Disp**	当前显示的数据为程序运行的中间结果，程序运行并未结束
17	▼▲	表示当前显示屏的上、下有数据

在计算之前，用户应首先确认计算器的状态（或模式）。若选用的角度单位与数据输入的单位不一致，则会发生计算错误。若计算结果输出的显示格式和显示位数设置不符合要求，则显示的计算结果将可能满足不了用户对数据格式和计算精度的要求。

在程序开始运行后，若状态栏显示 **Disp** ，表示程序正在运行中，并未结束，当前显示的是中间结果。

1.2.4 计算器基本操作

1. 选择计算模式

在进行计算前，首先应选择适当的计算模式。CASIO fx-5800P 计算器有 11 种模式，如图 1-6 所示。

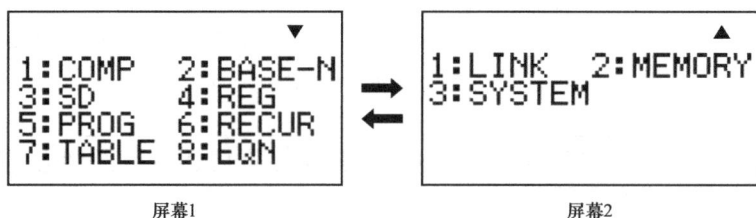

屏幕1　　　　　　　　　　　　　　　屏幕2

图 1-6　CASIO fx-5800P 计算器的模式菜单

按下模式键 [MODE] ，屏幕显示图 1-6 左侧的模式菜单。模式菜单屏幕有 2 个，可使用 ▼ 和 ▲ 在屏幕 1 和屏幕 2 之间进行切换。计算器必须工作于一种模式下，按模式名称前的数字键可选择相应的模式并退出模式菜单。按 [EXIT] 键不能退出模式菜单，若要在不变更模式的情况下退出模式菜单，可按 [MODE] 键。

各模式选项的含义见表 1-3。

表 1-3　　　　　　　　　　　　CASIO fx-5800P 计算器模式选项的含义

序号	模式选项	含　义
1	COMP	普通计算模式，包括函数计算
2	BASE-N	基数计算模式，包括 2 进制、8 进制、10 进制、16 进制的变换及逻辑运算
3	SD	单变量统计计算模式
4	REG	双变量统计计算模式（回归）
5	PROG	程序模式，定义程序（或公式）文件名，输入、编辑、删除与运行程序（或公式）
6	RECUR	序列计算模式
7	TABLE	数表计算模式
8	EQN	方程式计算模式
9	LINK	数据通信，用于在两台 CASIO fx-5800P 计算器之间传输程序
10	MEMORY	存储器管理
11	SYSTEM	屏幕对比度调整，系统复位

2. 计算器的设定

CASIO fx-5800P 计算器可以设置显示格式、角度单位、显示位数、分数显示格式、复数显示格式等，共有 14 个设定选项，如图 1-7 所示。

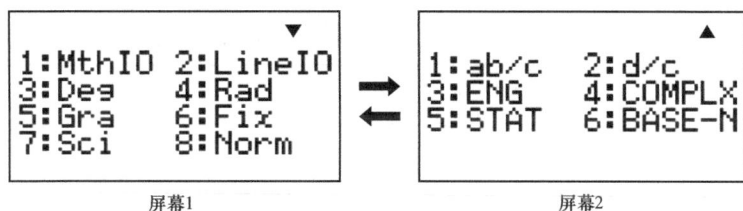

屏幕1　　　　　　　　　　　　　屏幕2

图 1-7　CASIO fx-5800P 计算器的设定菜单

按下设定键 [SHIFT] [MODE]（SETUP），屏幕显示图 1-7 左侧的设定菜单。设定菜单屏幕有 2 个，可使用 ⊙ 和 ⊙ 在屏幕 1 和屏幕 2 之间进行切换。按菜单选项前的数字键可选择设定项目，完成选择后计算器自动退出设定菜单。若要在不变更设置的情况下退出设定菜单，可按 [EXIT] 键。

各设定选项的含义见表 1-4。

表 1-4　　　　　　　　　　　　CASIO fx-5800P 计算器设定选项的含义

序号	设定选项	含　义
1	MthIO	设定以数学格式显示，状态栏显示 Math
2	LineIO	设定以线性格式显示
3	Deg	设定角度单位为"度"，状态栏显示 D
4	Rad	设定角度单位为"弧度"，状态栏显示 R
5	Gra	设定角度单位为"哥恩"，状态栏显示 G

续表

序号	设定选项	含　义
6	Fix	设定小数显示位数（0～9），状态栏显示 FIX。 ① 设定小数显示位数后，计算结果自动按设定的小数位数"四舍五入"后显示。 ② 若要取消 Fix 格式显示，需设定为 Norm 格式显示
7	Sci	设定科学记数的有效位数（0～9），状态栏显示 SCI。 ① 若指定有效位数时输入 0，表示科学记数显示的有效位数为 10。 ② 设定了 Fix 与 Sci 中的任一种显示格式后，另一种自动取消。 ③ 若要取消 Sci 格式显示，需设定为 Norm 格式显示
8	Norm	设定指数显示范围，可以输入数字 1 或 2 分别选择 Norm1 或 Norm2。 ① 选择 Norm1 时，若计算结果的绝对值小于 10^{-2} 或大于等于 10^{10}，计算器自动切换为指数格式显示。 ② 选择 Norm2 时，若计算结果的绝对值小于 10^{-9} 或大于等于 10^{10}，计算器自动切换为指数格式显示
9	ab/c	设定分数计算结果为有整数显示格式，如 16÷5 的计算结果显示为 $3\frac{1}{5}$
10	d/c	设定分数计算结果为无整数显示格式，如 16÷5 的计算结果显示为 $\frac{16}{5}$
11	ENG	打开/关闭工程符号显示格式。 ① 打开工程符号时（EngOn），状态栏显示 ENG，当计算结果小于 1 或大于等于 1000 时，将使用工程符号显示。 ② Eng 显示格式可以与 Fix（或 Sci）共存。 ③ 选择 Norm 显示格式不可以取消 Eng 显示格式，若要取消 Eng 显示格式，可关闭工程符号（EngOff）
12	COMPLX	设定复数计算结果的显示格式，有直角坐标和极坐标两种格式可以选择
13	STAT	打开/关闭统计频率。 ① FreqOn 为打开统计频率，FreqOff 为关闭统计频率。 ② 仅 SD 模式和 REG 模式有效
14	BASE-N	在 BASE-N 模式中启用/禁用负值，其中 Signed 为启用负值，Unsigned 为禁用负值

若无特别强调，本书中所有操作示例均设定为线性格式显示。

由于国内经纬仪和全站仪的度盘一般都是按照一个圆周为 360°进行划分的，因此使用计算器进行测量计算时，角度单位一般应设定为"度"，即 Deg。

3. 使用功能菜单

按下功能键 FUNCTION，屏幕显示功能菜单。用户通过功能菜单可以访问各种数学函数、程序命令、科学常数、符号和其他特殊操作。在不同的模式下，CASIO fx-5800P 计算器屏幕显示的功能菜单选项存在差异。

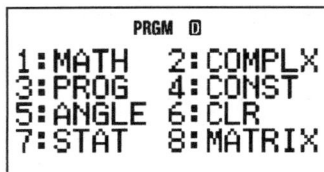

```
          PRGM  D
1:MATH    2:COMPLX
3:PROG    4:CONST
5:ANGLE   6:CLR
7:STAT    8:MATRIX
```

图 1-8　程序模式（PRGM）下的功能菜单

当模式下的功能菜单屏幕有多个时，可使用 ▲ 和 ▼ 在屏幕之间进行切换。按菜单选项前的数字键可选择功能项目，完成选择后计算器自动退出功能菜单。若要在不选择功能选项的情况下退出功能菜单，可按 EXIT 键。

在程序模式（PRGM）下，功能菜单共有 8 个功能选项，如图 1-8 所示。

图 1-8 中各功能选项的含义见表 1-5。

表 1-5   CASIO fx-5800P 计算器功能选项的含义

序号	功能选项	含义
1	MATH	输入微积分符号和数学函数
2	COMPLX	输入复数函数
3	PROG	输入程序命令、关系运算符和逻辑运算符
4	CONST	输入科学常数
5	ANGLE	输入角度变换前的单位和度分秒转换函数
6	CLR	输入各类清除命令
7	STAT	输入统计计算串列符号、各种统计计算变量
8	MATRIX	输入矩阵符 Mat、行列式符 det、转置符 Trn

测量程序设计中，常用的功能选项有 MATH、PROG 和 ANGLE 等。

（1）MATH 功能选项。MATH 功能选项有 4 个菜单屏幕，如图 1-9 所示。

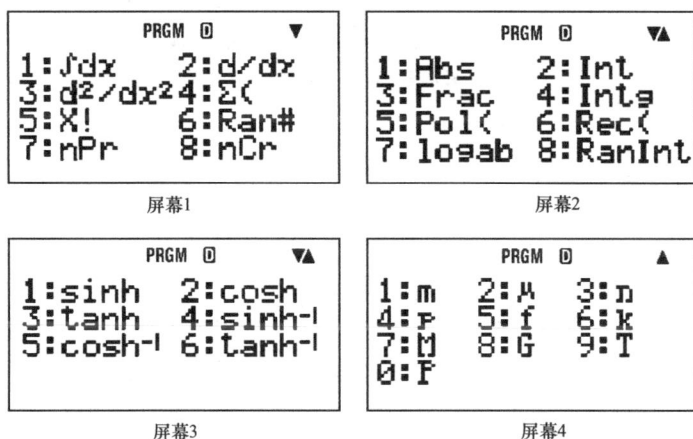

屏幕1　　　　　　　　　　　　　屏幕2

屏幕3　　　　　　　　　　　　　屏幕4

图 1-9　程序模式（PRGM）下的 MATH 功能菜单

屏幕 1 中分别是积分、微分、二阶微分、求和、阶乘、随机数、排列和组合函数，屏幕 2 中分别是绝对值、抽取整数、提取小数、最大整数、直角坐标变换为极坐标、极坐标变换为直角坐标、对数和随机整数函数，屏幕 3 中是双曲线和反双曲线函数，屏幕 4 中为 10 个工程符号单位。

（2）PROG 功能选项。PROG 功能选项有 5 个菜单屏幕，如图 1-10 所示。

屏幕 1 中分别是输入、赋值、条件、无条件转移等程序命令，屏幕 2 中是关系运算符，屏幕 3 中分别是计数转移（递减、递增）、条件转移、定位、清除等程序命令和逻辑运算符，屏幕 4 中是计数循环和条件循环程序命令，屏幕 5 中分别是循环强制中断、子程序返回、强制终止程序的运行和获取最后按键代码等命令。

（3）ANGLE 功能选项。ANGLE 功能选项只有 1 个菜单屏幕，如图 1-11 所示。

屏幕1   屏幕2   屏幕3

屏幕4   屏幕5

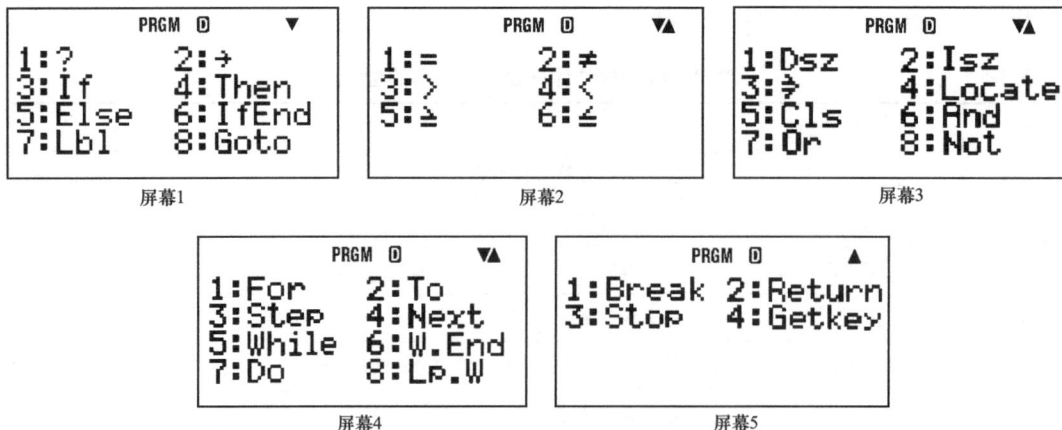

图 1-10　程序模式（PRGM）下的 PROG 功能菜单

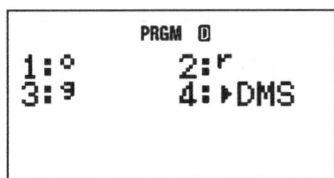

图 1-11　程序模式（PRGM）
下的 ANGLE 功能菜单

屏幕中的度（360°制）、弧度和哥恩（400°制）用于输入被转换角度的单位。若屏幕状态栏显示 Ⓓ（计算器当前设定的角度单位为"度"），要计算 π 弧度对应多少度（°），可以输入 [SHIFT] [×10ˣ]（π）[FUNCTION] [5] [2]（ ʳ ），然后按下 [EXE] 键，计算结果显示为 180，即 π 弧度＝180°。

ʳDMS 用于将角度（360°制）转换为度分秒（° ′ ″）格式显示。

4. 使用变量寄存器

CASIO fx-5800P 计算器中以大写英文字母 A～Z 命名了 26 个变量寄存器，其中变量 M 又称独立寄存器。26 个变量寄存器可以存储数值或表达式的计算值，但不能存储字符。

使用 [SHIFT] [RCL]（STO）键可以将数值或表达式的计算值存储到指定的变量寄存器中。将数值 168 存储到变量寄存器 A 的操作按键为 168 [SHIFT] [RCL]（STO） [i]（A），将表达式 100＋200 的计算值（即 300）存储到变量寄存器 X 的操作按键为 100 [+] 200 [SHIFT] [RCL]（STO） [0]（X）。

使用 [RCL] 键可以查看变量寄存器的值，也可以在计算中如同使用数值一样使用变量寄存器直接进行运算。查看变量寄存器 A 的值的操作按键为 [RCL] [i]（A）。若变量寄存器 X 的值为 300，计算 5＋300 的值的操作按键为 5 [+] [RCL] [0]（X）[EXE]，屏幕显示的计算结果为 305。

5. 60 进制↔10 进制

当 CASIO fx-5800P 计算器设定角度单位为"度"进行计算时，要求角度单位必须是 10 进制的度，而用经纬仪或全站仪观测的角度是 60 进制的度、分、秒，因此必须将其转换为 10 进制的度。使用 [···] 键可进行 60 进制数值的计算，并且可以在 60 进制和 10 进制之间进行转换。

输入 60 进制数值的基本句法为【度】[···]【分】[···]【秒】[···]，如输入 20°15′30″ 的操作按键为 20 [···] 15 [···] 30 [···]。当角度的度和分的值为 0 时，也必须为度和分输入内容，如输入 6″ 的操作按键为 0 [···] 0 [···] 6 [···]，即 0°00′06″。

若要计算 20°15′30″+6″的值，操作按键为 20 ⌧ 15 ⌧ 30 ⌧ ⊞ 0 ⌧ 0 ⌧ 6 ⌧ EXE ，屏幕显示的计算结果为 20°15′36″。

在显示计算结果时，按 ⌧ 键将会在 60 进制和 10 进制之间切换。如按键 2.51 EXE ，屏幕显示的计算结果为 2.51，接着按 ⌧ 键，屏幕显示 2°30′36″，再次按 ⌧ 键，屏幕显示又变为 2.51。

6. 使用函数

CASIO fx-5800P 计算器的函数可分为 A 型函数和 B 型函数两种。

A 型函数的输入方法是先输入数值，后按函数键。键面上的 A 型函数有 x^2 、$x^■$ 、x^{-1} 等。若要计算 10^2 的值，操作按键为 10 x^2 EXE ，屏幕显示的计算结果为 100。

B 型函数的输入方法是先按函数键，后输入数值。键面上的 B 型函数主要有 $\sqrt{■}$ 、$\sqrt[3]{■}$ 、log 、ln 、$e^■$ 、$10^■$ 、sin 、cos 、tan 、$\sin^{-1}$ 、$\cos^{-1}$ 、$\tan^{-1}$ 等。若要计算 sin（20°15′30″）的值，操作按键为 sin 20 ⌧ 15 ⌧ 30 ⌧ ） EXE ；若要计算 arctan（1.5）的值，操作按键为 SHIFT tan（$\tan^{-1}$）1.5 ） EXE 。

第 2 章 CASIO fx-5800P 程序设计基础

2.1 简单的 CASIO fx-5800P 程序

2.1.1 程序

程序是为解决某一问题而编写的语句的集合，是将解决一个实际问题的具体操作用某种程序设计语言描述出来的适合计算机（或计算器）执行的代码化指令序列，它通知计算机（或计算器）一步一步如何执行。利用计算机（或计算器）解决实际问题，必须用程序设计语言告诉计算机（或计算器）"做什么"和"怎么做"。由于计算机和计算器还不能理解人类的自然语言，所以还不能用自然语言编写程序。

计算机（或计算器）之所以能自动完成计算工作，最根本的原因在于"存储程序"和"程序控制"。用户如果想利用 CASIO fx-5800P 计算器程序解决一个测量计算问题，必须事先设计好处理问题的步骤，并把这些步骤用 CASIO fx-5800P 计算器能够识别的指令编写出来，然后送入计算器的程序存储器存储起来，这就是"存储程序"。最后把事先存储好的程序从程序存储器中取出来，送入计算器的中央处理单元执行，计算器才能按照用户的意图自动完成指定的计算工作，这就是"程序控制"。

2.1.2 程序设计

编写程序的过程就是程序设计。要设计出一个好的 CASIO fx-5800P 计算器程序，首先必须了解用程序解决实际问题的基本过程，其次必须掌握程序设计的基本技术，最后要熟练掌握程序设计语言。

用程序解决实际问题的基本过程如图 2-1 所示。

图 2-1 用程序解决实际问题的基本过程

1. 分析问题

接到程序设计任务后，首先要对问题进行分析，明确程序要实现的功能，然后详细地分析要处理的原始数据有哪些，数据从何而来，要进行怎样的加工处理，需要输出什么样的数据（包括输出数据本身和数据输出格式）。

2. 确定解决方案

对要解决的问题进行分析，找出它们运算操作和变化的规律，然后进行归纳，并用抽象的数学语言描述出来，即将具体问题抽象为数学问题，建立问题的数学模型。

3．确定数据结构和算法

根据解决方案，确定程序中需要处理的数据的组织形式——数据结构，并针对选定的数据结构设计相应的算法。然后根据已确定的算法，画出流程图。

4．编写程序

把用流程图描述的算法用程序设计语言描述出来，这就是编写程序。这一步的关键是要正确地使用程序设计语言，准确地描述算法。

5．调试程序

将编写好的程序输入计算机（或计算器）并使之试运行，根据试运行的结果进行程序的查错和纠错，这个过程称为调试程序。调试程序的目的是得到一个能够正确运行的程序。

6．整理文档

程序调试通过后，应将有关文档资料进行整理，并编写程序使用说明书，然后交付用户使用。

2.1.3　CASIO fx-5800P 程序举例

下面介绍两个简单的 CASIO fx-5800P 程序。

【例 2.1】　垂直角计算程序（程序文件名 "CZJ"）。

```
Deg:Fix 3 ↵
"L = "? L ↵
"R = "? R ↵
(L + R − 360) ÷ 2→X ↵
90 − L + X→A ↵
Cls ↵
"ZHIBIAOCHA = ":X ▶DMS ◢
"CHUIZHIJIAO = ":A ▶DMS
```

上述程序的功能是根据输入的观测目标的盘左读数和盘右读数，计算垂直度盘指标差和垂直角，并按度分秒（°　′　″）的格式输出指标差和垂直角。其中：Deg 命令将角度的单位设定为"度"，Fix 3 命令将小数显示位数设定为 3 位小数，变量寄存器 L 存储盘左读数，变量寄存器 R 存储盘右读数，变量寄存器 X 存储垂直度盘指标差，变量寄存器 A 存储垂直角。

【例 2.2】　测回法水平角计算程序（程序文件名 "SPJ-CHF"）。

```
Deg:Fix 3 ↵
"L1 = "? A ↵
"L2 = "? B ↵
Cls ↵
"R2 = "? C ↵
"R1 = "? D ↵
```

11

If B＞A：Then B－A→L：Else B－A＋360→L：IfEnd ↵

If C＞D：Then C－D→R：Else C－D＋360→R：IfEnd ↵

(L＋R)÷2→G ↵

Cls ↵

"L＝"：L▶DMS ◢

"R＝"：R▶DMS ◢

"SHUIPINGJIAO＝"：G▶DMS

上述程序的功能是根据输入的两个观测方向的盘左读数和盘右读数，先计算上、下半测回的水平角，然后再计算一测回的水平角，并按度分秒（°　′　″）的格式输出上、下半测回的水平角和一测回的水平角。其中：变量寄存器 A 存储第 1 个方向的盘左读数，变量寄存器 B 存储第 2 个方向的盘左读数，变量寄存器 C 存储第 2 个方向的盘右读数，变量寄存器 D 存储第 1 个方向的盘右读数，变量寄存器 L 存储上半测回的水平角，变量寄存器 R 存储下半测回的水平角，变量寄存器 G 存储一测回的水平角。

2.1.4　CASIO fx-5800P 程序的组成

通过例 2.1 和例 2.2，可以看到：

(1) 一个 CASIO fx-5800P 程序由若干行组成。每一行称为一个语句行，一行中可以包含一个语句，也可以包含多个语句。若一行中包含多个语句，语句间应用"："分开。

(2) 除显示程序运行中间结果的语句行和程序的最后一个语句行外，其他语句行的最后都必须有一个"↵"。

(3) 一个程序一般包括三部分：数据输入部分、数据处理部分和数据输出部分。

(4) 为方便用户使用程序，在程序的输入语句和输出语句中应适当给予提示信息。

(5) 允许在一行的开头设置行标号，如例题 5.1 中的"Lbl 0"。

(6) 一个程序可以只包括主程序，也可以包括一个主程序及若干个子程序。子程序的用法参见本书第 6 章。

2.2　算法的概念和表示

2.2.1　算法的概念

广义地说，算法（Algorithm）是为解决一个问题而采取的方法和步骤。例如顾客要购买计算器，首先要去商场选好计算器的型号，然后开票、付款、拿发票、取货，完成此次购买。这些步骤都是按一定的顺序进行的，缺一不可，顺序错了也不行。从事各种工作和活动，都必须事先想好进行的步骤，然后按部就班地进行，才能避免产生错乱。

本书只涉及计算机算法，即计算机能执行的算法，它是对特定问题求解步骤的一种描述，是指令的有限序列，其中每一条指令可以表示一个或多个操作。算法中的指令描述的是一个计算，当其执行时能从一个初始状态和初始输入（可能为空的）开始，经过一系列有限而清晰定义的状态，最终产生输出并停止于一个终态。

对同一个问题，可以有不同的解决方法和步骤，即不同的算法。不同的算法可能用不同的时间、空间或效率来完成同样的任务。例如要计算 $1＋2＋3＋\cdots＋100$，可以采取"先计算

1＋2，再加 3，再加 4，一直加到 100"的方法，也可以采取"（1＋100）＋（2＋99）＋…（50＋51）＝101×50＝5050"的方法，还可以采用其他的方法。

如果一个算法有缺陷，或不适合于某个问题，执行这个算法将不会解决这个问题。正确的算法有优劣之分，有的算法只需进行很少的步骤，而有些算法则需要较多的步骤，一般来说，大家都希望采用简单和运算步骤少的算法。因此为了有效地解决问题，不仅需要保证算法正确，还要考虑算法的质量，选择合适的算法。

算法的质量优劣将影响到算法乃至程序的效率，算法分析的目的在于选择合适的算法和改进算法。一个算法的评价主要从时间复杂度和空间复杂度来考虑。算法的时间复杂度是指执行算法所需要的计算工作量，算法的空间复杂度是指算法需要消耗的内存空间。由于 CASIO fx-5800P 计算器的计算速度和存储空间受客观条件限制，与计算机存在较大差距，因此在测量程序的算法设计中要根据问题的具体情况，选择合适的计算精度，合理地分配存储单元。

2.2.2　程序和算法的关系

数据是操作的对象，操作的目的是对数据进行加工处理，并在有限的时间内获得所要求的输出。如测量学中的坐标反算，一般应包括：①数据准备——指出应提供的数据，即两个点的坐标；②操作步骤——指出如何使用这些数据得到期望的结果，即如何按规定的步骤计算出两点的水平距离和坐标方位角。

一个程序应包括两方面的内容：一是对数据的描述，即在程序中指定数据的类型和数据的组织形式，亦称为数据结构（Data Structure）；二是对操作的描述，即操作步骤，也就是算法。

作为程序设计人员，必须认真考虑并设计数据结构和算法。著名计算机科学家沃思（Nikiklaus Wirth）提出了一个公式：

$$数据结构＋算法＝程序$$

实际上，一个程序除了数据结构和算法两个主要要素之外，还应当采用结构化程序设计方法进行设计，并且用某一种程序设计语言表示。因此，可以将上述公式进一步表示为：

$$程序＝数据结构＋算法＋程序设计方法＋程序设计语言$$

数据结构、算法、程序设计方法和程序设计语言是一个程序设计人员应具备的 4 个方面的知识，在设计一个程序时要综合运用这几方面的知识。它们之间的关系是：算法是灵魂，数据结构是加工对象，程序设计语言是工具，编程需要采用合适的方法。

算法与程序密切相关，但二者也存在区别：①程序是算法的一个实例，是将算法通过某种程序设计语言表达出来的具体形式；②同一个算法可以用多种程序设计语言来表达。

2.2.3　算法的特性

一个算法应该具有以下五个重要的特性。

1. 有穷性

有穷性指一个算法必须总是（对任何合法的输入值）在执行有穷步之后结束，且每一步可在有穷时间内完成。"有穷性"不是纯数学的，而是在实际上是合理的、可接受的，可以理解为"在合理的范围之内"。如果让计算机或计算器执行一个历时 100 年才结束的算法，这虽然是有穷的，但超过了合理的限度，因此不能视作有效的算法。究竟什么算"合理的限度"，并无严格的标准，由人们的常识和需要而确定。

2. 确定性

确定性包括两层含义：一是指算法中的每一个步骤必须有确切的含义，而不是含糊的、模棱两可的，也就是说，算法的含义应当是唯一的，读者理解时不应当产生"歧义性"（所谓"歧义性"是指可以被理解为两种或多种的可能含义）；二是指在任何情况下，算法只有唯一的一条执行路径，即对于相同的输入数据只能得出相同的输出结果。

3. 输入

输入是指在执行算法时需要从外界取得的必要信息。一个算法在执行时可能有零个或多个输入。所谓零个输入是指算法本身给出了初始条件，不需要输入任何信息。对于绝大多数的算法来说，输入是必要的。

4. 输出

算法的目的是为了求解，"解"就是输出。一个算法应该有一个或多个输出。输出是同输入有着某些特定关系的量，算法的输出不一定就是打印输出，一个算法得到的结果就是算法的输出，它是输入数据加工后的结果。没有输出的算法是没有意义的。

5. 可行性

可行性指算法中的每一个步骤都必须是可行的。也就是说，算法中描述的操作都是可以通过已经实现的基本运算执行有限次来实现的，即算法中执行的任何计算步骤都是可以被分解为基本的可执行操作，且每步操作都可以在有限的时间内完成。可行性意味着算法可以转换为程序上机运行，并得到正确的结果。

2.2.4 算法设计的要求

同一个问题，可以有不同的解决方法和步骤，因此解决问题的算法不是唯一的。虽然算法不唯一，但相对较好的算法还是存在的。通常设计一个"好"的算法应考虑达到以下四个目标：

1. 正确性（Correctness）

算法的正确性是指算法应当满足具体问题的需求。算法至少应当包括对于输入、输出和加工处理等的明确的、无歧义性的描述，算法能正确反映问题的需求、能够得到问题的正确答案。

"正确"一词的含义在通常的用法中有很大的差别，大体可以分为四个层次：

（1）没有语法错误；

（2）对于几组输入数据能够得出满足规格说明要求的结果；

（3）对于精心选择的典型、苛刻而带有刁难性的几组输入数据（包括非法的输入数据）

能够得出满足规格说明要求的结果；

（4）对于一切合法的输入数据都能够得出满足规格说明要求的结果。

上述四层含义中，层次（1）的要求最低，但是仅仅没有语法错误还谈不上是好算法。达到第（4）层意义下的正确是极为困难的，因为所有不同输入数据的数量大得惊人，逐一验证的方法是不现实的。证明一个复杂算法在所有层次上都是正确的代价非常昂贵，一般情况下，通常以第（3）层意义的正确性作为衡量一个算法是否正确的标准。

正确的算法对于任意的一组输入（包括合理的输入和不合理的输入），总能得到预期的输出。如果一个算法只是对合理的输入才能得到预期的输出，而在异常情况下却无法预料输出的结果，那么它就不是正确的。

2. 可读性（Readability）

算法主要是为了人的阅读、理解和交流，其次才是机器运行。可读性好的算法有助于人对算法的理解；晦涩难懂的算法易于隐藏较多不易被发现的错误，并且难于调试和修改。

可读性是算法好坏的重要标志之一。算法设计的目的，一方面是为了让计算机执行实现算法的代码（即对应的程序），另一个重要的目的是为了便于他人阅读、理解和交流。设计者将来也可能阅读自己设计的算法，如果算法的可读性不好，时间久了设计者自己可能都不知道写了些什么。

3. 健壮性（Robustness）

算法的健壮性是指当输入数据非法时，算法也能适当地做出反应或进行处理，而不会产生异常或莫名其妙的结果。例如，一个求凸多边形面积的算法是采用求各三角形面积之和的策略来解决问题的，当输入的多边形顶点的坐标集合表示的是一个凹多边形时，健壮性"好"的算法不是继续计算，而是报告输入出错，然后中止执行，以便在更高的抽象层次上进行处理（如重新输入数据）。处理出错的常见方法是返回一个表示错误或错误性质的值，而不是打印错误信息或异常。

4. 效率与低存储量需求

效率指的是算法的执行时间。对于同一个问题，如果有多个算法可以解决，执行时间短的算法效率高，执行时间长的效率低。存储量需求指的是算法在执行过程中需要的最大存储空间，主要指算法对应的程序在运行时所占用的内存或外部存储空间。

算法设计时应尽量满足时间效率高和存储量低的需求。一般来说，算法的效率与低存储量需求这两者都与问题的规模有关。例如计算有 3 个待定点的附合导线和计算有 10 个待定点的附合导线，所花的执行时间或运行空间显然有一定的差别。

2.2.5　算法的表示

算法可以用不同的方法来表示，常用的有自然语言、传统流程图、N-S 结构化流程图、伪代码等。

1. 用自然语言表示算法

自然语言就是人们日常使用的语言，可以用汉语、英语或其他语言。

【**例 2.3**】 用自然语言表示计算 $1 \times 2 \times 3 \times 4 \times 5$ 的算法。

步骤 1：先求 1×2，得到结果 2；

步骤 2：将步骤 1 得到的乘积再乘以 3，得到结果 6；

步骤 3：将 6 再乘以 4，得到结果 24；

步骤 4：将 24 再乘以 5，得到最后的结果 120。

用自然语言表示通俗易懂，但文字冗长，容易出现"歧义性"。自然语言表示的含义往往不太严格，要根据上下文才能判断其正确含义。例如有这样一句话："张先生对李先生说他的孩子考上了大学"，究竟指的是张先生的孩子还是李先生的孩子呢？光从这句话本身是难以判断的。此外，用自然语言表示复杂的算法也不方便。因此，除了很简单的问题以外，一般不用自然语言表示算法。

2. 用传统流程图表示算法

(1) 传统流程图。传统流程图是用一些图框表示各种操作。用传统流程图表示算法，直观形象，易于理解，非常适合程序设计初学者使用。美国标准化协会 ANSI（American National Standards Institute）规定了一些常用的流程图符号（图 2-2），已为程序工作者普遍采用。

图 2-2　流程图符号

"起止框"用来表示一个算法的开始或结束，"开始"或"结束"写在符号内。

"输入输出框"用来表示输入和输出操作，例如接收或发布信息，其中可注明数据名称、来源、用途或其他的文字说明。

"处理框"用来表示执行一个或一组特定的操作，操作步骤的简要说明写在矩形内。

"判断框"用来表示根据给定的条件是否满足来决定如何执行其后的操作，它有一个入口，两个出口。

"流程线"用来表示流程的方向。

"连接点"用于将画在不同地方的流程线对应连接起来，避免流程线的交叉或过长，使流程图清晰，如图 2-3 所示。

"注释框"不是流程图必要的部分，它不反映流程和操作，只是为了对流程图中某些框的操作做必要的补充说明，以帮助阅读流程图的人更好地理解流程图的作用。

(2) 用传统流程图表示算法。

【**例 2.4**】 用传统流程图表示"打印输入数据的绝对值"的算法（图 2-4）。

【**例 2.5**】 用传统流程图表示"判断整数 N 是否为素数"的算法（图 2-5）。

通过以上几个例子，可以看出传统流程图是一种好的表示算法的工具。一个流程图包括以下几部分：①表示相应操作的框；②带箭头的流程线；③框内外必要的文字说明。需要提醒的是流程线不要忘记画箭头，因为它是反映流程执行的先后顺序的，如果不画箭头就难以判定各框的执行次序了。

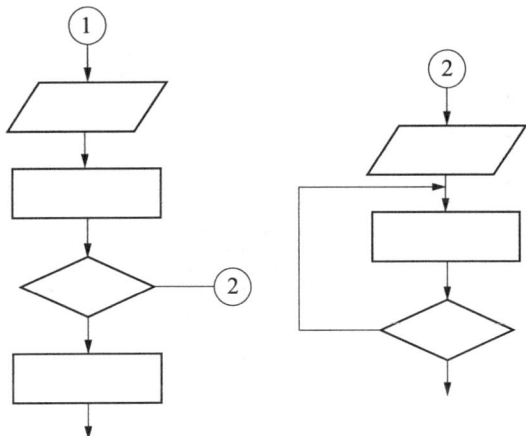

图 2-3　连接点符号的用法

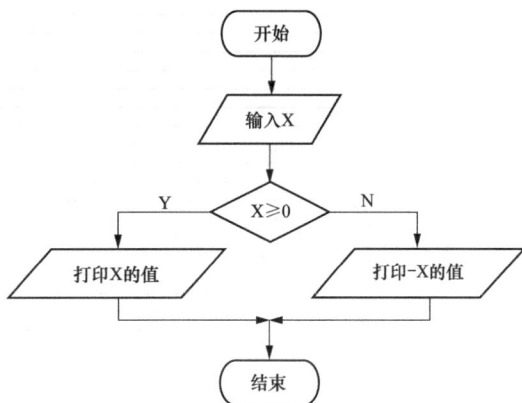

图 2-4　打印输入数据绝对值的算法

（3）三种基本结构。传统流程图用流程线指出各框的执行次序，对流程线的使用没有严格的限制，因此使用者可以不受限制地使流程随意地转来转去，使流程变得毫无规律，阅读者需要花很多精力去追踪流程，使人难以理解算法的逻辑。这种如同乱麻一样的算法称为 BS 型算法，意味一碗面条（a bowl of spaghetti），乱无头绪，如图 2-6 所示。

为了提高算法的质量，使算法的设计和阅读方便，必须限制箭头的滥用，即不允许无规律地使流程随意转向，只能顺序地进行下去。但是算法不可能全部由一个一个的框顺序组成，算法中难免会包含一些分支和循环，如图 2-4 和图 2-5 表示的算法都不是由各框顺序进行的，都包含一些分支、向前或向后的非顺序转向结构。为了解决这个问题，人们设想规定出几种基本结构，然后如同用一些基本预制构件来搭建房屋一样，由这些基本结构按一定规律组成一个算法结

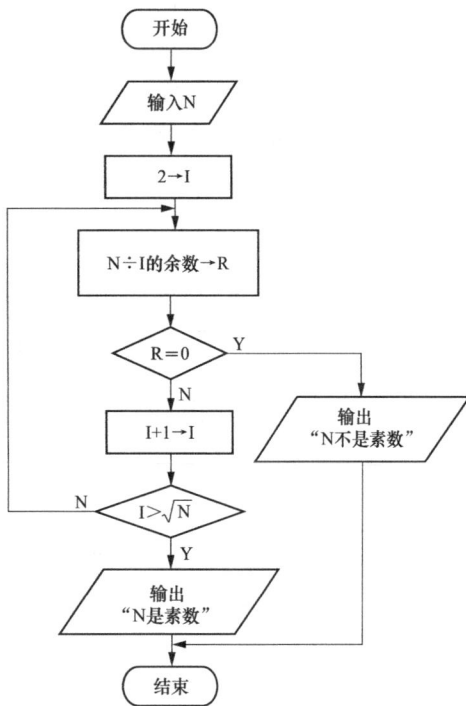

图 2-5　判断整数 N 是否为素数的算法

构，整个算法的结构是由上而下将各个基本结构顺序排列起来。1966 年，Bohra 和 Jacopini 提出了顺序、选择和循环等三种基本结构，用这三种基本结构作为表示算法的基本单元。

1）顺序结构。如图 2-7 所示，虚线框内是一个顺序结构。其中 A 和 B 两个框是顺序执行的，即在执行完 A 框所指定的操作后，必然接着执行 B 框所指定的操作。顺序结构是一种最简单的基本结构。

17

图 2-6　BS 型算法示意图　　　　图 2-7　顺序结构

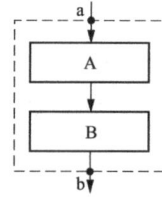

2）选择结构。如图 2-8 所示，虚线框内是一个选择结构，又称分支结构。在选择结构中，必须包含一个判断框，算法根据给定的条件 P 是否成立而选择执行 A 框或 B 框所指定的操作。

需要注意的是，无论条件 P 是否成立，只能执行 A 框或 B 框之一，不可能既执行 A 框又执行 B 框。无论走哪一条路径，在执行完 A 或 B 之后，都经过 b 点，然后脱离本选择结构。A 和 B 两个框中可以有一个是空的，既不执行任何操作，如图 2-8（b）所示。

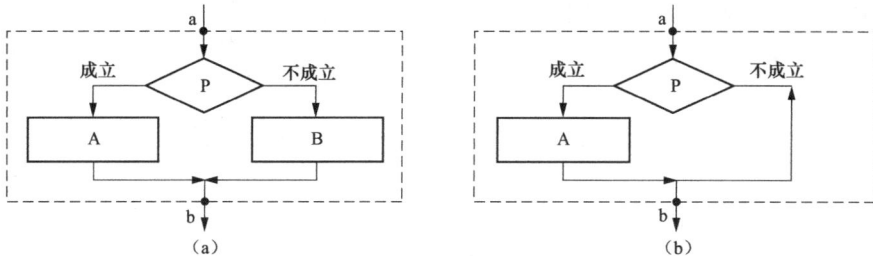

图 2-8　选择结构

3）循环结构。循环结构又称重复结构，即反复执行某一部分的操作，它可以分为当型（While 型）循环和直到型（Until 型）循环等两种结构。

当型循环结构如图 2-9（a）所示，它的功能是：当给定的条件 P 成立时，执行 A 框所指定的操作；执行完后，再判断条件 P 是否成立；如果仍然成立，再执行 A 框所指定的操作；如此反复，直到某一次 P 条件不成立为止，此时不再执行 A 框所指定的操作，而从 b

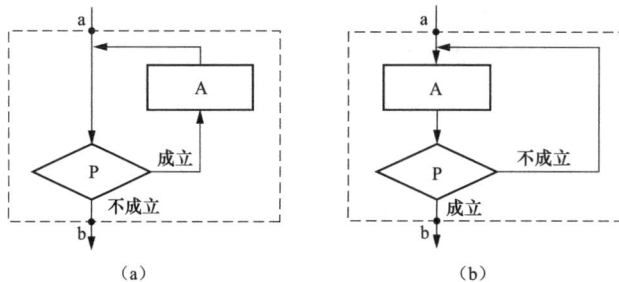

图 2-9　循环结构

点脱离循环结构。

直到型循环结构如图 2-9（b）所示，它的功能是：先执行 A 框所指定的操作，然后判断给定的条件 P 是否成立；如果 P 条件不成立，则再执行 A 框所指定的操作，然后再对 P 条件作出判断；如此反复，直到某一次 P 条件成立为止，此时不再执行 A 框所指定的操作，而从 b 点脱离循环结构。

对同一个问题，可以用当型循环来处理，也可以用直到型循环来处理。例如打印自然数 1～10，其当型循环算法如图 2-10（a）所示，直到型循环算法如图 2-10（b）所示。

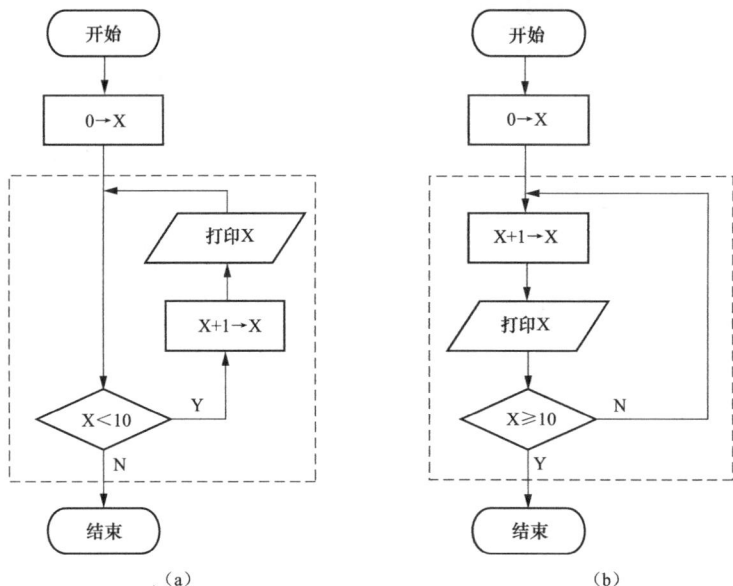

图 2-10　打印自然数 1～10 的算法

以上三种基本结构，有以下共同特点：

1）每种基本结构只有单一入口（图 2-7～图 2-9 中的 a 点）和单一出口（图 2-7～图 2-9 中的 b 点）。由三种基本结构所构成的算法不存在无规律的转向，在基本结构之间一般不存在向前或向后的跳转，通常只在基本结构内部才允许存在分支或向前、向后的跳转（如循环结构中流程的跳转）。

注意：一个菱形判断框有两个出口，而一个选择结构只有一个出口，不要将菱形判断框的出口和选择结构的出口混淆。

2）无"死语句"，即没有永远执行不到的语句。也就是说，结构中的每一部分都应当有被执行到的机会，即每一部分都应当有一条从入口到出口的路径通过它（至少通过一次）。

3）结构内不存在"死循环"。死循环指永远执行不完的循环，即无终止的循环，其示意图如图 2-11 所示。其中，图 2-11

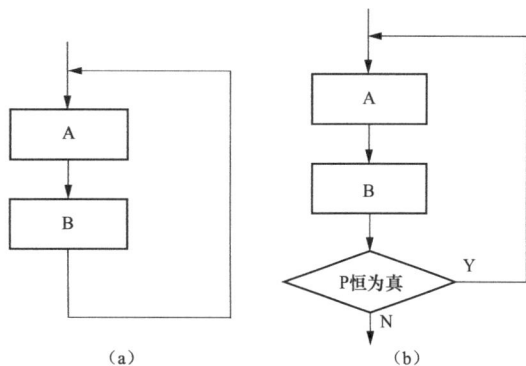

图 2-11　死循环结构

19

(a) 中没有判断条件，图 2-11 (b) 中的判断条件 P 总是成立（为"真"）。

由顺序、选择和循环等三种基本结构组成的算法，可以解决任何复杂的问题。

算法的基本结构不一定只限于上述几种形式，由三种基本结构可以派生出其他的结构形式。例如图 2-12 (a) 所示的"多分支选择结构"可以认为是选择结构的派生形式；图 2-12 (b) 可以认为是循环结构的派生形式。

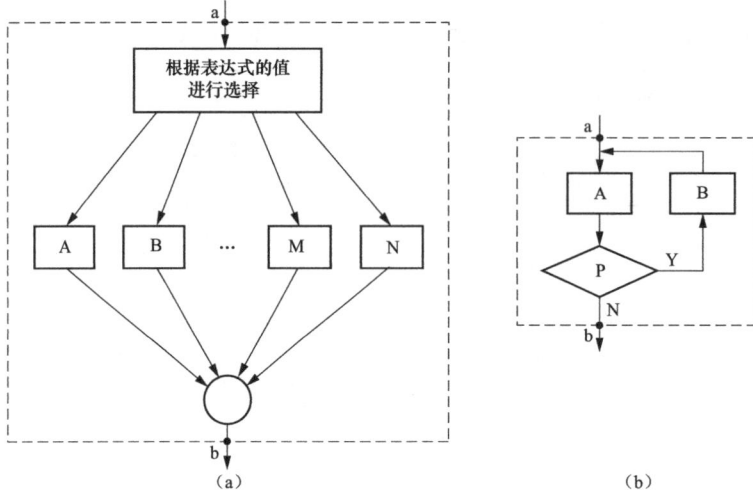

图 2-12　基本结构的派生形式

3. 用 N-S 流程图表示算法

1973 年美国学者 I. Nassi 和 B. Shneiderman 提出了一种新的流程图形式，它完全去掉了带箭头的流程线，全部算法写在一个矩形框内，在该框内还可以包含其他从属于它的框，或者说由一些基本的框组成一个大的框，这种流程图称为 N-S 流程图。N-S 流程图如同一个多层的盒子，故又称盒图（box diagram）。

N-S 流程图采用如图 2-13 所示的流程图符号。

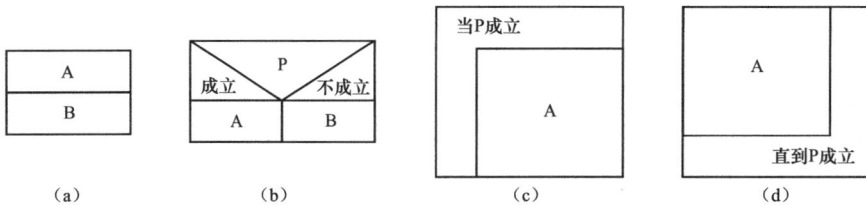

图 2-13　N-S 流程图基本框
（a）顺序结构；（b）选择结构；（c）当型循环结构；（d）直到型循环结构

用上述 N-S 流程图的基本框，可以组成复杂的 N-S 流程图，以表示算法。在基本框中的 A 框或 B 框，可以是一个简单的操作（如读入数据或打印输出等），也可以是 3 个基本结构之一。例如，可将一个选择结构和一个循环结构分别作为图 2-13 所示顺序结构的 A 框和 B 框，得到如图 2-14 所示的 N-S 流程图。

【例 2.6】 用 N-S 流程图表示"判断整数 N 是否为素数"的算法。

由图 2-5 可以看出，流程图中间的那个循环部分有两个出口：一个从第一个菱形判断框右边出口，另一个从第二个菱形判断框下面出口，不符合 N-S 流程图基本结构的特点。由于不分解为三种基本结构，就无法直接用 N-S 流程图的三种基本结构的符号来表示，因此应先对图 2-5 做出必要的变换，即将第一个菱形判断框（"R＝0"）的两个出口汇合在一点，以解决两个出口的问题。解决方法是设置一个标志变量 W，它的作用相当

图 2-14　N-S 流程图

于一个开关，有 W＝0 和 W＝1 两种工作状态，初始状态为 W＝0，如果 R≠0 则保持 W＝0，当 R＝0 时（表示 N 为非素数）使 W 变成 1。如果最终 W＝0，则表示 N 是素数。然后将"1→W"框的出口线改为指向第二个菱形框，同时将第二个菱形框中的条件改为"I≤

图 2-15　变换后的判断整数 N
是否为素数的算法

$\sqrt{N}$ 和 W＝0"，即只有当"I≤$\sqrt{N}$"和"W＝0"两个条件都满足时才继续执行循环。如果出现 I＞$\sqrt{N}$ 或 W≠0 之一情形，都不会继续执行循环。变换后的算法如图 2-15 所示。如果某一次 R＝0，则执行 1→W，然后由第二个菱形框判断为"条件不成立"，脱离循环结构，接着执行下部的选择结构，此时 W≠0，表示 N 不是素数，输出"N 不是素数"的信息。如果 W＝0，则表示在上面的每次循环中，N 都不能被每一个 I 整除，所以 N 是素数，故输出"N 是素数"的信息。

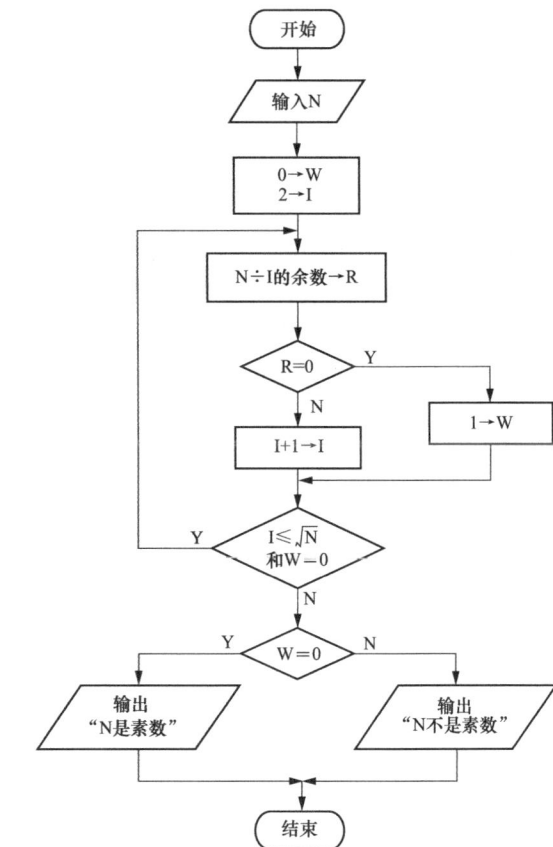

图 2-15 已由三种基本结构组成，可以用如图 2-16 所示的 N-S 流程图表示判断输入数据是否是素数的算法。**注意：**图 2-16 中直到型循环的判断条件为"直到 I＞$\sqrt{N}$ 或 W＝0"，即只要"I＞$\sqrt{N}$"或"W＝0"之一成立，就不再继续执行循环。

4. 用伪代码表示算法

伪代码是用介于自然语言和程序设计语言之间的文字和符号来描述算法，它如同一篇文章，自上而下地写下来，每一行（或几行）表示一个基本操作。伪代码不用图形符号，因此书写方便、格式紧凑、便于修改，也比较好懂，便于向程序设计语言算法（即程序）过渡，适用于表示需要反复修改的复杂算法。

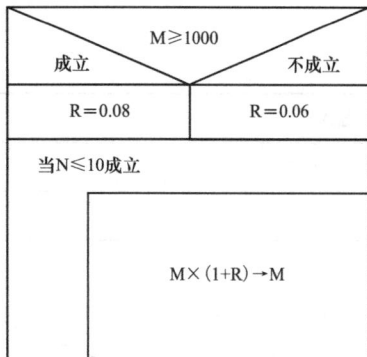

【例 2.7】 用伪代码表示求 5! 的算法。

```
开始
  置 T 的初值为 1
  置 I 的初值为 1
  当 I≤5,执行下面的操作:
    使 T = T × I
    使 I = I + 1
    (循环到此结束)
  打印 T 的值
结束
```

也可以写成以下形式:

```
begin(算法开始)
  1→T
  1→I
  while I≤5
  { T × I→T
    I + 1→I
  }
print   T
end(算法结束)
```

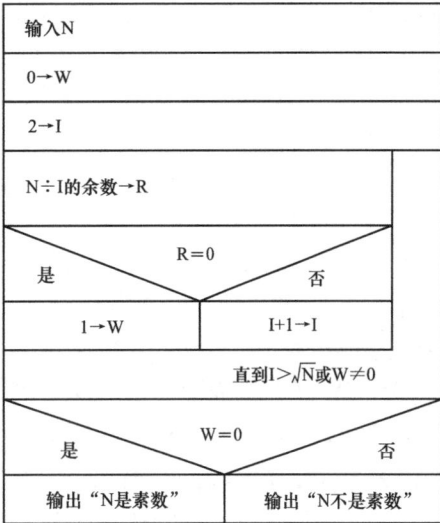

图 2-16　用 N-S 流程图表示的判断
整数 N 是否为素数的算法

```
输入 N
0→W
2→I
N÷I 的余数→R
        R=0
  是            否
 1→W          I+1→I
      直到 I>√N̄ 或 W≠0
        W=0
  是            否
输出"N 是素数"   输出"N 不是素数"
```

从上述例子可以看出,用伪代码写算法并无固定的、严格的语法规则,只要把意思表达清楚,书写的格式清晰易读即可。用伪代码表示的算法很容易修改,例如加一行、删一行或调整某行的位置都很容易做到,这是用流程图表示算法时所不便处理的。但是用伪代码表示算法不如流程图直观,可能会出现逻辑上的错误,例如会将循环或选择结构的范围搞错。

5. 用程序设计语言表示算法

计算机和计算器是无法识别流程图和伪代码的,只有用程序设计语言编写的程序才能被计算机或计算器运行,用程序设计语言表示的算法就是程序。用程序设计语言表示算法时必须严格遵循程序设计语言的语法规则,这和伪代码是不同的。

【例 2.8】 用 CASIO fx-5800P 程序设计语言表示求 5! 的算法。

```
1→T
1→I
While I≤5
  T × I→T
  I + 1→I
WhileEnd
"5! = ":T
```

以上介绍了几种常用的表示算法的方法,在程序设计中读者可以根据需要和习惯任意选用。考虑到本书读者大多是程序设计的初学者,为便于阅读和理解,本书在以后的章节中主要采用传统流程图表示算法。

2.3　结构化程序设计

2.3.1　程序的质量

程序设计的任务不仅仅是编写出一个能得到正确结果的程序，还应当考虑程序的质量以及用什么方法能得到高质量的程序。

什么样的程序才算高质量的程序呢？在计算机发展的初期，由于硬件价格相对较高，内存容量和运算速度都有一定的限制，占内存容量的大小和运行时间的长短是衡量程序质量高低的主要标准。为了节省内存容量和运行时间，程序设计者会挖空心思地创造并使用各种使人难以理解的"技巧"，给阅读程序的人增加了许多困难。而一个程序在使用期间往往需要修改，例如发现程序中的错误、增加一些新功能等，难以理解的程序会浪费大量的人力资源，如果是一个大型、复杂的程序，后果尤其严重。

随着计算机技术的迅速发展，硬件价格在大幅下降，程序设计者已没有必要为了节约很少的内存和运行时间而采取使人难以理解的技巧，但软件成本（软件的开发费用和维护费用）不断上升，促使人们考虑怎样才能降低软件成本，提高软件生产和维护的效率。这就是结构化程序设计方法出现的背景。

现在已经把程序"具有良好的结构，容易阅读和理解"作为衡量程序质量的首要条件，因此一个好的程序应达到以下目标：

（1）运行结果正确；

（2）有良好的结构，清晰易懂；

（3）尽可能少的运行时间；

（4）运行时所占内存应压缩到合理的范围之内。

由于"运行结果正确"是最起码的条件，因此易读性是第一位的，其次才是效率。从根本上说，程序只有具有良好的结构，才易于阅读和理解，从而便于设计和维护，减少软件成本，从整体来说才是真正的效率。

在前一时期，程序设计的方式类似手工作坊式的生产，程序设计者可以没有约束地使用自己认为好的方法和技巧，根据自己的风格来设计程序，没有公认的规范，只要符合语言的规则，程序能得到正确的结果就可以了。这样就存在一个巨大的弊端，即程序的质量过分依赖于程序员的技术和素质，难以保证质量。而采用大生产方式进行生产时，每道工序都必须严格按照操作规程进行操作，确保生产的产品质量稳定。这就是软件工程的观点，即把软件的生产也看作一项"工程"，有严格的规范，按照规定的步骤逐步展开。结构化程序设计方法就是根据这一思想而提出来的。

结构化程序设计强调程序设计风格和程序结构的规范化，提倡清晰的程序结构，它可有效地减少程序出错的机会，提高程序的可靠性，保证程序的质量。

2.3.2　结构化程序设计方法

为了提高程序的易读性，保证程序质量，降低软件成本，荷兰学者迪克特拉（Dijkctra）等提出了"结构化程序设计方法"。结构化程序设计方法的基本思路：把一个复杂问题的求解过程分阶段进行，每个阶段处理的问题都控制在人们容易理解和处理的范围内。

结构化程序设计方法的要点：

（1）程序的质量标准是"清晰第一、效率第二"。

（2）要求程序设计者按一定规范书写程序，而不能随心所欲地设计程序。应当按照"工程化"生产方法来组织软件生产，每个人都必须按照同一规则、同一方法进行工作，使生产的软件有统一的标准、统一的风格，成为"标准产品"，便于推广，便于生产和维护。

（3）结构化程序设计方法规定了顺序、选择和循环等几种具有良好特性的"基本结构"，用它们作为构成程序的基本单元，如同建筑用的标准预制件一样。每一种基本结构完成一种类型的操作序列，由这些小单元组成一个大的结构，这种结构可以避免"任意转向"（如GOTO 语句）的缺点。基本结构只有一个入口和一个出口，便于保证和验证程序的正确性，用它作为基本单元设计的程序，其整体结构的次序清楚、层次分明，便于阅读，在修改程序的某一基本结构时也不会影响到其他基本结构中的语句。

由顺序、选择和循环等三种基本结构所构成的算法属于"结构化"的算法，一个结构化程序就是用程序设计语言表示的结构化算法。因此，用三种基本结构组成的程序必然是结构化程序，反过来说，一个结构化程序必定能分解为这三种基本结构，这种程序便于编写、阅读、修改和维护。实践证明，由顺序结构、选择结构和循环结构所构成的程序可以处理任何复杂的问题。

（4）一个大程序的开发应当采取"自顶向下、逐步细化和模块化"的方法。即将一个大任务先分成若干个子任务，每一个子任务就是一个模块。如果某一个子任务还是太复杂，还可以再分解为若干子任务，如此逐层分解。对每一个模块的设计也是采用"自顶向下、逐步细化"的方法，直到将它分解为上述的基本结构为止。

通常人们解决问题有两种不同方法：一种是自顶向下，逐步细化；另一种是自下而上，逐步积累。下面以写文章为例来说明这个问题。

有的人胸有全局，先设想好整个文章分成哪几个部分，然后再进一步考虑每一部分分成哪几节，每一节分成哪几段，每一段应包含什么内容。这种逐步分解，直到作者认为可以直接将各小段表达为文字语句为止的方法叫做"自顶向下，逐步细化"。

另有些人写文章时不拟提纲，想到哪里就写到哪里，直到他认为把想写的内容都写出来为止。这种方法叫做"自下而上，逐步积累"。

显然，用第一种方法考虑周全，结构清晰，层次分明，作者容易写，读者容易看。如果发现某一部分中有一段内容不妥，需要修改，只需找出该部分，修改有关段落即可，与其他部分无关。这种"自顶向下，逐步细化"的方法亦称为工程的方法。例如，在进行建筑工程项目设计时，首先要进行项目整体规划，然后确定建筑物方案，之后再进行各部分的设计，最后进行细节设计。

用工程的方法设计程序的过程就是将问题求解由抽象逐步具体化的过程。它先将一个笼统而抽象的任务经过初步考虑之后分成几个大的部分，使任务更加具体，这个粗略地划分称为"顶层设计"；然后一步一步细化，依次称为第二层、第三层设计，直到不需要细分为止。在向下一层展开之前设计者应仔细检查本层设计是否正确，只有本层正确才能向下细化。如果每一层设计都没有问题，则整个算法就是正确的。由于每一层向下细化时都不太复杂，因此容易保证整个算法的正确性。算法检查时也是由上而下逐层检查，思路清晰，既严谨又方便。

结构化程序采用自顶而下逐步细化的方式编写，便于阅读、修改和维护，易于验证其正确性，可有效减少程序出错的机会，提高了程序的可靠性，保证了程序的质量。

2.3.3　结构化程序设计实例

下面用"打印 1 到 n（n 为大于 1 的正整数）之间的素数"这个实例来说明结构化程序设计的过程。

1. 设计思路

在本章中已经讨论过判别素数的方法，由于 1 到 n 之间有多个素数，若从键盘逐个输入数据然后再用程序进行判别，工作量大，而且容易出错，我们需要采用一种更为有效的办法，古希腊著名数学家埃拉托色尼（Eratosthenes）提出了一种方法——选筛法（the Sieve of Eratosthenes，简称埃氏筛法）。

埃氏筛法的基本思路：先在一张纸上写上 1 到 n 全部整数，然后逐个判断它们是否为素数，每找出一个非素数，就把它挖掉，最后剩下的就是素数，如图 2-17 所示。

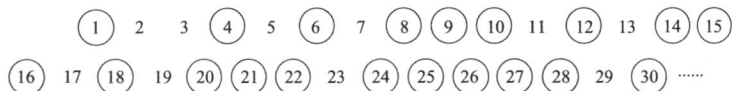

图 2-17　埃拉托色尼选筛法（the Sieve of Eratosthenes）

具体做法如下：

（1）先将 1 挖掉（因为 1 不是素数）。

（2）用 2 去除它后面的各个数，把能被 2 整除的数挖掉，即把 2 的倍数挖掉。

（3）用 3 去除它后面的各个数，把 3 的倍数挖掉。

（4）分别用 4、5、……作为除数去除这些数以后的各个数，这个过程一直进行到在除数后面的数已全部挖掉为止。在图 2-17 中要找 1～30 范围内的素数，要一直进行到除数为 29 为止。事实上，这个过程可以简化，如果需要找 1～n 范围内的素数，只需进行到除数为 $\sqrt{n}$（取其整数）即可。

上面的算法可以表示为：

（1）挖去 1。

（2）使 $p=2$。

（3）用 p 去除 p 后面的各个数，把 p 的倍数挖掉（若 p 已被挖掉，可跳过此操作，请读者思考为什么）。

（4）使 $p=p+1$，检查 p 是否小于等于 $\sqrt{n}$ 的整数部分（如果 $n=1000$，则检查 p 是否小于 31），如果是，则返回（3）继续执行，否则就结束。

（5）纸上剩下的数就是素数。

2. 顶层设计

有了上面的解题思路，要变成计算机（或计算器）程序的操作，还要做进一步的分析，如怎样判断一个数是否已被"挖掉"，怎样找出某一个数 p 的倍数，怎样打印出未被挖掉的素数。

用自顶向下、逐步细化的方法来处理这个问题，先要进行"顶层设计"，如图 2-18 所示。也可以用如图 2-19 所示的流程图表示问题处理的概略流程，图中把要做的三部分工作分别用 A、B、C 表示。

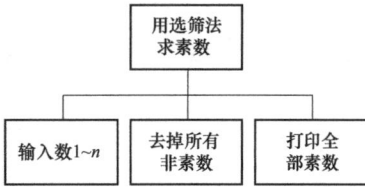

图 2-18　用埃氏筛法求素数的顶层设计

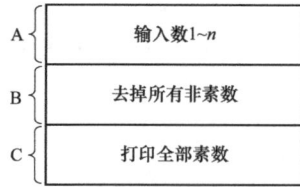

图 2-19　用流程图表示的顶层设计

3. 设计的逐步细化

顶层设计中的 A、B、C 三部分还不够具体，要进一步细化。

（1）A 部分的细化。A 部分细化为图 2-20。先输入 n，然后将 1 输入给 Z_1，2 输入给 Z_2，……，n 输入给 Z_n。

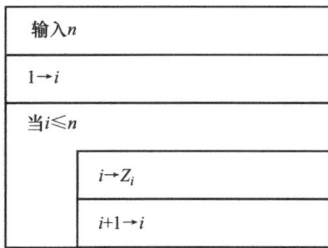

图 2-20　A 部分细化后的流程图

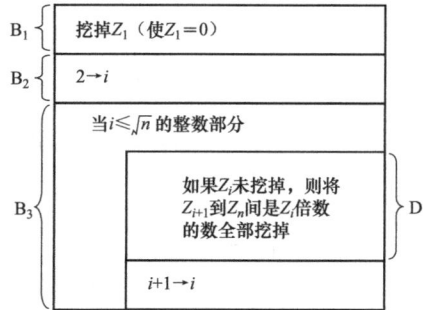

图 2-21　B 部分细化后的流程图

（2）B 部分的细化。

去掉非素数的方法：若第 i 个数不是素数，则使 $Z_i = 0$，即哪个数不是素数，就使它等于 0。这样处理完成后，把不等于 0 的数（即素数）输出就可以了。

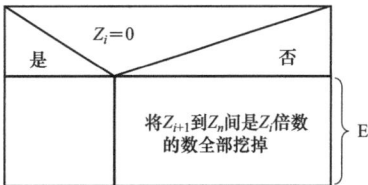

B 部分细化为图 2-21。B_1 和 B_2 不能再细化了，B_3 中的循环体内以 D 标志的部分还要进一步细化为图 2-22。

图 2-22 中的 E 部分还要进一步细化为图 2-23。

图 2-23 中的 F 部分又细化为图 2-24。先要判断 Z_j

图 2-22　D 部分细化后的流程图

是否已被挖掉，若已被挖掉，则不必考虑被 Z_i 整除。至此为止，已不能也不需要再细化了。

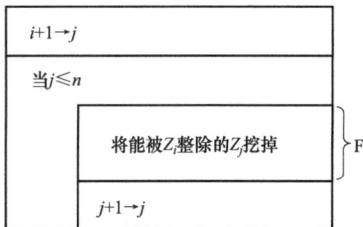

图 2-23　E 部分细化后的流程图

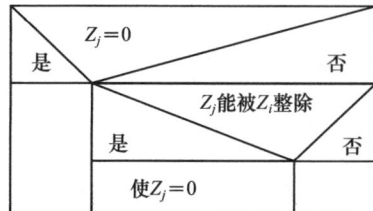

图 2-24　F 部分细化后的流程图

（3）C 部分的细化。C 部分细化为图 2-25，图 2-25 中的 G 部分进一步细化为图 2-26。

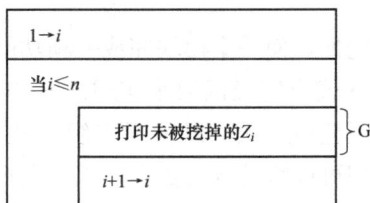

图 2-25　C 部分细化后的流程图　　　　　图 2-26　G 部分细化后的流程图

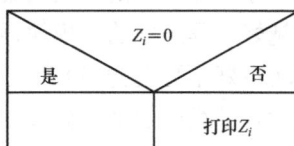

到此为止，已经将图 2-19 表示的顶层设计分解细化成了用三种基本结构表示的基本操作，根据这些细化的流程图就可以用结构化程序设计语言编写出解决问题的程序。

将以上这些细化的流程图合起来，就可得到如图 2-27 所示的总流程图。

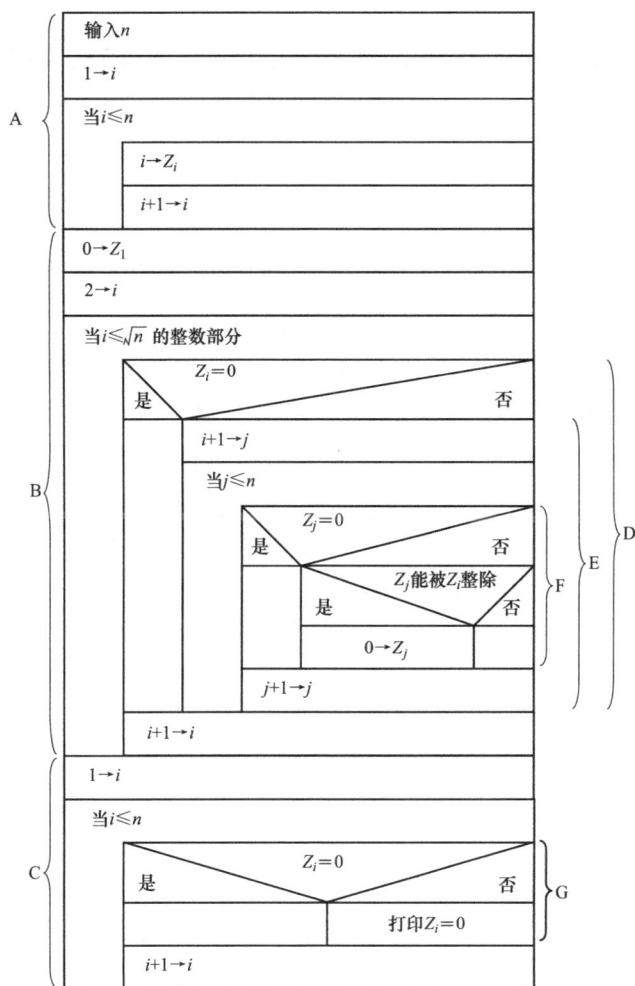

图 2-27　总流程图

如果问题比较复杂，用流程图表示逐步细化的过程是比较费事的。如果有了娴熟的设计技巧，可以精简一些步骤。例如从图 2-19 的 C 部分可以直接画出图 2-27 的 C 部分，而不必经过图 2-25 和图 2-26。也可以用伪代码来描述逐步细化的过程，由于不需要画流程图，因此便于修改。

在结构化程序设计中，划分模块时应注意其独立性，使一个模块完成一项功能，模块间的耦合性越小越好。程序中的子模块通常可用子程序或自定义函数来实现。对初学者来说，程序中的子模块最好不要超过 50 行，这样打印时不超过一页，既便于组织，又便于阅读。例如，在设计附合导线近似平差计算的程序时，我们可以将其分为数据输入、数据处理和数据输出等 3 个模块，其中数据处理模块的功能比较复杂，可将其进一步细分为角度闭合差的计算与分配、导线边坐标方位角的推算、导线边近似坐标增量的计算、坐标闭合差的计算与分配、导线点坐标的计算等子模块，然后分别进行设计。

结构化程序设计实际上运用的是"分而治之"的思想，它把一个大的任务分解为若干个相对简单的子任务，解决了人脑思维能力的局限性和所处理问题的复杂性之间的矛盾。

2.4 CASIO fx-5800P 程序的创建、运行与管理

2.4.1 创建程序

在编写好一个 CASIO fx-5800P 程序并初步检查无误后，就可以向计算器输入程序了。我们把向计算器输入新程序的内容并存储的操作称为创建程序。

1. 程序文件的命名

CASIO fx-5800P 计算器可以存储多个用户程序。为了便于程序的管理，我们必须给每个程序指定一个唯一的名字，这个名字称为程序的文件名。

在 CASIO fx-5800P 计算器中，文件名最多可以输入 12 个字符，有效字符包括英文字母 A～Z、数字 0～9、空格（SPACE）、小数点及算术运算符号＋、－、×、÷。

为了便于记忆和管理，每个用户都可以有自己独特的文件命名规则。我们通常用能代表程序主要用途或功能的字符序列作为其文件名，即"见名知意"。例如坐标反算的计算程序可以用"坐标反算" 4 个汉字的拼音的首字母进行组合作为其文件名，即"ZBFS"。文件命名规则制定很容易，关键是要坚持。程序文件较少的时候，规则的作用不明显，但是随着程序文件数量的增加，规则的好处就会逐渐体现出来。

文件名不论长短，在 CASIO fx-5800P 计算器中均会占用 32 个字节的存储容量。

2. 创建新程序

可按以下步骤创建一个新的程序文件：

（1）进入程序模式，输入新程序的文件名。按下模式键 [MODE]，屏幕显示图 1-6 左侧的模式菜单。再按 [5] 键进入程序模式，显示如图 2-28 所示的"程序菜单"屏幕。程序菜单共 4 个菜单项，各菜单项的功能是：1—创建新程序；2—运行程序；3—编辑程序（检查或修改）；4—删除程序。屏幕下方显示的数字是存储器中当前可用的字节数，可作为编程的参考。

按 [1] 键创建新程序，显示如图 2-29 所示的文件名输入屏幕，屏幕状态栏左上方显示

Ⓐ，计算器自动将键盘锁定为字母输入状态。

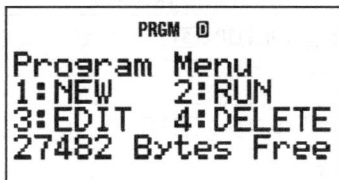

图 2-28　程序菜单屏幕

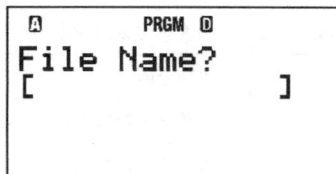

图 2-29　文件名输入屏幕

输入新程序的文件名，然后按 [EXE] 键，计算器会自动记录文件名，并显示如图 2-30 所示的程序运行模式选择屏幕。

（2）指定程序的运行模式。创建新程序时，必须根据程序包含的内容指定其"运行模式"。仅当创建新程序时，才可以指定运行模式，且指定程序的运行模式后，将不能更改。当程序包含在 COMP 模式中执行的计算（包括矩阵、复数和统计计算）内容时，选择 COMP 运行模式；当程序包含在 BASE-N 模式中执行的计算内容时，选择 BASE-N 运行模式；当程序包含内置公式类型的计算内容时，选择 Formula 运行模式。

在测绘生产、土木工程施工等相关领域的编程计算中，一般选择"COMP"运行模式。若无特别说明，本书中所有程序的运行模式均为"COMP"。

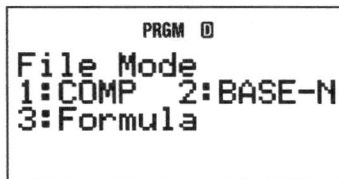

图 2-30　程序运行模式选择屏幕

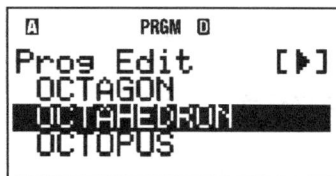

图 2-31　Prog Edit 屏幕

（3）输入新程序内容。按 [1] 键，选择"COMP"运行模式，进入程序输入与编辑界面。由于是创建新程序，显示的是一个空白的程序编辑屏幕，仅在屏幕的第 1 行第 1 列有一个光标"｜"（或"▁"）在闪烁，此时，可通过键盘输入编写好的程序代码，进行新程序的编辑。

光标"｜"表示当前处于"插入"状态，光标"▁"表示当前处于"改写"状态，两种状态可通过按 [SHIFT] [DEL]（INS）键切换。输入程序的内容时，一般应设置为"插入"状态。

在一行程序代码输入完成后按 [EXE] 键输入换行符号"↵"，光标自动移动到下一行的行首，等待输入下一行的内容。

整个程序输入完成后，按 [EXIT] 键显示如图 2-31 所示的"Prog Edit"屏幕，新程序的文件名会在屏幕上高亮显示。再按 [EXIT] 键，计算器会自动保存程序，并返回到如图 2-28 所示的程序菜单屏幕。若想转至 COMP 模式，可按模式键 [MODE] 后再按 [1] 键。

请读者以"CZJ"（垂直角）为文件名输入例 2.1 的程序，练习程序的编辑，并为运行程序做好准备。为了帮助初学者顺利地输入程序的内容，将其中相关程序代码的按键方法整理见表 2-1。

表 2-1 例 2.1 中相关程序代码的按键方法

序号	程序代码	名称	按键方法
1	Deg	角度单位设定命令	[SHIFT] [MODE] （SETUP）[3]
2	:	语句分隔符	[SHIFT] [√■] （:）
3	Fix 3	小数显示位数设定命令	[SHIFT] [MODE] （SETUP）[6][3]
4	"	提示信息定界符	[ALPHA] [√■] （"）
5	L	大写字母 L	[ALPHA] [8] （L）
6	=	等于号	[ALPHA] [RCL] （=）
7	?	输入命令	[FUNCTION] [3] [1]
8	R	大写字母 R	[ALPHA] [÷] （R）
9	→	变量赋值命令	[FUNCTION] [3] [2]
10	X	大写字母 X	[ALPHA] [0] （X）
11	A	大写字母 A	[ALPHA] [i] （A）
12	Cls	清除屏幕命令	[FUNCTION] [3] [▼] [▼] [5]
13	ZHIBIAOCHA=	字符串	[SHIFT] [ALPHA] [×10²] [)] [,] [■] [,] [i] [5] [,,,] [)] [i] [RCL]
14	▶DMS	度分秒转换命令	[FUNCTION] [5] [4]
15	◢	暂停显示命令	[SHIFT] [x²]
16	CHUIZHIJIAO=	字符串	[SHIFT] [ALPHA] [,,,] [)] [3] [,] [×10²] [,] [M+] [,] [i] [5] [RCL]

2.4.2　运行程序

CASIO fx-5800P 计算器编程的目的是为了解决实际的数值计算问题，在输入程序并检查无误后，就可以运行保存好的程序了。运行一个 CASIO fx-5800P 程序有 3 种方法，用其中的任一种方法使程序运行，都能得到相同的运行结果。

1. 在程序模式菜单下选择"RUN"运行程序

（1）按 [MODE] [5] 键，进入程序模式（PROG），显示如图 2-28 所示的"程序菜单"屏幕。按 [2] （RUN）键，显示如图 2-32 所示的"Prog List"屏幕或"Fmla List"屏幕。按 [◀] 或 [▶] 键可在"Prog List"和"Fmla List"屏幕之间切换。测量程序通常要在 COMP 模式下运行，因此应切换到"Prog List"（程序列表）屏幕。

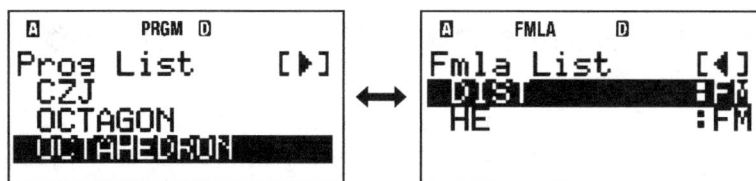

图 2-32　Prog List 屏幕和 Fmla List 屏幕的切换

（2）使用 [▲] 和 [▼] 键将高亮显示移动到需要运行的程序文件名。也可用文件搜索的方法快速找到拟运行的程序文件，其操作步骤见本书"程序文件的管理"章节。

（3）按 EXE 键运行程序，依据屏幕提示进行相应的操作。

运行程序时，可按 AC/ON 键手动中断程序的运行，此操作会显示如图 2-33 所示的屏幕。手动中断程序的运行后，按 EXIT 键显示程序编辑屏幕，光标位于中断的位置。

2. 在普通计算模式下按 FILE 键运行程序

（1）在普通计算模式（COMP）下，按 FILE 键，显示如图 2-34 所示的"Prog List"屏幕。

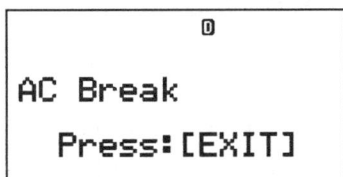
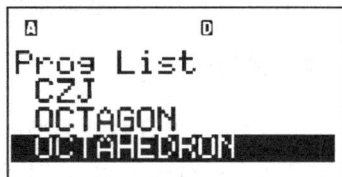

图 2-33　手动中断程序的运行　　图 2-34　COMP 模式下的 Prog List 屏幕

（2）使用 ▲ 和 ▼ 键或用文件搜索的方法将高亮显示移动到需要运行的程序文件。

（3）按 EXE 键运行程序，依据屏幕提示进行相应的操作。

3. 在普通计算模式下使用 Prog 命令运行程序

（1）在普通计算模式（COMP）下，按 SHIFT FILE （Prog）键，显示如图 2-35（a）所示的屏幕。在 Prog 的后面有一个光标"｜"在闪烁。

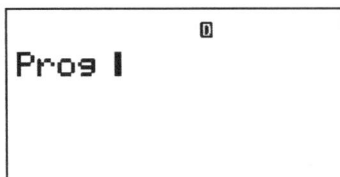
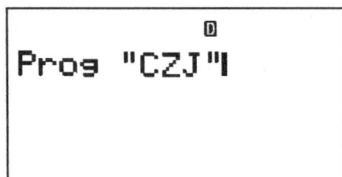

（a）　　　　　　　　　　　（b）

图 2-35　COMP 模式下使用 Prog 命令运行程序

（2）通过键盘输入拟运行程序的文件名，如图 2-35（b）所示。注意文件名必须用双引号（" "）括起来，否则将显示语法错误（Syntax ERROR）。

（3）按 EXE 键运行程序，依据屏幕提示进行相应的操作。

如果 CASIO fx-5800P 计算器中没有指定的程序文件，则将发生转移错误（Go ERROR）。

通常在普通计算模式（COMP）下按 FILE 键运行 CASIO fx-5800P 测量计算程序。

【例 2.9】已知测量某方向的垂直角时，盘左读数为 $86°30'18''$，盘右读数为 $273°29'00''$，试通过运行程序"CZJ"计算垂直度盘的指标差 x 和该方向的垂直角 α。

操作步骤如下：

① 在普通计算模式（COMP）下按 FILE 键，在程序列表中选择"CZJ"，如图 2-36 所示。

② 按 EXE 键运行"CZJ"程序。屏幕提示"L＝?"时，

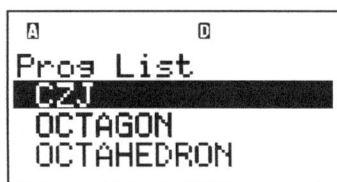

图 2-36　在 COMP 模式下
运行程序"CZJ"

31

输入盘左读数 $86°30'18''$ 后按 $\boxed{\text{EXE}}$ 键确认输入；屏幕提示"R＝?"时，输入盘右读数 $273°29'00''$ 后按 $\boxed{\text{EXE}}$ 键确认输入。在未按 $\boxed{\text{EXE}}$ 键之前，正在输入的数据可以进行修改。

③ 数据输入完成后，根据程序设计的运行流程，屏幕首先显示垂直度盘的指标差 "ZHIBIAOCHA＝$-0°0'21'''$"，然后暂停程序的运行，屏幕状态栏显示 $\boxed{\text{Disp}}$ 标记。

④ 按 $\boxed{\text{EXE}}$ 键，程序继续运行，屏幕接着显示垂直角"CHUIZHIJIAO＝$3°29'21''$"，本次程序运行完成（屏幕状态栏不再显示 $\boxed{\text{Disp}}$ 标记）。

⑤ 按 $\boxed{\text{ACᴼⁿ}}$ 键可退出程序。若要继续重新运行程序，可按 $\boxed{\text{EXE}}$ 键。

2.4.3 程序文件的管理

CASIO fx-5800P 计算器中有两种类型的程序文件：一类是运行模式为 COMP 或 BASE-N 的程序文件，屏幕状态栏对应显示为"PRGM"；另一类是运行模式为 Formula 的程序文件，屏幕状态栏对应显示为"FMLA"。进行程序文件的管理时，可通过按 $\boxed{\blacktriangleleft}$ 或 $\boxed{\blacktriangleright}$ 键在两种类型的程序文件之间切换，如图 2-32 所示。

程序文件的管理是 CASIO fx-5800P 计算器经常要做的一个工作，它主要包括搜索程序、收藏程序、重新命名程序文件、程序内容的编辑、删除程序等。

1. 搜索程序

搜索程序有两种方法：一是使用滚动列表搜索程序，二是输入字符搜索程序。

（1）使用滚动列表搜索程序。在文件屏幕上，文件按字母顺序排列，用户可使用 $\boxed{\blacktriangle}$ 和 $\boxed{\blacktriangledown}$ 键在程序文件名之间滚动，直到高亮显示所需的程序。

（2）通过输入字符搜索程序。当程序文件较多时，使用滚动列表搜索程序的效率比较低。若用户知道要搜索的程序的文件名，可以在打开程序列表（Prog List）屏幕后，输入程序文件名的第一个字符，快速定位到以该字符开头的第 1 个程序，然后再按 $\boxed{\blacktriangle}$ 和 $\boxed{\blacktriangledown}$ 键找到需要的程序，这样可提高查找速度。

2. 收藏程序

可以将常用程序的文件名添加到"Favorites"，使该程序显示在文件屏幕的顶部，提高搜索的效率。操作过程如下：

1）用搜索程序的方法找到拟收藏的程序文件，并使其文件名高亮显示。

2）按 $\boxed{\text{FUNCTION}}$ 键，显示如图 2-37（a）所示的文件命令（File Commands）菜单。

3）按 $\boxed{1}$ 键选择 Favorite-Add 命令，该文件名将在程序列表（Prog List）屏幕的顶部显示，如图 2-37（b）所示。

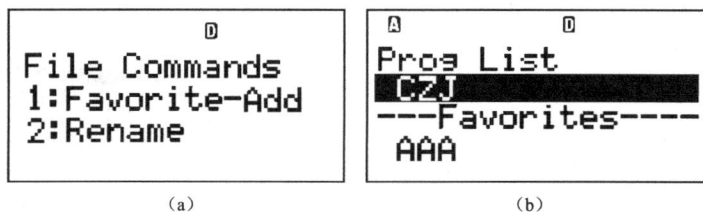

（a）　　　　　　　　　（b）

图 2-37　收藏文件

注意：添加到"Favorites"的程序文件名既在文件屏幕的顶部显示，也在文件屏幕中以其普通顺序位置显示；当通过输入程序文件名的第一个字符搜索文件时，不会检查"Favorites"中文件的名称；文件屏幕顶部的"Favorites"文件名与其他名称之间使用一条线隔开；添加到"Favorites"中的文件名以添加的顺序显示，不以字符顺序显示。

收藏程序也可取消，操作过程如下：

1）在文件屏幕的"Favorites"文件名列表（分隔线上方）中，高亮显示需要取消收藏的文件名。

2）按 FUNCTION 键，显示如图 2-38 所示的文件命令（File Commands）菜单。

3）按 1 键选择 Favorite-Off 命令，该文件即被取消收藏。

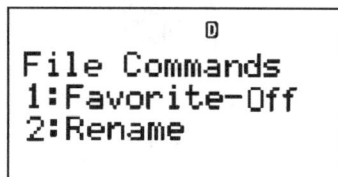

```
              D
File Commands
1:Favorite-Off
2:Rename
```

图 2-38　取消收藏

3．重新命名程序文件

重新命名程序文件的步骤如下：

（1）在文件屏幕上，选择（高亮显示）需要重新命名的程序文件。

（2）按 FUNCTION 键，显示如图 2-37（a）所示的文件命令（File Commands）菜单。

（3）按 2 键选择 Rename 命令，显示如图 2-29 所示的文件名输入屏幕，输入新的程序文件名，然后按 EXE 键确认，完成程序文件的重新命名。

4．程序内容的编辑

程序内容编辑的操作步骤如下：

（1）按 MODE 5 键进入程序模式，显示如图 2-28 所示的"程序菜单"屏幕，按 3（EDIT）键进入程序编辑菜单。

（2）用文件搜索的方法找到拟编辑的程序文件，并使其高亮显示。

（3）按 EXE 键，屏幕显示程序文件的内容。

（4）用 ▲、▼、◀ 或 ▶ 键将光标移至要修改的位置，编辑程序的内容或添加新的内容。

当光标在两个字符之间闪烁时，表示目前处于"插入"状态，输入的字符将插入两个字符之间的位置，按 DEL 键将删除光标前面的字符。按 SHIFT DEL（INS）键，光标在某个字符上闪烁时，表示目前已处于"改写"状态，新输入的字符将替换原有字符。若要重新改为"插入"状态，需再按 SHIFT DEL（INS）键。

（5）修改结束后，按 EXIT 键即可保存修改后的程序内容，并返回到如图 2-28 所示的"程序菜单"屏幕。若想转至 COMP 模式，可按 MODE 1 键。

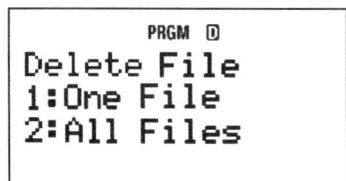

```
       PRGM  D
Delete File
1:One File
2:All Files
```

图 2-39　文件删除菜单

5．删除程序

（1）删除特定程序

1）按 MODE 5 键进入程序模式，显示如图 2-28 所示的"程序菜单"屏幕，按 4（DELETE）键显示如图 2-39 所示的文件删除菜单。

2）按 $\boxed{1}$ 键选择"One File"，显示如图 2-40 所示的"Prog Delete"或"Fmla Delete"屏幕。按 $\blacktriangleleft$ 或 $\blacktriangleright$ 键可在"Prog Delete"或"Fmla Delete"屏幕之间切换。

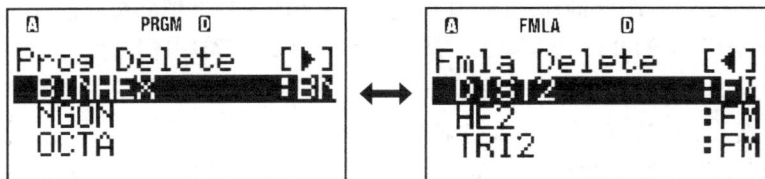

图 2-40　Prog Delete 屏幕和 Fmla Delete 屏幕的切换

3）用文件搜索的方法找到拟删除的程序文件，并高亮显示。

4）按 $\boxed{\text{EXE}}$ 键，屏幕显示"Delete File?"确认信息。此时，若确认要删除此程序，按 $\boxed{\text{EXE}}$（Yes）键；若要放弃该操作而不删除任何内容，按 $\boxed{\text{EXIT}}$（No）键。

（2）删除所有程序

1）按 $\boxed{\text{MODE}}\boxed{5}$ 键进入程序模式，显示如图 2-28 所示的"程序菜单"屏幕，按 $\boxed{4}$（DE-LETE）键显示如图 2-39 所示的文件删除菜单。

2）按 $\boxed{2}$ 键选择"All File"，屏幕显示"Delete All File?"确认信息。此时，若确认要删除计算器存储器中当前存储的所有程序，按 $\boxed{\text{EXE}}$（Yes）键；若要放弃该操作而不删除任何内容，按 $\boxed{\text{EXIT}}$（No）键。

注意：程序一旦执行删除操作，将无法恢复，请慎重！

2.4.4　数据通信

如图 2-41 所示，利用 SB-62 数据通信线连接两个 CASIO fx-5800P 计算器，实现计算器之间程序文件的传输，称为 CASIO fx-5800P 计算器数据通信。数据通信使得程序文件的交流变得更加方便、快捷。

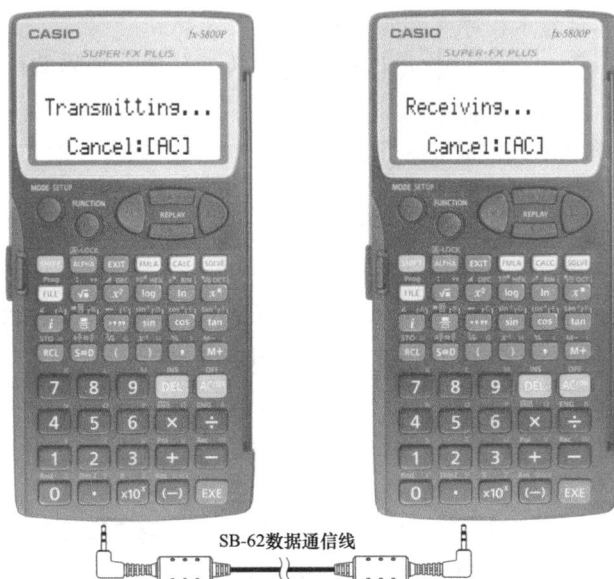

图 2-41　CASIO fx-5800P 计算器数据通信

为描述方便，将保存有待传输程序文件的计算器称为"发送方"，而准备接收程序文件的计算器称为"接收方"。

传输程序文件时，可以将发送方的所有程序文件传输给接收方，也可只将发送方的一个或几个程序文件传输给接收方。

1. 传输所有程序

传输所有程序的操作步骤如下：

（1）将 2 个 CASIO fx-5800P 计算器用 SB-62 数据通信线连接。

（2）在接收方计算器上按 [MODE] ⊙ [1]（LINK）键，进入如图 2-42 所示的数据通信（Communication）菜单界面，再按 [2]（Receive）键，使接收方计算器处于待接收状态，其屏幕显示如图 2-43 所示。

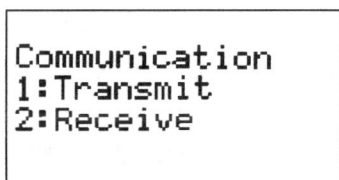

图 2-42　数据通信菜单　　　　　　　　　图 2-43　待接收状态

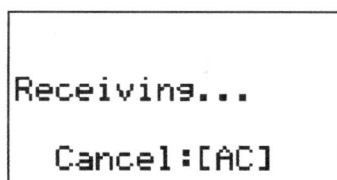

（3）在发送方计算器上按 [MODE] ⊙ [1]（LINK）键，进入如图 2-42 所示的数据通信（Communication）菜单界面，然后按 [1]（Transmit）键，出现如图 2-44 所示的类型选择菜单界面，再按 [1]（All）键，屏幕显示如图 2-45 所示的确认提示信息。此时在发送方计算器上按 [EXE]（Yes）键，开始数据传输。若要放弃数据传输，可按 [EXIT]（No）键。

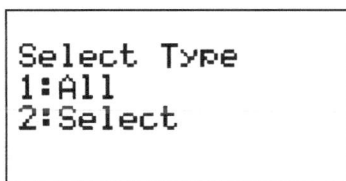

图 2-44　类型选择菜单　　　　　　　　　图 2-45　确认提示

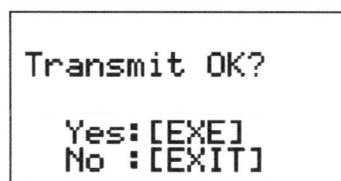

（4）在数据传输期间，发送方的屏幕将显示如图 2-46 所示的信息，接收方的屏幕继续显示如图 2-43 所示的信息，表示正在传输。

（5）数据传输完成后，发送方和接收方的屏幕均会显示如图 2-47 所示的信息。

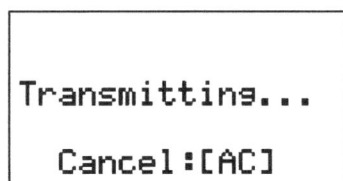

图 2-46　正在传输提示　　　　　　　　　图 2-47　数据传输完成提示

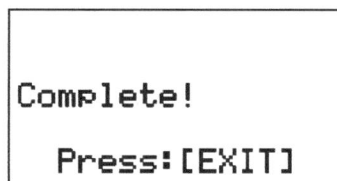

2. 传输特定程序

传输特征程序的操作步骤如下：

（1）将 2 个 CASIO fx-5800P 计算器用 SB-62 数据通信线连接。

（2）在接收方计算器上按 MODE ▼ 1 （LINK）键，进入如图 2-42 所示的数据通信（Communication）菜单界面，再按 2 （Receive）键，使接收方计算器处于待接收状态，其屏幕显示如图 2-43 所示。

（3）在发送方计算器上按 MODE ▼ 1 （LINK）键，进入如图 2-42 所示的数据通信（Communication）菜单界面，然后按 1 （Transmit）键，出现如图 2-44 所示的类型选择菜单界面，再按 2 （Select）键，进入如图 2-48 所示的程序文件选择界面。

（4）在发送方计算器上，使用 ▲ 和 ▼ 键将高亮显示移动到需要传输的程序，然后按 1 （SEL）键，文件名的左侧会显示一个"▶"标记，表示已选中它进行传输。每次按 1 （SEL）键都将会切换文件名左侧"▶"标记显示的开（选中）关（未选中）。重复选择操作，直到需要传输的所有程序的文件名左侧都显示"▶"标记。

（5）在发送方计算器上按 0 （TRAN）键，屏幕显示如图 2-45 所示的确认选项。此时在发送方计算器上按 EXE （Yes）键，开始数据传输。若要放弃数据传输，可按 EXIT （No）键。

（6）在数据传输期间，发送方的屏幕将显示如图 2-46 所示的信息，接收方的屏幕继续显示如图 2-43 所示的信息，表示正在传输。数据传输完成后，发送方和接收方的屏幕均会显示如图 2-47 所示的信息。

3．中断正在进行的数据传输操作

若要中断正在进行的数据传输操作，可在发送方（或接收方）计算器上，按 AC/ON 键。

4．数据通信的几种异常情况

（1）接收方计算器上已有同名的程序文件。在数据传输期间，若发送方计算器发现接收方计算器的存储器中已有同名的程序文件，则发送方计算器会显示如图 2-49 所示的文件替换提示。

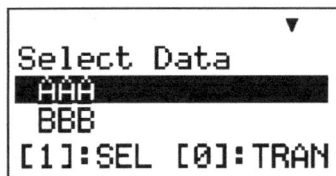

图 2-48 程序文件选择界面

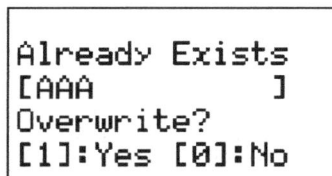

图 2-49 文件替换提示

若使用正在从发送方计算器传输的程序取代当前接收方计算器存储器中的同名程序，按 1 （Yes）键。如果不想取代接收方计算器存储器中的同名程序，则按 0 （No）键，此操作将跳过相应程序的传输，继续开始传输下一个程序。

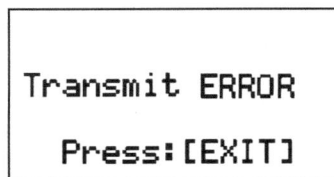

图 2-50 数据传输错误提示

（2）数据通信线连接异常。如果出现数据通信线接触不良、未连接等异常情况，发送方计算器会显示如图 2-50 所示的数据传输错误提示。

第3章 顺序结构程序设计

3.1 常量与变量

3.1.1 常量

1. 常量的概念

程序的处理对象是数据。数据可以分为两大类：数值型数据和非数值型数据。CASIO fx-5800P 程序的处理对象一般是数值型数据。

在程序运行过程中，其值不能被改变的量称为常量。常量一般从其字面形式即可判别，第 2 章例 2.1 中的 2、90、360 等就是常量。

2. 常量的类型

在 CASIO fx-5800P 计算器中，常量可分为字面常量（直接常量）和符号常量两类。

（1）字面常量。字面常量是在程序代码中，以明显的方式给出的数据，可直接反映其数据类型。CASIO fx-5800P 计算器中字面常量的常见表现形式有以下几种：

1）十进制数形式。十进制是日常生活和测量计算中最常见的形式，包括整数形式和小数形式。例如 206265、-15、0.14、-0.123 等。

2）60 进制形式。60 进制是测量计算中角度的一种常见表现形式，输入方法为【度】$\boxed{\cdots}$【分】$\boxed{\cdots}$【秒】$\boxed{\cdots}$，如输入 $50°15'30''$ 的操作按键为 50 $\boxed{\cdots}$ 15 $\boxed{\cdots}$ 30 $\boxed{\cdots}$，屏幕显示为 "$50°15'30°$"。

3）指数形式。在 CASIO fx-5800P 计算器中，一个实数可以用幂的形式表示，幂的 "底" 是 10，即科学计数法形式。例如实数 123 可以表示为 0.123×10^3（输入按键序列为 0.123 $\boxed{\times10^x}$ 3）或 1.23×10^2（输入按键序列为 1.23 $\boxed{\times10^x}$ 2），其中 $\boxed{\times10^x}$ 是 CASIO fx-5800P 的指数符号。

4）分数形式。在 CASIO fx-5800P 计算器中，分数有 "有整数显示" 和 "无整数显示" 两种显示格式。例如 $3\frac{1}{5}$、$\frac{16}{5}$。

5）百分比形式。在 CASIO fx-5800P 计算器中，常量可以用百分比形式表示。例如 "20％"。

6）复数形式。复数的表示方法通常是 $a+bi$，其中 a 称为实部，b 称为虚部，$i^2=-1$。CASIO fx-5800P 计算器中，复数的符号 i 按 $\boxed{i}$ 键输入。例如，输入 $2+2i$ 的按键序列为 2 $\boxed{+}$ 2 $\boxed{i}$。

$a+bi$ 又称为复数的直角坐标格式，其中 a 为实轴，b 为虚轴。CASIO fx-5800P 计算器还可使用极坐标格式 $r\angle\theta$，其中 r 为复数的模，θ 为幅角，符号"$\angle$"按 $\boxed{\text{SHIFT}}$ $\boxed{i}$ 键输入。复数的直角坐标格式和极坐标格式可相互转换。

将 $2+2i$ 转换成极坐标格式的按键序列为 2 $\boxed{+}$ 2 $\boxed{i}$ $\boxed{\text{FUNCTION}}$ $\boxed{2}$ $\boxed{6}$ $\boxed{\text{EXE}}$，若当前角度单位设定为度（屏幕状态栏显示 $\boxed{\text{D}}$），屏幕显示的转换结果有两种情形：①当设定以数学格式显示（状态栏显示 Math）时，屏幕显示为 $2\sqrt{2}\angle 45$；②当设定以线性格式显示时，屏幕显示为 $2.828427125\angle 45$。

（2）符号常量。CASIO fx-5800P 计算器中的符号常量包括 π 和内置的 40 个常用科技常数。

输入 π 的操作按键为 $\boxed{\text{SHIFT}}$ $\boxed{\times 10^x}$。

输入科技常数的方法：按 $\boxed{\text{FUNCTION}}$ 键显示功能菜单，按 $\boxed{4}$ 键选择"CONST"菜单项，计算器将显示科技常数的第 1 页，如图 3-2 所示。科技常数共有 5 页，可以用 $\boxed{\blacktriangledown}$ 和 $\boxed{\blacktriangle}$ 浏览这些页，按科技常数前的数字键即可输入相应的科技常数。

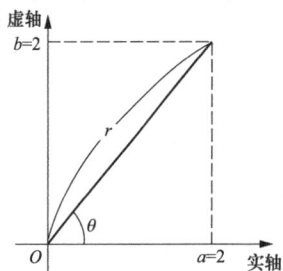

图 3-1　复数的表示形式　　　图 3-2　常用科技常数（第 1 页）

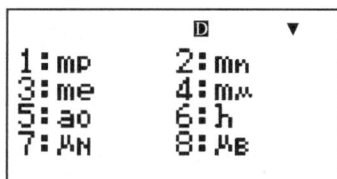

常用科技常数的含义见表 3-1。

表 3-1　　　　　　　　　　　　　　常用科技常数的含义

页号	科技常数	页号	科技常数
1-1	质子的质量	3-5	μ 介子磁矩
1-2	中子的质量	3-6	法拉第常数
1-3	电子的质量	3-7	元电荷
1-4	μ 介子的质量	3-8	阿伏加德罗常数
1-5	波尔半径	4-1	波尔兹曼常数
1-6	普朗克常数	4-2	理想气体的摩尔体积
1-7	核磁子	4-3	摩尔气体常数
1-8	波尔磁子	4-4	真空中的光速
2-1	合理化普朗克常数	4-5	第一放射常数
2-2	精细结构常数	4-6	第二放射常数
2-3	经典电子半径	4-7	斯蒂芬-波尔兹曼常数
2-4	康普顿波长	4-8	电性常数
2-5	质子的回磁比	5-1	磁性常数
2-6	质子的康普顿波长	5-2	磁通量
2-7	中子的康普顿波长	5-3	重力加速度
2-8	里德伯常数	5-4	电导量
3-1	原子质量常数	5-5	真空的特性阻抗
3-2	质子磁矩	5-6	摄氏温度
3-3	电子磁矩	5-7	万有引力常数
3-4	中子磁矩	5-8	标准大气压

3.1.2　变量

1. 变量的概念

在程序运行过程中，其值可以改变的量称为变量。一个变量有一个名字（即变量名），它在内存中占据一定数量的存储空间，在一个变量中可以存放一个数据。第 2 章例 2.1 中的 L、R、X 等就是变量。

2. 变量的类型

在 CASIO fx-5800P 计算器中，变量按使用方式可分为缺省变量、额外变量、公式变量、矩阵和统计串列等。

（1）缺省变量。CASIO fx-5800P 计算器中以大写英文字母 A～Z 命名了 26 个变量寄存器，这些变量寄存器就是缺省变量（亦称标准变量），其对应的大写英文字母即为变量名。变量 M 又称独立寄存器，常用于多个值的加或减。"M＋"就是在原有存储信息的基础上进行加法运算，"M－"就是在原有存储信息的基础上进行减法运算。

26 个缺省变量可以存储数值或表达式的计算值（值可以是实数，也可以是复数），但不能存储字符。在程序中，可分别向这 26 个缺省变量赋值并在计算中使用它们，它们在程序设计中使用最为广泛。

（2）额外变量。在 CASIO fx-5800P 程序设计中，当缺省变量无法满足数据存储的需求时，可以根据需要创建额外变量，达到扩充变量数量的目的。额外变量也称为数组变量，其命名规则为 Z[1]、Z[2]、Z[3]、……。额外变量的使用方法详见本书第 5 章相关内容。

（3）公式变量。CASIO fx-5800P 计算器有 128 个内置公式。内置公式可分为数学公式和科技公式两种，用户可直接调用内置公式进行计算。内置公式存储在计算器中，用户不能对其进行修改、删除等编辑操作。除了内置公式，用户也可以根据需要自行创建公式，供以后需要时调用。用户创建的公式称为用户公式。

仅供内置公式和用户公式使用的变量称为公式变量。公式变量可分为以下几种：

1）小写字母：a、b、c、…、z。

2）大写希腊字母：A、B、Γ、…、Ω。

3）小写希腊字母：α、β、γ、…、ω。

4）带有下标的 2 字符变量：由大写字母 A～Z、小写字母 a～z、大写希腊字母 A～Ω、小写希腊字母 α～ω 和下标组成。其中下标有：数字下标$_1$、$_2$、$_3$、…、$_0$，大写字母下标$_A$、$_B$、$_C$、…、$_Z$，小写字母下标$_a$、$_b$、$_c$、…、$_z$。如 A_1、a_0、ω_t、Δ_x 等。

公式变量仅能用于公式中，不能用于程序计算，因此本书不详细介绍其使用方法，读者若需了解相关内容，请参阅《CASIO fx-5800P 用户说明书》《CASIO fx-5800P 补充资料》等相关资料。

（4）矩阵。矩阵是 CASIO fx-5800P 计算器的新增功能，其最大维数为 10 行×10 列，系统共有 Mat A、Mat B、Mat C、Mat D、Mat E、Mat F 和 Mat Ans 等 7 个矩阵存储器。Mat Ans 矩阵仅用于存储矩阵运算的结果，用户可以使用矩阵编辑器或赋值命令输入 Mat A～Mat F 等 6 个矩阵的元素。CASIO fx-5800P 计算器的矩阵元素只能是实数。

（5）统计串列。统计串列用于存储统计计算中的统计源数据，即样本数据。CASIO fx-5800P 计算器提供了 List X、List Y 和 List Freq 等 3 个串列存储器，每个串列最多可以输入并存储 199 个统计数据，用户可以使用 STAT 编辑器或赋值命令输入统计数据。CASIO fx-5800P 计算器的统计串列中存储的统计数据也只能是实数。统计串列的使用方法详见本书第 5 章相关内容。

3.2 标 准 函 数

CASIO fx-5800P 程序设计语言提供了一些用户可以直接使用的函数，这些函数称为标准函数。用户在使用标准函数时，只需写出它的函数名和自变量就可以直接引用。标准函数的使用格式为：

标准函数名（自变量）

标准函数的自变量可以是常数或表达式。表达式将在后续的章节中介绍。

在 CASIO fx-5800P 计算器中，自变量必须用圆括号括起来。输入函数名时，左侧的圆括号会自动出现。自变量右侧的圆括号可以省略，但为了提高程序的可读性，避免产生理解上的歧义，在程序设计中，建议不要省略函数自变量右侧的圆括号。

当自变量中包含其他函数时，称为函数的嵌套使用。

CASIO fx-5800P 计算器所提供的标准函数见《CASIO fx-5800P 用户说明书》科技函数章节。本书仅介绍在测量计算中常用的几种标准函数。

3.2.1 三角函数和反三角函数

三角函数和反三角函数广泛应用于测量计算中。在用三角函数和反三角函数进行计算时，必须正确设置并确认当前的角度单位。在第 1 章中已指出，由于国内经纬仪和全站仪的度盘一般是按照一个圆周为 360°进行分划的，因此使用计算器进行测量计算时，角度单位一般应设定为"度"，即 Deg。

1. 三角函数

CASIO fx-5800P 计算器提供的三角函数有 sin（正弦函数）、cos（余弦函数）和 tan（正切函数）等 3 个。

三角函数计算中，自变量的角度单位是当前计算器选定的缺省角度单位，即屏幕第 1 行中状态栏显示的角度单位。如图 3-3 屏幕 1 所示，计算器当前设定的角度单位是"Deg"，当操作按键序列为 [sin] 30 [)] [EXE] 时，屏幕显示内容如图 3-3 屏幕 2 所示，其中 0.5 是计算结果，即 sin 30°的值。

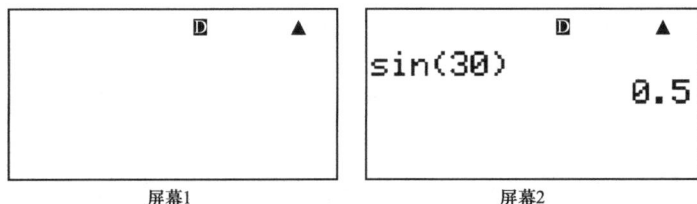

屏幕1　　　　屏幕2

图 3-3　三角函数的使用

表 3-2 三角函数计算示例

序号	范例	角度单位	按键序列	计算结果
1	$\sin(+15°20'30'')$	D	[sin] 15 [˚'''] 20 [˚'''] 30 [˚'''] [)] [EXE]	0.2645744261
2	$81.6 \times \cos^2(-3°30')$	D	81.6 [×] [(] [cos] −3 [˚'''] 30 [˚'''] [)] [)] [x²] [EXE] 81.6 [×] [cos] −3 [˚'''] 30 [˚'''] [)] [x²] [EXE]	81.29588299
3	$81.296 \times \tan(-3°30')$	D	81.296 [×] [tan] −3 [˚'''] 30 [˚'''] [)] [EXE]	−4.972276368

2. 反三角函数

CASIO fx-5800P 计算器提供的反三角函数有 $\sin^{-1}$（反正弦函数 arcsin）、$\cos^{-1}$（反余弦函数 arccos）和 $\tan^{-1}$（反正切函数 arctg）等 3 个。

反三角函数计算结果的角度单位是当前计算器选定的缺省角度单位。若计算器当前设定的角度单位是"Deg"，当操作按键序列为 [SHIFT] [sin] 0.5 [)] [EXE] 时，屏幕显示内容如图 3-4 屏幕 1 所示，其中 30 是 arcsin（0.5）的计算结果，即 30°。若接着按 [˚'''] 键，屏幕上将显示 60 进制的计算结果"30°0'0''"，如图 3-4 屏幕 2 所示。

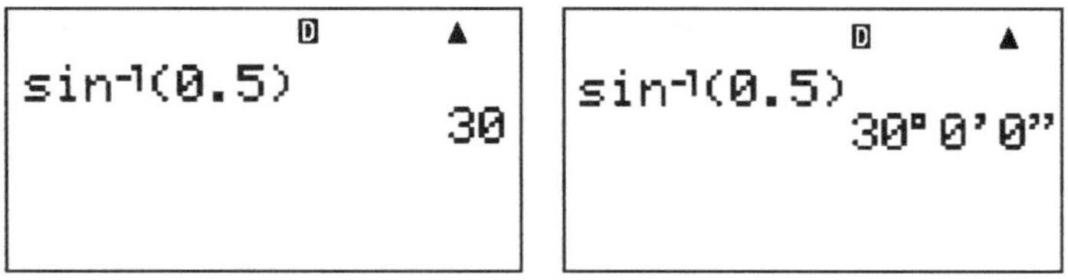

屏幕1   屏幕2

图 3-4 反三角函数的使用

表 3-3 反三角函数计算示例

序号	范例	角度单位	按键序列	计算结果
1	$\arcsin(0.86)$	D	[SHIFT] [sin] 0.86 [)] [EXE]	59.31658289
			[SHIFT] [sin] 0.86 [)] [EXE] [˚''']	59°18'59.7''
2	$\arccos(0.86)$	D	[SHIFT] [cos] 0.86 [)] [EXE]	30.68341711
			[SHIFT] [cos] 0.86 [)] [EXE] [˚''']	30°41'0.3''
3	$\mathrm{arctg}\dfrac{190.096}{-139.625}+180$	D	[SHIFT] [tan] 190.096 [÷] −139.625 [)] [+] 180 [EXE]	126°17'49.85''
		R	[SHIFT] [tan] 190.096 [÷] −139.625 [)] [+] 180 [EXE]	179.062709

3.2.2 幂函数和乘方根函数

CASIO fx-5800P 计算器提供的幂函数和乘方根函数有 x^2（平方）、x^{-1}（倒数）、x^n（乘方）、$\sqrt{}$（平方根）、$\sqrt[3]{}$（立方根）和 $\sqrt[n]{}$（乘方根）等。

表 3-4 幂函数和乘方根函数计算示例

序号	范例	按键序列	计算结果
1	15.86^2	15.86 [x²] [EXE]	251.5396
2	2^{-1}	2 [SHIFT] [)] [EXE]	0.5
3	15.629^3	15.629 [xⁿ] 3 [)] [EXE]	3817.627703
4	$\sqrt{256}$	[√] 256 [)] [EXE]	16

41

序号	范例	按键序列	计算结果
5	$\sqrt[3]{512}$	[SHIFT] [(] 512 [)] [EXE]	8
6	$\sqrt[5]{100000}$	5 [SHIFT] [x^n] 100000 [)] [EXE]	10

3.2.3 坐标变换函数

CASIO fx-5800P 计算器提供的坐标变换函数有 Pol 和 Rec 两个，其中 Pol 函数可将直角坐标变换为极坐标，Rec 函数可将极坐标变换为直角坐标。直角坐标与极坐标的关系如图 3-5 所示。

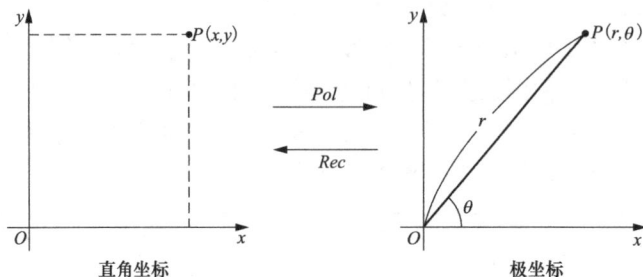

图 3-5　直角坐标与极坐标的关系

虽然 CASIO fx-5800P 计算器中有关直角坐标和极坐标的换算是基于数学坐标系的，但也可用于测量坐标系的相关计算。

1. Pol 函数

使用 Pol 函数可由 (x, y) 计算 (r, θ)，函数的使用格式为 $Pol(x, y)$。输入 Pol 的按键序列为 [SHIFT] [+]（或者 [FUNCTION] [1] [▼] [5]）。Pol 计算出的 r 值存储在缺省变量 I 中，θ 值存储在缺省变量 J 中。θ 值的范围为 $-180° < \theta \leqslant 180°$。

在测量计算中，可用 Pol 函数实现坐标反算，即根据两点间的纵、横坐标增量计算两点间的水平距离和坐标方位角。此时，函数的使用格式为 $Pol(\Delta x, \Delta y)$，其中 Δx 是两点间的纵坐标增量，Δy 是两点间的横坐标增量。执行 $Pol(\Delta x, \Delta y)$ 后，存储在缺省变量 I 中的 r 值即为两点间的水平距离 D。坐标方位角 α 的值在范围 $0° \leqslant \alpha \leqslant 360°$ 内，α 与 θ 的关系是：当 $\theta \geqslant 0°$ 时，$\alpha = \theta$；当 $\theta < 0°$ 时，$\alpha = \theta + 360° = J + 360°$。

例如，A 点的坐标为 $(7915.957, 5317.558)$，B 点的坐标为 $(7815.832, 5295.261)$，则 $\Delta x_{AB} = 7815.832 - 7915.957 = -100.125$，$\Delta y_{AB} = 5295.261 - 5317.558 = -22.297$，计算 D_{AB} 和 α_{AB} 的步骤见表 3-5。

表 3-5　　　　　　　　　　　计算 D_{AB} 和 α_{AB} 的步骤

步骤	按键序列	屏幕显示	说明
| 1 | [SHIFT] [+] -100.125 [,] -22.297 [)] | ```
        D        ▲
Pol(-100.125,-22
.297)
``` | 当前角度单位为"Deg" |
```

续表

步骤	按键序列	屏幕显示	说明
2	EXE	Pol(-100.125,-22.297) r=　　102.5776381 θ=　-167.4455651	显示函数计算的结果
3	RCL ▸	r=　　102.5776381 θ=　-167.4455651 I 　　102.5776381	显示变量 I 的值，即 A、B 两点间的水平距离 D_{AB}
4	ALPHA M+ + 360 EXE	I 　　102.5776381 J+360 　　192.5544349	显示 A、B 两点间的方位角 α_{AB}
5	·'''	I 　　102.5776381 J+360 　192°33'15.97"	将 α_{AB} 换算成度分秒格式

第 1 步的按键序列可改为 SHIFT + 7815.832−7915.957 ▸ 5295.261−5317.558) 。

2. Rec 函数

使用 Rec 函数可由 (r, θ) 计算 (x, y)，函数的使用格式为 $\mathrm{Rec}(r, \theta)$。输入 Rec 的按键序列为 SHIFT − （或者 FUNCTION 1 ▾ 6 ）。Rec 计算出的 x 值存储在缺省变量 I 中，y 值存储在缺省变量 J 中。

在测量计算中，可用 Rec 函数根据两点间的水平距离和坐标方位角计算两点间的纵、横坐标增量。此时，函数的使用格式为 $\mathrm{Rec}(D, \alpha)$，其中 D 是两点间的水平距离，α 是坐标方位角。执行 $\mathrm{Rec}(D, \alpha)$ 后，存储在缺省变量 I、J 中的 x 值和 y 值即为两点间的纵、横坐标增量 Δx 和 Δy。

例如，A、B 两点间的水平距离 $D_{AB}=102.578$，坐标方位角 $\alpha_{AB}=192°33'16''$，计算两点间的纵、横坐标增量 Δx_{AB} 和 Δy_{AB} 的步骤见表 3-6。

表 3-6　　　　　　　　　　　　　　　计算 Δx_{AB} 和 Δy_{AB} 的步骤

步骤	按键序列	屏幕显示	说明
1	SHIFT − 102.578 ▸ 192 ·''' 33 ·''' 16 ·''')	Rec(102.578,192°33°16°)	当前角度单位为 "Deg"

续表

步骤	按键序列	屏幕显示	说明
2	EXE	Rec(102.578,192° 33°16°) X= −100.1253495 Y= −22.29709536	显示函数计算的结果
3	RCL °	X= −100.1253495 Y= −22.29709536 I −100.1253495	显示变量 I 的值，即 A、B 两点间的纵坐标增量 Δx_{AB}
4	RCL M+	I −100.1253495 J −22.29709536	显示变量 J 的值，即 A、B 两点间的横坐标增量 Δy_{AB}

3.2.4 其他函数

1. Abs 函数

Abs 函数是求绝对值的函数，它的使用格式为 Abs(x)。其中 x 是一个实数。输入 Abs 的按键序列为 FUNCTION 1 （MATH） ▽ 1 。例如，Abs(6.5) 的值为 6.5，Abs(0) 的值为 0，Abs(−6.5) 的值为 6.5。

2. Int 函数

使用 Int 函数可抽取实数的整数部分，函数的使用格式为 Int（x）。其中 x 是一个实数。输入 Int 的按键序列为 FUNCTION 1 （MATH） ▽ 2 。例如，Int(6.5) 的值为 6，Int(−6.5) 的值为−6。

3. Frac 函数

使用 Frac 函数可抽取实数的小数部分，函数的使用格式为 Frac（x）。其中 x 是一个实数。输入 Frac 的按键序列为 FUNCTION 1 （MATH） ▽ 3 。例如，Frac(6.5) 的值为 0.5，Frac(−6.5) 的值为−0.5。

3.3 算术运算符和算术表达式

CASIO fx-5800P 程序设计语言的运算符可分为算术运算符、关系运算符、逻辑运算符等几类。本节只介绍算术运算符，在第 4 章中介绍关系运算符和逻辑运算符。

3.3.1 算术运算符

CASIO fx-5800P 程序设计语言的算术运算符有＋、－、×和÷等几种。

　＋　　　加法运算符，用来进行两个数相加，如 3＋5；或正值运算符，如＋6。

　－　　　减法运算符，用来进行两个数相减，如 5－3；或负值运算符，如－6。

　×　　　乘法运算符，用来进行两个数相乘，如 3×5。

　÷　　　除法运算符，用来进行两个数相除，如 6÷2。

3.3.2　算术表达式

用算术运算符和括号（圆括号）将运算对象（也称操作数）连接起来的、符合 CASIO fx-5800P 程序设计语言语法规则的式子称为算术表达式。

算术表达式中的运算对象包括常量、变量、标准函数等。例如，下面是一个合法的算术表达式：

$$2＋3×4^{\char`^}(5)－6×\sin(X)÷7$$

它对应的代数式为：

$$2＋3×4^5－\frac{6×\sin x}{7}$$

算术表达式的值是一个数值。

3.3.3　算术运算符的优先级与结合性

CASIO fx-5800P 程序设计语言规定了运算符的优先级与结合性。在算术表达式求值时，先按运算符的优先级别高低从高往低执行，如果在一个运算对象两侧的运算符的优先级别相同，则按"自左至右"的结合方向处理，即先左后右。

算术表达式求解的运算规则如下：

（1）正负号的优先级最高，它们是单目运算符。如表达式"－5×6"相当于－5 乘以 6，其值等于－30。

（2）＋和－的优先级相同，×和÷的优先级相同。×和÷的优先级高于＋和－，计算时，先乘除，后加减。

（3）函数的优先级高于乘除。

（4）可以用括号改变以上优先顺序，括号最优先。嵌套使用括号时，内层括号的优先级高于外层括号。

（5）如果一个运算对象两侧的运算符的优先级别相同，如 A－B＋C，则按运算符在表达式中的位置按从左到右的顺序进行。

例如，在表达式 3×－5＋100 中，5 左侧"－"号的优先级最高，"×"号的优先级次之，"＋"的优先级最低。表达式求解时，先执行负值运算得－5；然后执行乘法运算，即 3 乘以－5 得－15；最后执行加法运算，即－15 加 100，得到表达式的值 85。

把上述表达式加上一对括号，将表达式变为 3×－(5＋100)，此时，表达式中括号的优先级最高。表达式求解时，先执行括号内的运算，即 5 加 100 得 105；然后执行负值运算得－105；最后执行乘法运算，即 3 乘以－105，得表达式的值－315。

需要注意的是，在程序中算术表达式不能使用分式，分式只能用除法（"÷"）表示，因此在用表达式表示分式时要特别注意分子和分母所包含的范围。例如，将分式 $\frac{D－B}{C－A}$ 转换为算术表达式时不能写成 D−B÷C−A，而应该写成 (D−B)÷(C−A)，因为 D−B÷C−A 相当于 $D-\dfrac{B}{C}-A$。

下面列举一些代数式与 CASIO fx-5800P 计算器表达式的对照，见表 3-7。

表 3-7　　　　　　　代数式与 CASIO fx-5800P 计算器表达式的对照表

含义	代数式	CASIO fx-5800P 计算器表达式	按键序列
判别式	$\sqrt{b^2-4ac}$	$\sqrt{\ }(B^2-4AC)$	[√] [ALPHA] [≡] [x²] −4 [ALPHA] [i] [ALPHA] [⋯] [)]
		$\sqrt{\ }(B^2-4\times A\times C)$	[√] [ALPHA] [≡] [x²] −4 [×] [ALPHA] [i] [×] [ALPHA] [⋯] [)]
一元二次方程的根	$\dfrac{-b\pm\sqrt{b^2-4ac}}{2a}$	$(-B+\sqrt{\ }(B^2-4\times A\times C))\div(2\times A)$	[(] [−] [ALPHA] [≡] [+] [√] [ALPHA] [≡] [x²] −4 [×] [ALPHA] [i] [×] [ALPHA] [⋯] [)] [)] [÷] [(] 2 [×] [ALPHA] [i] [)]
		$(-B-\sqrt{\ }(B^2-4\times A\times C))\div(2\times A)$	[(] [−] [ALPHA] [≡] [−] [√] [ALPHA] [≡] [x²] −4 [×] [ALPHA] [i] [×] [ALPHA] [⋯] [)] [)] [÷] [(] 2 [×] [ALPHA] [i] [)]
圆球体积	$\dfrac{4}{3}\pi r^3$	$4\times\pi\times R\hat{\ }(3)\div3$	4 [×] [SHIFT] [×10⁵] [×] [ALPHA] [xⁿ] 3 [)] [÷] 3
		$4\div3\times\pi\times R\hat{\ }(3)$	4 [÷] 3 [×] [SHIFT] [×10⁵] [×] [ALPHA] [÷] [xⁿ] 3

3.4　赋值操作和赋值语句

所谓赋值，指的是将一个数据赋给一个变量。在程序中，赋值操作一般是由赋值语句来完成的。

在 CASIO fx-5800P 程序中，赋值语句的一般形式为：

＜表达式＞→变量

"→"是赋值号，其作用是将它左边表达式的值赋值给它右边的变量。例如语句"3→A"的作用是将数值 3 赋值给变量 A，第 2 章例 2.1 中的语句 (L＋R−360)÷2→X 的作用是将表达式 (L＋R−360)÷2 的值赋值给变量 X。

每个变量是一个存储单元，我们可以形象地把这个存储单元比喻成一个"匣子"，每个匣子中可以存放一个数据，匣子中存放的数据称为变量的值。

由于 CASIO fx-5800P 计算器具有关机现场保护功能，即使关机（或取出电池）也不会丢失存储器中的数据，因此在程序开始运行前，变量中可能已经存放了其他数据，在程序设计时应重视这一情况，并采取相应的防范设计，否则可能引起错误。无论变量 A 有无存放数据，在执行赋值语句"3→A"后，变量 A 的值都会更新为新的赋值"3"。

在赋值操作中，应注意以下问题：

（1）赋值号的右侧不能是常数或表达式，只能是变量（包括缺省变量、额外变量、矩阵元素和统计串列的单元格）。如下面写法是错误的：

A→3

A→B＋3

（2）可以多次向同一个变量赋值，但一个变量在程序运行的某个瞬间只能有一个确定的值。在向一个变量赋值时，该变量原有的值即被新的赋值所取代。例如：

3→A

5→A

$$7 \rightarrow A$$

在执行第一个赋值语句后，变量 A 的值为 3；在执行第二个赋值语句后，变量 A 的值变为 5；在执行第三个赋值语句后，变量 A 的值变为 7。

（3）赋值语句有运算功能，赋值号"→"左边可以是一个表达式。例如：

$$5 + 3 \times 4 \rightarrow A$$

其执行过程为：先计算表达式 $5 + 3 \times 4$ 的值，得到 17；然后将值"17"赋值给变量 A。因此，赋值语句具有赋值和表达式运算双重功能，程序中的计算功能主要是由赋值语句完成的。

（4）若将一个变量的值赋值给另一变量，前一变量的值保持不变。例如：

$$3 \rightarrow A$$

$$A \rightarrow B$$

在执行第一个赋值语句后，变量 A 的值为 3；在执行第二个赋值语句后，变量 A 的值仍为 3，变量 B 的值也变为 3。不要误认为："把 A 的值取走送给 B，A 的值丢失了"，变量中存放的数据是不会丢失的，除非对它又赋以新值。可以从一个变量中多次"读出"它的值，而原值保持不变，这是变量的重要特性之一。

（5）赋值号两侧的内容不能随意互换。假设执行赋值语句前，变量 A 的值为 10，变量 B 的值为 20。若执行赋值语句 $A \rightarrow B$，则变量 A 的值仍为 10，而变量 B 的值更新为变量 A 的值"10"。若执行赋值语句 $B \rightarrow A$，则变量 B 的值仍为 20，而变量 A 的值更新为变量 B 的值"20"。

（6）程序中可以用下面的赋值语句来实现计数：

$$N + 1 \rightarrow N$$

设 N 的原值为 1，在执行上面的赋值语句时，先将 N 的原值 1 读出，然后加 1 等于 2，最后将 2 再赋值给变量 N，这时变量 N 的值就由 1 变成 2 了。

（7）一个赋值语句只能给一个变量赋值。下面的写法是错误的：

$$3 \rightarrow A，B，C$$

$$3 \rightarrow A \rightarrow B \rightarrow C$$

$$3 \rightarrow A，3 \rightarrow B，3 \rightarrow C$$

如果想将 3 分别赋值给变量 A、B、C，应写为：

$$3 \rightarrow A：3 \rightarrow B：3 \rightarrow C \text{ 或 } 3 \rightarrow A：A \rightarrow B：B \rightarrow C$$

3.5 输入和输出语句

3.5.1 数据输入和输出的概念

计算器处理的对象是数据。在程序中，变量存放的数据可以用赋值语句赋给，也可以根据需要从计算器外部（如键盘）输入给计算器。计算器加工好的数据（如计算结果），一般需要送到计算器外部（如显示屏）供用户使用。

所谓输入和输出是以计算器为主体而言的。从外部将数据送入计算器称为"输入"，从计算器内将数据送到外部称为"输出"。

通常来说，程序都应该有输出操作，因为用户总是希望看到和使用计算器运算得到的结果。计算器的输出结果一般送到显示屏进行显示。对于测量计算程序来说，需要处理的数据具有随机性，无法预知，因此无法通过赋值语句将数据赋给程序中的变量，所以应该设计输入操作，使用户可以通过键盘或其他设备将需要处理的数据送入计算器，并保存在变量中，供程序加工处理，以期得到用户需要的结果。

3.5.2　输入语句

在 CASIO fx-5800P 程序中，输入语句有以下两种形式：

① ? 变量　或　［字符串］? 变量

② ? →变量　或　［字符串］? →变量

方括号［　］内的部分是可选项，即语句中可以有这部分，也可以省略此部分。字符串是用双引号（"　"）括起来的字符序列。若输入语句的? 号前有字符串，当程序执行到该语句时，在显示屏上将出现与字符串内容相同的提示信息，因此程序中可以使用与输入值相关的字符串作为输入提示信息，方便用户使用程序，防止输入错误。例如，例 2.1 中的语句"L="? L，当程序执行到该语句时，屏幕上会显示"L=?"，提示用户此时应输入垂直度盘盘左的读数。

输入语句的功能是通过键盘输入数据，并将输入数据存储到对应的变量中。如例 2.1 的程序执行到"L="? L 语句时，若输入 86 ⬚ 30 ⬚ 18 ⬚ EXE，则程序自动将 $86°30'18''$ 存储到缺省变量 L 中。

执行第 1 种形式的输入语句时，在显示屏上将出现输入提示"变量?"或"字符串?"，同时在屏幕的下一行会显示对应变量的当前值。此时如果不输入任何内容而直接按 EXE 键，语句执行完后，变量的值不会改变。若从键盘输入数据后按 EXE 键，则会将输入的数据存储到对应的变量中，变量原有的值被新的值所取代。

执行第 2 种形式的输入语句时，在显示屏上将出现输入提示"?"或"字符串?"，此时若直接按 EXE 键而不输入任何内容，程序将继续等待输入，不会向下执行。只有当用户从键盘输入数据并按 EXE 键后，程序才将输入的数据存储到对应变量中，然后继续往下执行。

3.5.3　输出语句

CASIO fx-5800P 程序中，最后一个赋值语句的运算结果会自动显示在屏幕上。若程序要显示多个计算结果（或需要以指定的格式显示），可使用输出语句。输出语句有以下两种形式：

① ［字符串:］＜语句＞◢

② Locate＜列号＞，＜行号＞，＜表达式或字符串＞

第 1 种形式的输出语句会暂停程序的运行，并显示＜语句＞的计算结果。此时，屏幕的状态栏会显示 **Disp** 符号，若要继续运行程序，可按 EXE 键。

为了便于使用和解读显示的程序运行结果，可在输出语句"＜语句＞◢"前加字符串，程序会在显示与字符串内容相同的提示信息后，在下一行显示＜语句＞的计算结果。应特别注意，要用冒号":"将字符串和输出语句进行分隔。

例如，执行语句"X="? →X: X^2 +5→Y ◢ X 时，屏幕上会显示输入提示信息"X=?"，此时若输入 10 后按 <kbd>EXE</kbd> 键，则在显示变量 Y 的值 105($10^2 + 5 = 105$) 后暂停执行，屏幕的状态栏显示 <kbd>Disp</kbd> 符号，继续按 <kbd>EXE</kbd> 键后会显示变量 X 的值 10。

第 2 种形式的输出语句会从指定的屏幕位置开始显示表达式的值或字符串。例如，语句 Locate 1，1，"Xp＝"，执行时会在屏幕第 1 行第 1 列的位置显示"Xp＝"；又如，语句 Locate 6，2，X，执行时会在屏幕第 2 行第 6 列的位置显示变量 X 的值。

📖 按 <kbd>FUNCTION</kbd> <kbd>1</kbd>（MATH）<kbd>▼</kbd> <kbd>▼</kbd> <kbd>▼</kbd> <kbd>4</kbd> 键输入字符 p。

使用 Locate 语句时，应注意以下两点：

（1）计算器从指定的位置开始显示，不会自动换行，可能会出现显示结果不完整的现象。例如，执行语句 Locate 10，3，1234567890 时，仅在屏幕的第 3 行显示"1234567"，最后的 3 位数"890"将不会显示。

（2）行号和列号应是正整数，且 1≤列号≤16、1≤行号≤4。如果指定的位置超出这个范围或不符合规定（例如列号指定为 5.5），则会提示"Argument ERROR"（自变量错误）。如果表达式的计算结果是复数或矩阵，则会提示"Math ERROR"（数学错误）或"Syntax ERROR"（语法错误）。

3.6 顺序结构程序设计

顺序、选择和循环是结构化程序设计的 3 种基本结构。在顺序结构中，各语句是按其先后顺序执行的，不会出现流程的转移，即执行完第 1 个语句后就开始执行第 2 个语句、执行完第 2 个语句后就开始执行第 3 个语句、……，直到最后一个语句。本章介绍的几种语句都不会发生控制转移的情况，因此由它们组成的程序必然是顺序结构的程序。

程序按其组成部分的功能，可分为数据输入、数据处理和数据输出等 3 个部分。顺序结构程序实现的功能通常较简单，所涉及的变量较少，初学程序设计时，宜先设计数据输入模块，然后设计数据处理模块，最后设计数据输出模块。将 3 个模块有机组合，即得到需要的程序。

本节将通过几个实例阐述顺序结构程序设计的步骤和方法，为今后设计复杂的 CASIO fx-5800P 程序奠定基础。

3.6.1 CASIO fx-5800P 程序设计的步骤

在第 2 章中简单介绍了用程序解决实际问题的基本过程，由于 CASIO fx-5800P 计算器一般只能处理数值计算类型的问题，且其变量的运用与计算机程序不同（如变量的命名、数据类型等），因此 CASIO fx-5800P 程序设计的步骤与计算机程序设计存在一定的差异。

CASIO fx-5800P 程序设计的主要步骤包括：①分析求解问题，确定数学模型；②数据存储设计；③算法的设计与表示；④程序代码设计；⑤程序的运行与调试。

1. 分析求解问题，确定数学模型

在 CASIO fx-5800P 计算器中编写程序，其目的就是希望通过尽可能少的人机交互操作，自动完成数据的处理工作。由于 CASIO fx-5800P 中数据的处理均为数值计算，因此，在接到程序设计任务后，首先要对问题进行分析，明确程序要实现的功能，详细分析数据的来源、数据的处理过程和数据的输出要求，找出它们运算操作和变化的规律，然后进行归纳，并用抽象的数学语言描述出来，建立问题的数学模型，即计算公式。

2. 数据存储设计

数据存储设计是 CASIO fx-5800P 程序设计的核心工作之一。在 CASIO fx-5800P 测量计算程序设计中可按下述原则进行数据存储设计：

（1）当需要存储的数据不多于 26 个时，一般首选缺省变量。为了便于算法和程序的阅读、理解，如有可能，应尽量使用与计算公式中的变量相同的字母作为程序的变量名。

（2）若需要存储的数据多于 26 个，但数据之间存在对应关系（如点的 x 坐标和 y 坐标）时，可利用缺省变量能存储复数的特点，将点的坐标作为一个复数来存储（x 坐标作为实部，y 坐标作为虚部），这样在理论上可以节约 50% 的存储单元。

（3）由于缺省变量 I 和 J 用于保存 Pol 和 Rec 函数的计算结果，M 作为独立存储器使用，在执行与这 3 个缺省变量相关的操作时，它们会实时刷新。因此程序设计中尽量不要使用缺省变量 I、J 和 M 存储输入数据、中间运行结果和最终运行结果。

（4）缺省变量从数量上无法满足数据存储的需求或使用缺省变量影响到程序的结构（缺省变量无法实现循环性输入、计算和输出等操作）、运行效率和可读性时，应创建额外变量，扩充存储单元的数量。但增加额外变量会减少用于存储程序的存储单元，因此要根据需求进行扩充，避免盲目扩充造成有限存储资源的浪费。

（5）矩阵元素只能是实数，但矩阵元素的排列有规律，且能达到 10 行 10 列，即一个矩阵最多可以存储 100 个实数。利用这一特性，当程序中的计算与设计参数（如隧道开挖断面）有关时，可将多个设计参数作为矩阵元素存放在矩阵中，当某次计算需要修改设计参数时，只需修改对应矩阵即可，能有效避免频繁修改源程序带来的不可预知的错误。

（6）统计串列中存储的统计数据也只能是实数，用户使用 STAT 编辑器可以直观、方便的查看和编辑串列中的数据，程序计算中可以像额外变量一样使用串列中的数据。利用这一特性，在程序中用统计串列存储批量输入的已知数据和程序运行的批量结果，将使得输入数据的修改和查看、运行结果的查看变得更加方便和直观。

在测量计算程序设计中，应根据问题的规模和算法，认真分析，在确保程序运行结果正确的前提下，采用合理的数据存储策略，设计出便于阅读和理解的高质量的程序。

为避免程序设计中变量引用错误，建议用户在编写程序前，使用表格逐一列出变量清单，在编写大型、复杂的程序时，更应如此。

3. 算法的设计与表示

算法是解决问题的方法和步骤，合理的算法不仅可以节约存储空间，而且算法的好坏直接关系到程序的正确性、可读性和运行效率，是程序设计的关键。

程序设计的初学者，建议参照第 2 章的相关内容，根据问题的数学模型和选择的数据存储策略，选择一种方法详细表示算法。

具有一定基础的程序设计者，可以根据问题规模，用自顶向下的方法把复杂的问题逐层分解为若干任务。为便于明确整个程序的结构和进行程序代码设计，在用算法描述任务之间关系的基础上，详细表示实现核心任务的算法。

4. 程序代码设计

程序代码设计就是将设计的算法用 CASIO fx-5800P 程序设计语言描述出来，即编写程序。程序代码设计的关键是要正确的理解和使用 CASIO fx-5800P 程序设计语言，准确地描述算法。

5. 程序的运行与调试

在程序设计过程中，错误总是难以避免的。CASIO fx-5800P 程序常见的错误有语法错误和逻辑错误等几种。语法错误是指程序中的语句不符合程序设计语言的语法规则而产生的错误，如表达式不完整、缺少必要的标点符号或标点符号错误、关键字输入错误、选择语句或循环语句的关键字不匹配等。逻辑错误是指程序未按预期的方式运行所产生的错误。存在语法错误的程序不能正常运行，存在逻辑错误的程序可以运行，但是得不到正确的预期结果。

在程序中发现错误、确定错误的位置和引起错误的原因，并排除错误的过程称为程序调试。换句话说，程序调试的目的就是诊断和改正程序中的错误，得到一个能够正确运行的程序。程序在投入实际运行前，必须进行调试。通常情况下，程序需要反复调试，它约占整个程序设计工作量的 50％。程序调试不仅要检验程序是否实现了预期功能，还应检查程序是否做了不应该做的工作。程序调试是保证程序正确性的必不可少的步骤。

程序调试主要包括程序的语法检查和逻辑检查。在程序进行逻辑检查之前，首先应根据程序实现的功能，精心设计测试用例。

测试用例应由程序的输入数据和相应的预期输出结果两部分组成，其目的是便于对照检查，做到有的放矢。预期输出规定了根据特定输入数据运行程序应该实现的功能（即输出结果）。如果没有规定预期输出的结果，则测试缺少程序运行是否有效的依据，有可能将一个似是而非的错误结果认为是正确的。

测试用例应具有典型性和代表性，要保证程序中每条可能的路径都至少执行一次，并使得每个判定表达式中的各种可能组合都至少出现一次。同时要注意选择"边界值"，即选取等于、稍小于、稍大于边界值的数据，经验表明，处理边界情况时程序最容易发生错误。测试用例不仅要选用合理的输入数据，还要选择不合理的输入数据。当以特殊方式使用程序时，会突然发现程序中有许多错误，故使用预期的不合理的输入数据进行程序测试，比用合理的输入数据收获要大，从而能更多地发现错误，提高程序可靠性。通过这些数据的验证，可以得到程序在各种可能条件下的运行情况，最大限度地暴露程序的错误，从而提高程序的可靠性。

测试用例最常用的设计方法是逻辑覆盖法。所谓逻辑覆盖，就是以程序内部的逻辑结构为基础的测试技术，其主要思想就是通过程序执行测试数据，反映出数据覆盖其内部的逻辑程度。一般，总希望覆盖程度越高越好。这样，就可以测试到对应程序内部的大部分乃至全部。根据具体的覆盖情况的不同，逻辑覆盖可分为语句覆盖、判断覆盖、条件覆盖、判断/条件覆盖、条件组合覆盖和路径覆盖等。

语句覆盖——通过设计若干测试用例，使程序中的每条语句至少被执行一次。

判断覆盖——使程序中每个判断的取真和取假分支均至少被执行一次。

条件覆盖——指利用若干测试用例，使被测试的程序中，对应每个判断中每个条件的所有可能情形均至少被执行一次。

判断/条件覆盖——指设计的若干测试用例，可以使程序中每个判断的取真和取假分支至少被执行一次，且每个条件的所有可能情况均至少被执行一次。

条件组合覆盖——指设计足够多的测试用例，使每个判断条件中各种条件组合均至少被执行一次。

路径覆盖——指设计足够多的测试用例，使程序中的所有可能路径均至少被执行一次。

例如，根据测量学的原理，由两点的平面直角坐标反算其坐标方位角时，坐标方位角的计算公式与纵、横坐标增量 Δx 和 Δy 的值有关，而 Δx 和 Δy 的取值均有 >0、$=0$ 和 <0 等 3 种情况，因此，设计测试用例时，应考虑如下几组输入数据，即

① $\Delta x>0$，$\Delta y>0$

② $\Delta x>0$，$\Delta y=0$

③ $\Delta x>0$，$\Delta y<0$

④ $\Delta x=0$，$\Delta y>0$

⑤ $\Delta x=0$，$\Delta y=0$

⑥ $\Delta x=0$，$\Delta y<0$

⑦ $\Delta x<0$，$\Delta y>0$

⑧ $\Delta x<0$，$\Delta y=0$

⑨ $\Delta x<0$，$\Delta y<0$

其中，第⑤种情况在实际应用中是不可能出现的，而其他 8 种情况均有可能出现，因此，设计测试用例的输入数据和预期输出结果时，应设计与 8 种情况（第 5 种除外）相对应的 8 组数据（包括坐标和坐标方位角）。

程序调试的方法有静态调试和动态调试两种。通常先进行程序的静态调试，静态调试通过后再进行程序的动态调试。

在程序编写完成以后，不要急于上机运行程序，而应对程序的代码（通常书写在纸上）进行人工检查，即静态调试。CASIO fx-5800P 程序的静态调试就是由人工"代替"计算器，"模拟"程序的运行过程，对程序进行仔细检查，主要检查程序语法规则和逻辑结构的正确性。程序的静态调试工作十分重要，它能发现程序设计人员由于疏忽而造成的多数错误，而这一步往往容易被人忽视。通过静态调试，可以大大缩短动态调试的时间，提高动态调试的效率。静态调试检查程序逻辑结构的正确性时，可逐一模拟输入测试用例中的输入数据，通过跟踪程序的运行过程，分析在某一时刻程序中相应变量和表达式的值是否按预期要求发生了变化，从而可判断程序的处理逻辑是否正确。

CASIO fx-5800P 程序的动态调试就是将程序的代码输入计算器中运行，根据程序运行时计算器给出的信息来修改程序，亦称为上机调试。在 CASIO fx-5800P 计算器中动态调试程序时，宜采用程序模式菜单下的 RUN 命令（即图 2-28 中的第 2 个菜单项，按 MODE 5 2 键）来运行需要调试的程序。这样在程序运行过程中出现 Syntax ERROR（语法错误）、Math ERROR（数学错误）等错误信息提示时，可以按 EXIT、◄ 或 ► 键进入程序内容编辑界面，通常光标闪烁的位置即是发生错误的地方。这是程序调试的常用方法，也是最初步的动态调试。

程序动态调试时，有时并不出现错误信息提示，但程序的运行结果却有误，这样的程序通常存在逻辑错误。产生逻辑错误的原因主要有三个：一是数学模型的计算公式错误；二是程序中表达式书写出现错误；三是计算的步骤不合理。

对于复杂的程序，动态调试可根据程序调试的需要，采用"分段隔离""设置断点""跟踪打印（显示）"等技术手段。

根据程序中语句的功能和语句执行的先后顺序，将程序按照处理的步骤进行分段，在适当的地方设置断点，将程序分为若干部分，这样调试程序时查找问题迅速、容易。

为了判断程序是否正常运行，在程序的适当地方插入输出语句，输出（如显示）必要的中间结果，取得关键变量（或表达式）的动态值，通过对这些中间结果进行分析研究，了解程序在某一时刻的运行情况和状态，找到出现错误的位置和原因，在改正后再次运行，直到程序运行结果正确。

应注意在调试结束后，务必将断点、输出中间结果的语句删掉。

当程序存在逻辑错误时，若程序不大，可以用"人工"静态调试的方法进行处理；若程序解决的问题比较复杂，语句较多，宜采用动态调试的方法进行处理。实践表明，对于查找某些类型的错误来说，静态调试比动态调试更有效，但对于其他类型的错误来说刚好相反。因此静态调试和动态调试是互相补充、相辅相成的，缺少其中任何一种方法都会使查找错误的效率降低。

程序调试通过后，应将有关文档资料进行整理，并编写程序使用说明书，然后交付用户使用。由于 CASIO fx-5800P 程序无法封装，在使用过程中，用户的错误操作（如按键错误）可能导致正确的程序被无意识的篡改，引起程序的错误，因此程序使用说明书中应附几个典型的计算案例并列出程序的操作步骤，便于用户正确理解程序的内容、功能和使用方法，并能通过计算案例判断当前计算器中的程序是否处于正确状态。

3.6.2　用赋值语句实现两个变量的值互换

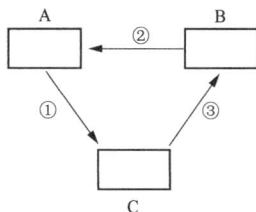

如图 3-6 所示，设变量 A 的值为 10，变量 B 的值为 20，要求互换后 A 的值为 20，B 的值为 10。

解决问题的思路：如同有两个杯子，A 杯装矿泉水，B 杯装橙汁，若想将它们互换（即 A 杯装橙汁，B 杯装矿泉水），决不能将 A 杯中的矿泉水直接向 B 杯倒去，再将 B 杯中的橙汁直接向 A 杯倒去，而必须借助于第 3 个杯子 C。这样可分 3 步完成：①将 A 杯的矿泉水倒给 C 杯，即 A→C；②将 B 杯的橙汁倒给 A 杯，即 B→A；③将 C 杯矿泉水倒给 B 杯，即 C→B。如图 3-7 所示。

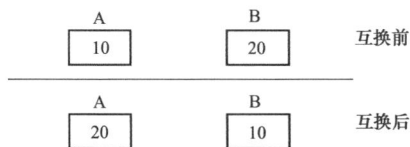

图 3-6　两个变量的值互换　　　图 3-7　交换两个变量值的步骤

按此思路编写程序，程序代码如下（程序文件名"SWAP"）：

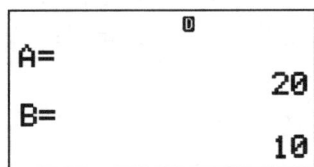

图 3-8 程序 SWAP 的运行结果

```
Norm 1
10→A:20→B
A→C:B→A:C→B
"A = ":A ▲
"B = ":B
```

📖 按 [SHIFT] [MODE] [8] 键输入 Norm。

程序的运行结果如图 3-8 所示。

3.6.3 经纬仪视距测量计算程序

1. 数学模型

（1）经纬仪视距测量的观测步骤

1）在测站点 A 安置经纬仪，量取仪器高（即 i），在 B 点竖立视距尺（图 3-9）。若高差测量的精度要求较高，应先测定经纬仪的指标差 x。

2）在盘左位置，旋转照准部瞄准 B 点视距尺，分别读取上丝读数 a、下丝读数 b。

3）转动垂直度盘指标水准管微动螺旋，使指标水准管气泡居中，读取垂直度盘读数 L。

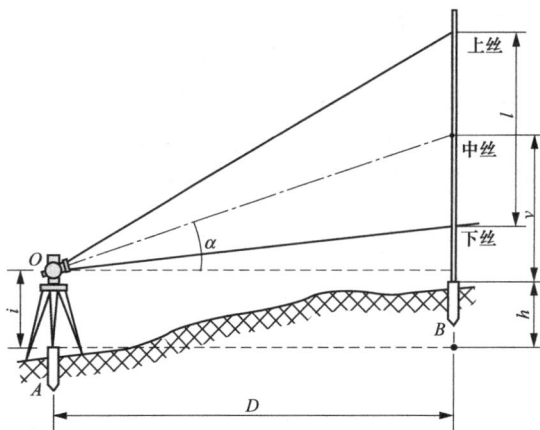

图 3-9 经纬仪视距测量

（2）经纬仪视距测量的计算公式

1）计算视距间隔

$$l = |上丝读数 - 下丝读数| = |a - b| \tag{3-1}$$

2）计算垂直角

$$\alpha = 90 - L + x \tag{3-2}$$

3）计算水平距离

$$D = 100 \times l \times \cos^2\alpha = 100 \times |a - b| \times \cos^2\alpha \tag{3-3}$$

4）计算高差

$$h = D \times \tan\alpha + i - v = D \times \tan\alpha + i - \frac{a + b}{2} \tag{3-4}$$

54

5）计算立尺点的高程

$$H_{立尺点} = H_{测站点} + h = H_{测站点} + D \times \tan\alpha + i - \frac{a+b}{2} \tag{3-5}$$

2. 数据存储设计

经纬仪视距测量计算的数学模型较简单，因此程序中需用的变量较少，为节约计算器的存储空间，程序设计中仅使用缺省变量。为了便于算法和程序的阅读、理解，使用与计算公式中的变量相同（或相近）的字母作为程序中的变量名。程序变量清单见表 3-8。

表 3-8　　　　　　　　程 序 变 量 清 单

序号	数学模型变量	CASIO fx-5800P 计算器变量	输入（输出）提示符	单位	说明
1	$H_{测站点}$	H	H0(m)＝?	m	测站点的高程
2	i	I	i(m)＝?	m	仪器高
3	x	X	X(Deg)＝?	° ′ ″	指标差
4	a	A	a(m)＝?	m	上丝读数
5	b	B	b(m)＝?	m	下丝读数
6	L	L	L(Deg)＝?	° ′ ″	盘左垂直度盘读数
7	α	W		° ′ ″	垂直角
8	D	D	D＝	m	测站点至立尺点的水平距离
9	$H_{立尺点}$	G	Hp＝		立尺点高程

3. 算法设计与表示

经纬仪视距测量的算法如图 3-10 所示。

4. 程序代码设计

【程序文件名：SJCL】

```
Deg:Fix 3
"H0(m) = "?H
"i(m) = "?I
"X(Deg) = "?X
"a(m) = "?→A
"b(m) = "?→B
"L(Deg) = "?→L
90－L＋X→W
100×Abs(B－A)×cos(W)²→D
H＋D×tan(W)＋I－(A＋B)÷2→G
Cls
"D = ":D ◢
"Hp = ":G
```

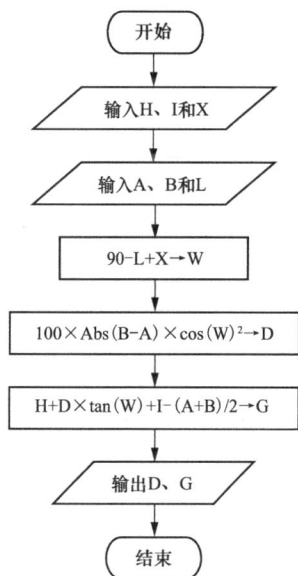

图 3-10　经纬仪视距测量的算法

📖 按 FUNCTION 1 （MATH）⌄ ⌄ ⌄ 1 键输入字符 m，按 FUNCTION 7 （STAT）2 （VAR）

⊗ ⊗ ⊗ 1 键输入字符 a，按 [FUNCTION] 7 （STAT） 2 （VAR） ⊗ ⊗ ⊗ 2 键输入字符 b。

5. 程序的运行与调试

（1）计算案例数据

表 3-9 　　　　　　　　　　　　　经纬仪视距测量记录计算表

日　期：2012 年 9 月 15 日　　　　天　气：晴　　　　仪器型号：DJ6-32175　　　　指标差：+30″
测　站：T106　　　　　　　　　　仪器高：1.56m　　　测站高程：265.36m

点号	上丝读数 m	下丝读数 m	垂直度盘读数 ° ′ ″	水平距离 m	立尺点高程 m	备注
1	0.663	2.237	87　35　12	157.119	272.115	
2	1.000	2.385	93　03　00	138.110	257.889	
3	1.000	2.120	90　00　30	112.000	265.360	

（2）程序操作步骤及相关变量值的变化情况。运行程序"SJCL"，计算表 3-9 中 1 号点的操作步骤及相关变量值的变化情况见表 3-10。

表 3-10 　　　　　　　　　　程序操作步骤及相关变量值的变化情况

步骤	屏幕提示	按键操作	操作说明	相关变量的值
1	H0(m)=?	265.36 [EXE]	输入测站点的高程	H=265.36
2	i(m)=?	1.56 [EXE]	输入仪器高	I=1.56
3	X(Deg)=?	+0°0′30″ [EXE]	输入指标差	X=+0°0′30″
4	a(m)=?	0.663 [EXE]	输入上丝读数	A=0.663
5	b(m)=?	2.237 [EXE]	输入下丝读数	B=2.237
6	L(Deg)=?	87°35′12″ [EXE]	输入盘左垂直度盘读数	L=87°35′12″ W=+2°25′18″ D=157.119 G=272.115
7	Disp D= 157.119	[EXE]	显示测站点（T106）至 1 号点的水平距离后暂停，按 [EXE] 键继续运行	
8	Hp= 272.115		显示 1 号点的高程	
9		[EXE] （或 [AC/ON]）	重新运行（或结束）程序	

3.6.4 测量坐标转换为施工坐标计算程序

1. 数学模型

为了便于设计、计算和施工放样，在工程建筑物设计时，设计人员一般根据现场地形情况选定独立的施工坐标系进行设计。施工时，工程建筑物平面位置的测设（即放样）需在统一的平面坐标系中进行，因此，需要将勘测设计阶段建立的控制点在城市（或国家）坐标系的坐标（即测量坐标）转换为施工坐标系中的坐标（即施工坐标），或将工程建筑物特征点（如轴线交点）的施工坐标转换为其在城市（或国家）坐标系的测量坐标。由于控制点的数量相对较少，而工程建筑物特征点的数量相对较多，为减少计算工作量，实际工作中建议将控制点的测量坐标转换为施工坐标，统一在施工坐标系中进行施工测量工作。

如图 3-11 所示，xOy 为城市（或国家）坐标系，$AO'B$ 为施工坐标系，施工坐标系的纵、横轴分别用 A、B 表示。施工坐标系的坐标轴通常与工程建筑物主轴线的方向一致，一般不平行于城市（或国家）坐标系的坐标轴，因此无法通过简单的平移实现两种坐标系间的坐标转换计算。

设施工坐标系的坐标原点 O' 在城市（或国家）坐标系中的坐标为 $(x_0，y_0)$，施工坐标系

图 3-11　坐标转换计算

的坐标纵轴（A 轴）在城市（或国家）坐标系的方位角为 α，则任一点 P 的测量坐标 $(x_P，y_P)$ 与施工坐标 $(A_P，B_P)$ 的关系式为：

$$\left.\begin{array}{l} A_P = (x_P - x_0)\cos\alpha + (y_P - y_0)\sin\alpha \\ B_P = (y_P - y_0)\cos\alpha - (x_P - x_0)\sin\alpha \end{array}\right\} \tag{3-6}$$

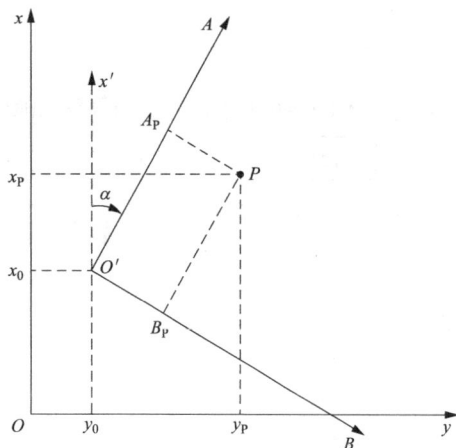

2. 数据存储设计

问题的数学模型简单，程序需要的变量较少，使用缺省变量即可满足需要。点的平面坐标包含纵坐标和横坐标两个量，在实际编程中，为了便于算法和程序的阅读与理解，可用两个相邻的缺省变量来表示其平面坐标，如 X 和 Y、U 和 V、P 和 Q 等，其中前者表示纵坐标，后者表示横坐标。程序变量清单见表 3-11。

表 3-11　　　　　　　　　　　　　　程 序 变 量 清 单

序号	数学模型变量	CASIO fx-5800P 计算器变量	输入（输出）提示符	单位	说明
1	x_0	U	X0(m)＝?	m	施工坐标系原点在城市（或国家）坐标系中的纵坐标
2	y_0	V	Y0(m)＝?	m	施工坐标系原点在城市（或国家）坐标系中的横坐标
3	α	T	α(Deg)＝?	°′″	施工坐标系纵轴（A 轴）在城市（或国家）坐标系中的坐标方位角
4	x_P	X	输入：XP(m)＝? 输出：XP＝	m	转换点在城市（或国家）坐标系中的纵坐标
5	y_P	Y	输入：YP(m)＝? 输出：YP＝	m	转换点在城市（或国家）坐标系中的横坐标
6	A_P	A	AP＝	m	转换点在施工坐标系中的纵坐标
7	B_P	B	BP＝	m	转换点在施工坐标系中的横坐标

3. 算法设计与表示

测量坐标转换为施工坐标的算法如图 3-12 所示。

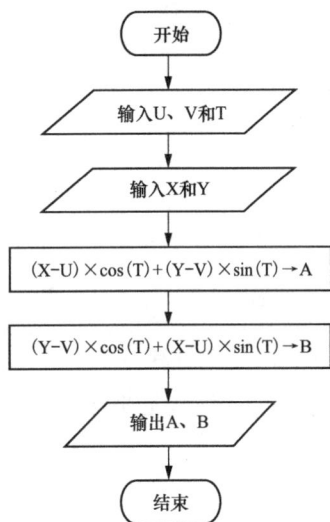

图 3-12　测量坐标转换为
施工坐标的算法

4. 程序代码设计

【程序文件名：CZ-SZ】

Deg:Fix 3

"X0(m) = "?U:"Y0(m) = "?V

"α(Deg) = "?T

Cls

"X_P(m) = "?X:"Y_P(m) = "?Y

$(X - U) \times \cos(T) + (Y-V) \times \sin(T) \rightarrow A$

$(Y - V) \times \cos(T) - (X-U) \times \sin(T) \rightarrow B$

Cls

Locate 1,1,"X_P = ":Locate 5,1,X　　　在屏幕的第 1 行第 1 列
　输出字符串"X_P = "，在屏幕的第 1 行第 5 列输出变量 X 的值

Locate 1,2,"Y_P = ":Locate 5,2,Y　　　在屏幕的第 2 行第 1 列
　输出字符串"Y_P = "，在屏幕的第 2 行第 5 列输出变量 Y 的值

Locate 1,3,"A_P = ":Locate 5,3,A　　　在屏幕的第 3 行第 1 列
　输出字符串"A_P = "，在屏幕的第 3 行第 5 列输出变量 A 的值

Locate 1,4,"B_P = ":Locate 5,4,B　　　在屏幕的第 4 行第 1 列输出字符串"B_P = "，在屏幕的第 4
　行第 5 列输出变量 B 的值

📖 按 [FUNCTION] [4]（CONST）[▼][2]键输入字符 α。

5. 程序的运行与调试

（1）计算案例数据（表 3-12）。

表 3-12　　　　　　　　　　　测量坐标转换为施工坐标计算表

转换参数	$x_0 = 31605.365$(m)		$y_0 = 51582.156$(m)		$\alpha = 30°15'30''$
点　号	在城市（或国家）坐标系中的坐标		在施工坐标系中的坐标		备注
	x_P(m)	y_P(m)	A_P(m)	B_P(m)	
1	32017.629	52058.767	596.262	203.939	
2	31902.935	52832.923	887.291	930.420	
3	31276.558	52617.675	237.787	1060.128	

（2）程序操作步骤及相关变量值的变化情况。运行程序"CZ-SZ"，计算表 3-12 中 1 号点的操作步骤及相关变量值的变化情况见表 3-13。

表 3-13　　　　　　　　　程序操作步骤及相关变量值的变化情况

步骤	屏幕提示	按键操作	操作说明	相关变量的值
1	X0(m)=?	31605.365 [EXE]	输入 x_0	U=31605.365
2	Y0(m)=?	51582.156 [EXE]	输入 y_0	V=51582.156
3	α(Deg)=?	30°15'30'' [EXE]	输入 α	T=30°15'30''

步骤	屏幕提示	按键操作	操作说明	相关变量的值
4	$X_P(m)=?$	32017.629 EXE	输入转换点在城市（或国家）坐标系中的纵坐标	X＝32017.629
5	$Y_P(m)=?$	52058.767 EXE	输入转换点在城市（或国家）坐标系中的横坐标	Y＝52058.767 A＝596.262 B＝203.939
6	$X_P=32017.629$ $Y_P=52058.767$ $A_P=596.262$ $B_P=203.939$		显示转换点在测量坐标系和施工坐标系中的坐标	
7		EXE （或 AC/ON）	重新运行（或结束）程序	

第4章 选择结构程序设计

4.1 关系运算符与关系表达式

4.1.1 关系运算符

CASIO fx-5800P 程序设计语言提供如图 1-10 屏幕 2 所示的 6 种关系运算符：

(1) ＝ 等于

(2) ≠ 不等于

(3) ＞ 大于

(4) ＜ 小于

(5) ≥ 大于等于

(6) ≤ 小于等于

4.1.2 关系表达式

用关系运算符将两个表达式（可以是算术表达式、关系表达式或逻辑表达式）连接起来的、符合 CASIO fx-5800P 程序设计语言语法规则的式子称为关系表达式。

关系表达式的值是一个逻辑值，即"真"或"假"。例如，a＞3 是一个关系表达式，其中"＞"是一个关系运算符，如果 a 的值为 10，则满足给定的"a＞3"条件，关系表达式的值为"真"（即满足条件，关系成立）；如果 a 的值为 2，则不满足"a＞3"条件，关系表达式的值为"假"。

CASIO fx-5800P 计算器以 1 代表"真"，以 0 代表"假"。

4.1.3 关系运算符的运算规则及其优先次序

1. 关系运算符的运算规则

"关系运算"实际上是"比较运算"，即将两个值进行比较，判断其比较的结果是否符合给定的条件。如果满足给定的条件（亦称为"关系成立"），则关系运算的结果为"真"；如果不满足给定的条件（亦称为"关系不成立"），则关系运算的结果为"假"。

2. 关系运算符的优先次序

(1) 6 种关系运算符的优先级别相同。当表达式中出现多个关系运算符时，按从左到右的顺序进行计算。

(2) 关系运算符的优先级低于算术运算符。

若 A＝3，B＝3，C＝0，则

（1）关系表达式"A＝B"的值为"真"，表达式的值为 1。

（2）关系表达式"B＞C"的值为"真"，表达式的值为 1。

（3）关系表达式"A＝B＞C"的值为"真"（因为 A＝B 的值为 1，大于 C 的值），表达式的值为 1。

（4）关系表达式"（A＝B)＞C"的值为"真"（因为 A＝B 的值为 1，大于 C 的值），表达式的值为 1。

（5）关系表达式"A＝（B＞C)"的值为"假"（因为 B＞C 的值为 1，不等于 A 的值），表达式的值为 0。

若 A＝3，B＝2，C＝1，则

（1）关系表达式"A＝B＞C"的值为"假"，表达式的值为 0。

（2）关系表达式"（A＝B)＞C"的值为"假"，表达式的值为 0。

（3）关系表达式"A＝（B＞C)"的值为"假"，表达式的值为 0。

（4）关系表达式"A＞B＝C"的值为"真"（因为 A＞B 的值为 1，等于 C 的值），表达式的值为 1。

（5）关系表达式"A＞（B＝C)"的值为"真"，表达式的值为 1。

（6）关系表达式"A＋1＝B＋C"的值为"假"，表达式的值为 0。

（7）关系表达式"B＋C＜A"的值为"假"（先计算 B＋C 的值等于 3，它不小于 A 的值 3），表达式的值为 0。

（8）表达式"B＋（C＜A)"的值为 3，因为 C＜A 的值为 1。

4.2　逻辑运算符与逻辑表达式

4.2.1　逻辑运算符

CASIO fx-5800P 程序设计语言提供如图 1-10 屏幕 3 所示的 3 种逻辑运算符：

（1）And　逻辑与

（2）Or　　逻辑或

（3）Not　逻辑非

"And"和"Or"是"双目（元）运算符"，它要求有两个运算量（操作数），如（A＞B) And （C＞D)，（A＞B) Or （C＞D)。

"Not"是"一目（元）运算符"，只要求有一个运算量，如 Not(A＞B)。

4.2.2　逻辑表达式

用逻辑运算符将关系表达式或逻辑量连接起来的、符合 CASIO fx-5800P 程序设计语言语法规则的式子称为逻辑表达式。

逻辑表达式的值是一个逻辑值，即"真"或"假"。CASIO fx-5800P 计算器在给出逻辑运算的结果时，以 1 代表"真"，以 0 代表"假"。但在判断一个量是否为"真"时，

CASIO fx-5800P 计算器以 0 代表"假"，以非 0 代表"真"，即将一个非零的数值认作为"真"。

4.2.3　逻辑运算符的运算规则及其优先次序

1. 逻辑运算符的运算规则

（1）A And B　若 A、B 为真，则 A And B 为真。

（2）A Or B　　若 A、B 之一为真，则 A Or B 为真。

（3）Not(A)　　若 A 为真，则 Not(A) 为假；若 A 为假，则 Not(A) 为真。

表 4-1 为逻辑运算的"真值表"，用它表示当 A 和 B 的值为不同组合时，各种逻辑运算所得到的值。

表 4-1　　　　　　　　　　　　　　逻辑运算的真值表

A	B	Not（A）	Not（B）	A And B	A Or B
真	真	假	假	真	真
真	假	假	真	假	真
假	真	真	假	假	真
假	假	真	真	假	假

（4）在逻辑表达式中作为运算对象的操作数可以是 0（按"假"对待）或任何非 0 的数值（按"真"对待）。

2. 逻辑运算符的优先次序

在一个逻辑表达式中如果包含多个逻辑运算符，按以下的优先次序进行计算：

（1）Not(非)→And(与)→Or(或)，即"Not"是三者中最高的。

（2）逻辑运算符中的"And"和"Or"低于关系运算符，"Not"高于算术运算符。

若 A=2，B=1，C=0，则

（1）逻辑表达式"Not(A)"的值为"假"，表达式的值为 0。

（2）逻辑表达式"Not(C)"的值为"真"，表达式的值为 1。

（3）逻辑表达式"A＞B And C"的值为"假"（因为 A＞B 的值为"真"，C 的值为"假"），表达式的值为 0。

（4）逻辑表达式"A＞(B And C)"的值为"真"（因为 B And C 的值为"假"，即 0），表达式的值为 1。

逻辑表达式 0 Or Not(0) Or 1 And 0 的值为"真"，表达式的值为 1。

逻辑表达式（0 Or Not(0) Or 1）And 0 的值为"假"，表达式的值为 0。

通过这几个例子可以看出，由计算器给出的逻辑运算结果不是 0 就是 1，不可能是其他值。

如果在一个表达式的不同位置上出现数值，应区分哪些是作为算术运算或关系运算的对象，哪些是作为逻辑运算的对象，例如下面的表达式：

5＞3 And 8＜6－Not(0)

该表达式中包含有算术运算符"−"、关系运算符">"和"<"、逻辑运算符"And"和"Not"。在运算时，按运算符的优先级和结合原则，先计算"Not(0)"得结果 1，上述表达式等价变换为"5>3 And 8<6−1"；然后计算"6−1"得结果 5，上述表达式等价变换为"5>3 And 8<5"；接着计算"5>3"得结果 1（"真"），计算"8<5"得结果 0（"假"），上述表达式等价变换为"1 And 0"；最后进行"1 And 0"的运算，得到表达式的值 0（"假"）。

将上述表达式更改为（5>3 And 8<6）−Not(0)，则表达式的值为"−1"。读者可自己分析表达式的求解过程。

熟练掌握 CASIO fx-5800P 计算器的关系运算符和逻辑运算符后，可以巧妙地用一个逻辑表达式表示一个复杂的条件。

例如，闰年的判别条件是符合下面二者之一：

① 能被 4 整除，但不能被 100 整除。

② 能被 400 整除。

要判别年份值为 L 的某一年是否为闰年，可以用一个逻辑表达式来表示：

$$（Frac(L÷4)＝0 \text{ And } Frac(L÷100)≠0）\text{ Or }（Frac(L÷400)＝0）$$

当 L 为某一整数时，如果上述表达式的值为 1（"真"），则 L 为闰年；否则 L 为非闰年。

4.3 If 语 句

在 CASIO fx-5800P 程序设计语言中，If 语句用来判定所给定的条件是否满足，并根据判定的结果（"真"或"假"）决定执行何种操作。

4.3.1 If 语句的形式

CASIO fx-5800P 程序设计语言提供了单分支、双分支等两种形式的 If 语句。

1. 单分支 If 语句

（1）语句形式。

$$If ＜表达式＞:Then ＜语句＞:IfEnd$$

当 If、Then、IfEnd 在同一语句行时，应用冒号（":"）分隔。

（2）语句功能。

当表达式的值为"真（非 0）"时，先执行 Then 后面的语句，再执行 IfEnd 后面的语句。

当表达式的值为"假（0）"时，不执行 Then 后面的语句，直接转去执行 IfEnd 后面的语句。

Then 后面的＜语句＞可以是一个简单的语句，也可以是一个包含几个语句的语句组。

（3）执行过程。单分支 If 语句的执行过程如图 4-1 所示。

例如，执行下列程序段：

```
?→A
If A<10:Then 10×A→A:IfEnd
```

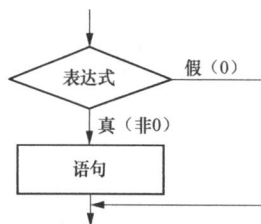

图 4-1 单分支 If 语句
的执行过程

当从键盘输入 15 时，在执行 If 语句之前，变量 A 的值为 15，执行完 If 语句后，变量

63

A 的值仍为 15。当从键盘输入 6 时，在执行 If 语句之前，变量 A 的值为 6，执行完 If 语句后，变量 A 的值变成了 60。

【例 4.1】 任意输入两个实数，按数值由小到大的次序输出这两个实数。

这个问题的算法很简单，只需做一次比较即可。类似这种简单的或编程者非常熟悉的问题，在进行程序设计时，可以不必先写出算法或画流程图，而直接编写程序。或者说，算法在编程者的大脑里，相当于在算术运算中对简单的问题可以"心算"而不必在纸上写出来一样。

程序代码如下（程序文件名"LT4.1"）：

```
Norm 1
?→A
?→B
If A＞B
Then A→C:B→A:C→B     (Then 后面的是语句组)
IfEnd
Cls
Locate 1,1,A
Locate 1,2,B
```

运行程序时，若输入 100 **EXE** 200 **EXE** （或 200 **EXE** 100 **EXE**），程序的运行结果如图 4-2 所示。

2. 双分支 If 语句

（1）语句形式。

$$If<表达式>:Then<语句 1>:Else<语句 2>:IfEnd$$

（2）语句功能。

当表达式的值为"真（非 0）"时，先执行 Then 后面的<语句 1>，然后转去执行 IfEnd 后面的语句，不执行 Else 后面的<语句 2>。

当表达式的值为"假（0）"时，先执行 Else 后面的<语句 2>，然后转去执行 IfEnd 后面的语句，不执行 Then 后面的<语句 1>。

<语句 1>和<语句 2>可以是一个简单的语句，也可以是语句组。

（3）执行过程。双分支 If 语句的执行过程如图 4-3 所示。

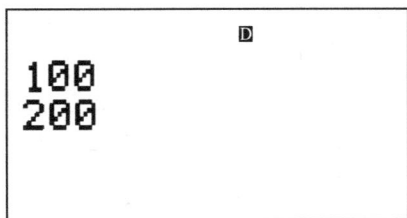

图 4-2　程序 LT4.1 的运行结果

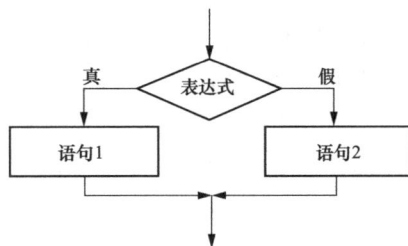

图 4-3　双分支 If 语句的执行过程

例如，执行下列程序段：

```
?→A
If A＜10:Then 10×A→A:Else 5×A→A:IfEnd
```

当从键盘输入 15 时，在执行 If 语句之前，变量 A 的值为 15，执行完 If 语句后，变量 A 的值变成了 75。当从键盘输入 6 时，在执行 If 语句之前，变量 A 的值为 6，执行完 If 语句后，变量 A 的值变成了 60。

【例 4.2】　输入某一年的年份值 L（L 是整数），判段该年是否为闰年。

解决问题的算法如图 4-4 所示。

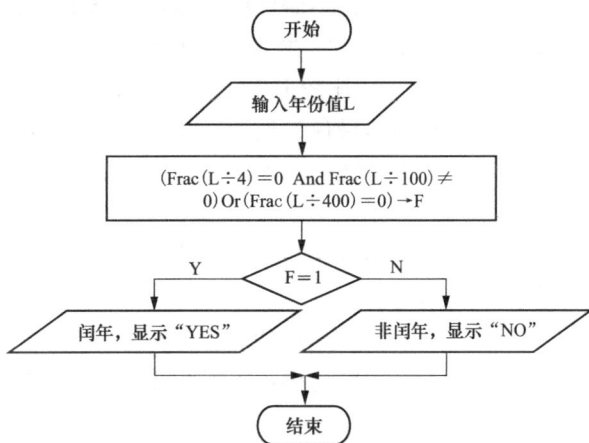

图 4-4　判断闰年的算法

程序代码如下（程序文件名"LT4.2"）：

```
Norm 1
"YEAR = "?→L
(Frac(L÷4)=0 And Frac(L÷100)≠0)Or(Frac(L÷400)=0)→F
If F=1
Then Locate 10,3,"YES"
Else Locate 10,3,"NO"
IfEnd
```

在使用 If 语句时，应注意以下问题：

（1）在 CASIO fx-5800P 计算器程序中，If 语句的每一个子句（If 子句、Then 子句、Else 子句）和 IfEnd 都作为一个语句来处理，若将其写在同一语句行上，它们之间应用冒号（":"）分开。例 4.2 中的 If 语句（最后 4 行）可以写成以下的一个语句行：

```
If F=1:Then Locate 10,3,"YES":Else Locate 10,3,"NO":IfEnd
```

但应注意，这个语句行都属于同一个 If 语句。Then、Else 和 IfEnd 不能作为语句单独使用，它们必须是 If 语句的一部分，与 If 配对使用。

（2）If 后面的表达式一般为逻辑表达式或关系表达式，也可以是算术表达式。在执行 If 语句时先对表达式求解，若表达式的值为 0，则按"假"处理；若表达式的值为非 0，则按"真"处理。例如，语句 If 100:Then"O. K. ":IfEnd 是合法的，执行语句将输出"O. K. "，因为 If 后面表达式的值为 100，按"真"处理。

（3）在 Then 和 Else 后面可以只含有一个内嵌的操作语句，也可以有多个操作语句（即语句组），此时用":"将多个语句分开。

【例 4.3】　任意输入三个实数，按数值由小到大的次序输出这三个实数。

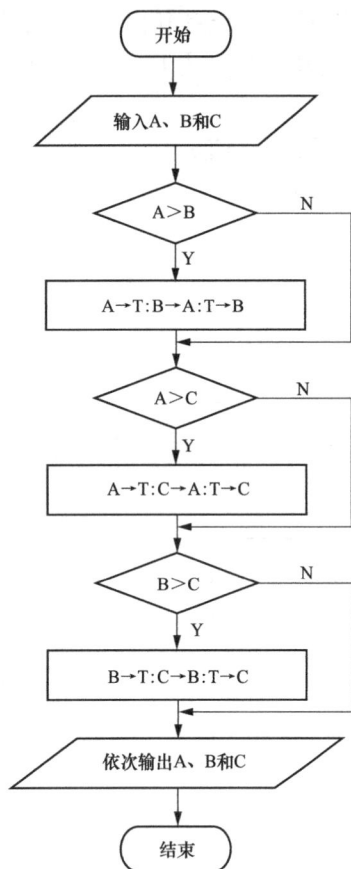

图 4-5 三个实数排序的算法

若用 A、B 和 C 等 3 个缺省变量依次存储输入的 3 个实数，解决问题的思路如下：

① 比较 A 和 B 的值，若 A＞B 则将 A 和 B 的值交换，否则不做任何操作，使 A 是 A、B 中的小者。

② 比较 A 和 C 的值，若 A＞C 则将 A 和 C 的值交换，否则不做任何操作，使 A 是 A、C 中的小者，这时 A 也是三个实数中的最小者。

③ 比较 B 和 C 的值，若 B＞C 则将 B 和 C 的值交换，否则不做任何操作，使 B 是 B、C 中的小者，这时 B 也是三个实数中的次小者，而 C 则是三个实数中的最大者。

④ 按顺序依次输出 A、B、C。

当两个缺省变量的值要交换时，用缺省变量 T 做中间变量。

解决问题的算法如图 4-5 所示。

程序代码如下（程序文件名"LT4.3"）：

```
Norm 1
"A = "?→A:"B = "?→B:"C = "?→C
If A＞B
Then A→T:B→A:T→B        (Then 后面的是语句组)
IfEnd
If A＞C
Then A→T:C→A:T→C        (Then 后面的是语句组)
IfEnd
If B＞C
Then B→T:C→B:T→C        (Then 后面的是语句组)
IfEnd
Cls
Locate 1,1,A
Locate 1,2,B
Locate 1,3,C
```

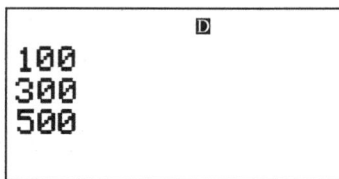

图 4-6 程序 LT4.3 的运行结果

运行程序时，任意输入 3 个实数，如输入 500 EXE 300 EXE 100 EXE （或 300 EXE 500 EXE 100 EXE、100 EXE 300 EXE 500 EXE），程序的运行结果如图 4-6 所示。

4.3.2 If 语句的嵌套

在 If 语句中又包含一个或多个 If 语句称为 If 语句的嵌套。一般形式如下：

```
If<表达式 1>
Then
    If<表达式 2>
    Then<语句 1>
    Else<语句 2>
    IfEnd
```

```
Else
    If<表达式 3>
    Then<语句 3>
    Else<语句 4>
    IfEnd
IfEnd
```

应当注意 If、Then、Else 和 IfEnd 的配对关系。Then、Else 和 IfEnd 总是与它上面最近的未被配对的 If 配对。

【例 4.4】 有一函数：

$$y = \begin{cases} -1 & (x < 0) \\ 0 & (x = 0) \\ 1 & (x > 0) \end{cases}$$

编一程序，输入一个 x 值，输出对应的 y 值。

解决问题的思路有多种，下面列举两种典型的思路。

思路 1：由于 x 的三种取值互相独立，其对应的函数值也一一对应，因此可分为三种情况分别进行处理，求出对应的函数值。对应的算法可用伪代码表示为：

```
输入 x
若 x<0 则 y=-1
若 x=0 则 y=0
若 x>0 则 y=1
输出 y
```

实现思路 1 的程序代码如下（程序文件名"LT4.4-1"）：

```
Norm 1
"X = "?→X
If X<0:Then -1→Y:IfEnd
If X = 0:Then 0→Y:IfEnd
If X>0:Then 1→Y:IfEnd
Cls
"Y = ":Y
```

思路 2：将 x 的取值分为小于 0 和不小于 0 两个互相独立的区间进行处理。当 $x<0$ 时，其对应的 y 值为 -1。当 x 不小于 0（即 ≥0）时，根据函数值 y 与 x 的对应关系，要分为等于 0 和不等于 0（即大于 0）两种情况分别处理，求出对应的函数值。对应的算法可用伪代码表示为：

```
输入 x
若 x<0 则 y=-1
否则：
    若 x=0 则 y=0
    否则：y=1
输出 y
```

思路 2 对应的算法也可用图 4-7 所示传统流程图表示：

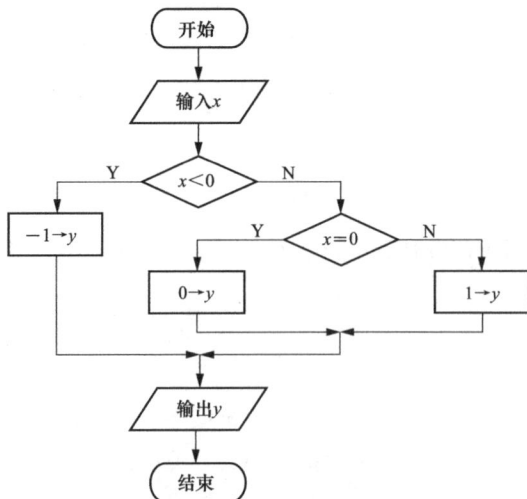

图 4-7　流程图

实现思路 2 的程序代码如下（程序文件名"LT4.4-2"）：

```
Norm 1
"X = "?→X
If X<0:Then
  －1→Y
Else
  If X = 0:Then
    0→Y
  Else
    1→Y
  IfEnd
IfEnd
Cls
"Y = ":Y
```

特别说明：在书写嵌套的 If 语句时，为了使程序结构清晰，提倡采用"锯齿形"的方式表示，即内层的 If 语句比外层的 If 语句右缩 2 个字符，这样可提高程序的可读性。将程序输入 CASIO fx-5800P 计算器时，无需进行缩进处理。

4.4　条件分支命令

在 CASIO fx-5800P 程序设计语言中，条件分支命令用"⇒"表示，它可对两个变量或表达式进行比较，并根据比较的结果决定程序如何执行紧接于条件分支命令"⇒"后的语句。

（1）语句形式

<表达式>⇒<语句 1>:<语句 2>:……

（2）语句功能

当条件分支命令"⇒"左侧表达式的值为"真（非 0）"时，则先执行<语句 1>，再执行<语句 2>，然后接着执行<语句 2>后面的语句。

当条件分支命令"⇒"左侧表达式的值为"假（0）"时，则跳过（即不执行）<语句 1>，先执行<语句 2>，然后接着执行<语句 2>后面的语句。

（3）执行过程

条件分支命令的执行过程如图 4-8 所示。

从上述执行过程可以看出，条件分支命令可以替代 1 个单分支 If 语句和 1 个后续语句的组合。例如，下列程序段：

If A<10:Then 10×A→A:IfEnd

A＋100→B

可以用 A<10⇒10×A→A:A＋100→B 替换，其功能是完全一致的。

图 4-8 条件分支命令
的执行过程

【例 4.5】 某程序的代码如下（程序文件名"LT4.5"）：

Norm 1

"X = "?→X

"Y = "?→Y

X>0⇒10→X: − 15→Y

Y + 50→Y

Cls

"X = ":X ◢

"Y = ":Y

试分析输入不同的 X 值和 Y 值时，程序的运行过程和运行结果。

若分别输入 100、200 给变量 X 和 Y，运行程序的操作步骤及相关变量值的变化情况见表 4-2。

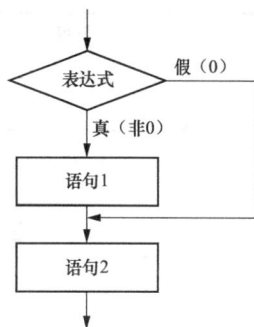

表 4-2 　　　　　　　　　程序操作步骤及相关变量值的变化情况

步骤	屏幕提示	按键操作	操作说明	相关变量的值
1	X＝?	100 EXE	输入 X	X＝100
2	Y＝?	200 EXE	输入 Y	Y＝200
3			执行程序第 4 行	X＝10 Y＝−15
4			执行程序第 5 行	Y＝35
5	**Disp** X＝ 　　　10		执行程序第 7 行，显示变量 X 的值后暂停程序运行	
6		EXE	继续运行程序	
7	Y＝ 　　　35		执行程序第 8 行，显示 变量 Y 的值	
8		EXE（或 AC/ON）	重新运行（或结束）程序	

若分别输入－100、－200 给变量 X 和 Y，运行程序的操作步骤及相关变量值的变化情况见表 4-3。

表 4-3　　　　　　　　　　程序操作步骤及相关变量值的变化情况

步骤	屏幕提示	按键操作	操作说明	相关变量的值
1	X＝？	－100 [EXE]	输入 X	X＝－100
2	Y＝？	－200 [EXE]	输入 Y	Y＝－200
3			执行程序第 4 行	Y＝－15
4			执行程序第 5 行	Y＝35
5	X＝　[Disp]　－100		执行程序第 7 行，显示变量 X 的值后暂停程序运行	
6		[EXE]	继续运行程序	
7	Y＝　35		执行程序第 8 行，显示变量 Y 的值	
8		[EXE]（或 [AC/ON]）	重新运行（或结束）程序	

读者可将例 4.5 的程序用 If 语句进行改写，并用上述输入实例验证程序改写后的运行情况，加深对条件分支命令⇒和 If 语句的理解，积累程序设计的经验。

4.5　选择结构程序设计

4.5.1　坐标反算程序

1. 数学模型

如图 4-9 所示，已知 A、B 两点的平面直角坐标（x_A，y_A）和（x_B，y_B），求两点间的水平距离 D_{AB} 和坐标方位角 α_{AB}，称为坐标反算。

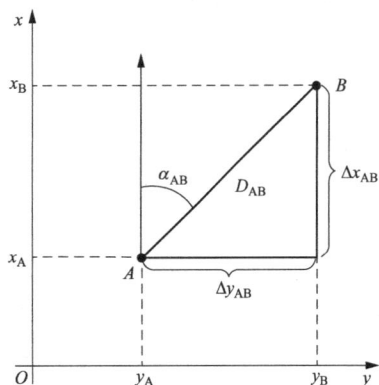

图 4-9　坐标反算

为求两点间的水平距离和坐标方位角，需先求出两点间的纵坐标增量 Δx_{AB} 和横坐标增量 Δy_{AB}。

$$\left.\begin{array}{l}\Delta x_{AB} = x_B - x_A \\ \Delta y_{AB} = y_B - y_A\end{array}\right\} \qquad (4\text{-}1)$$

根据两点间的纵、横坐标增量 Δx_{AB} 和 Δy_{AB} 求两点间的水平距离 D_{AB} 的公式为：

$$D_{AB} = \sqrt{\Delta x_{AB}^2 + \Delta y_{AB}^2} \qquad (4\text{-}2)$$

因 A、B 两点所处相对位置的不同，Δx_{AB} 和 Δy_{AB} 的取值有＞0、＝0 和＜0 等 3 种情况。由测量学原理可知，两点间坐标方位角 α_{AB} 的计算公式与纵、横坐标增量 Δx_{AB} 和 Δy_{AB} 的值有关，可用如下公式表示：

（1）$\alpha_{AB} = \arctan\dfrac{\Delta y_{AB}}{\Delta x_{AB}}$ ··············（$\Delta x_{AB}>0$，$\Delta y_{AB}>0$，第 I 象限）　　　　（4-3-1）

（2）$\alpha_{AB} = \arctan\dfrac{\Delta y_{AB}}{\Delta x_{AB}}+180°$ ······（$\Delta x_{AB}<0$，$\Delta y_{AB}>0$，第 II 象限）　　　　（4-3-2）

(3) $\alpha_{AB} = \arctan \dfrac{\Delta y_{AB}}{\Delta x_{AB}} + 180°$ ······($\Delta x_{AB} < 0$，$\Delta y_{AB} < 0$，第Ⅲ象限)   (4-3-3)

(4) $\alpha_{AB} = \arctan \dfrac{\Delta y_{AB}}{\Delta x_{AB}} + 360°$ ······($\Delta x_{AB} > 0$，$\Delta y_{AB} < 0$，第Ⅳ象限)   (4-3-4)

(5) $\alpha_{AB} = 0°$ ·················· ($\Delta x_{AB} > 0$，$\Delta y_{AB} = 0$)   (4-3-5)

(6) $\alpha_{AB} = 90°$ ·············· ($\Delta x_{AB} = 0$，$\Delta y_{AB} > 0$)   (4-3-6)

(7) $\alpha_{AB} = 180°$ ············· ($\Delta x_{AB} < 0$，$\Delta y_{AB} = 0$)   (4-3-7)

(8) $\alpha_{AB} = 270°$ ············· ($\Delta x_{AB} = 0$，$\Delta y_{AB} < 0$)   (4-3-8)

2. 数据存储设计

坐标反算的数学模型较简单，程序需要的变量较少，使用缺省变量即可满足需要。为了便于算法和程序的阅读与理解，用两对相邻的变量 U 和 V、P 和 Q 分别存储 A 点和 B 点的坐标 (x_A, y_A)、(x_B, y_B)，用 X 和 Y 分别存储坐标增量 Δx_{AB} 和 Δy_{AB}，用 D 存储两点间的水平距离 D_{AB}，用 T 存储两点间的坐标方位角 α_{AB}。

表 4-4   程 序 变 量 清 单

序号	数学模型变量	CASIO fx-5800P 计算器变量	输入（输出）提示符	单位	说明
1	x_A	U	Xa(m)=?	m	A 点的纵坐标
2	y_A	V	Ya(m)=?	m	A 点的横坐标
3	x_B	P	Xb(m)=?	m	B 点的纵坐标
4	y_B	Q	Yb(m)=?	m	B 点的横坐标
5	Δx_{AB}	X		m	纵坐标增量 Δx_{AB}
6	Δy_{AB}	Y		m	横坐标增量 Δy_{AB}
7	α_{AB}	T	Tab=	° ′ ″	两点间的坐标方位角 α_{AB}
8	D_{AB}	D	Dab=	m	两点间的水平距离 D_{AB}

3. 算法设计与表示

坐标反算的算法如图 4-10 所示。

根据数学模型可知，坐标方位角的计算是算法设计的重点和核心，它需要考虑到 8 种不同区间（大小）坐标方位角的计算。计算坐标方位角有多种思路，下面列举 3 种典型的算法。

(1) 算法 1——用相互独立的 8 个单分支结构来实现坐标反算。

算法用伪代码表示如下：

    若 X>0 And Y>0，则 $\tan^{-1}$(Y÷X)→T

    若 X<0 And Y>0，则 $\tan^{-1}$(Y÷X)+180→T

    若 X<0 And Y<0，则 $\tan^{-1}$(Y÷X)+180→T

    若 X>0 And Y<0，则 $\tan^{-1}$(Y÷X)+360→T

    若 X>0 And Y=0，则 0→T

    若 X=0 And Y>0，则 90→T

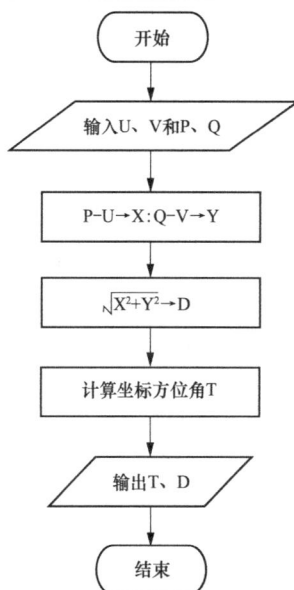

图 4-10 坐标反算的算法

若 $X<0$ And $Y=0$，则 $180 \rightarrow T$

若 $X=0$ And $Y<0$，则 $270 \rightarrow T$

上述算法简单直观，容易理解，但每次执行算法时，都需要对 8 种情况逐一进行判断，效率较低。

（2）算法 2——按坐标增量的取值进行归类，优化坐标反算的数学模型。

将 8 种情况按 X（或 Y）的取值进行归类，并分析得到优化后的坐标方位角计算公式（表 4-5），然后按优化后的公式设计算法，提高效率。

表 4-5　　　　　　　　　　　坐标方位角计算的优化

X 的值	Y 的值	坐标方位角的计算公式	优化后的坐标方位角计算公式
>0	>0	$\tan^{-1}(Y \div X)$	$Frac((\tan^{-1}(Y \div X)+360) \div 360) \times 360$
	<0	$\tan^{-1}(Y \div X)+360$	
	$=0$	0	
<0	>0	$\tan^{-1}(Y \div X)+180$	$\tan^{-1}(Y \div X)+180$
	<0	$\tan^{-1}(Y \div X)+180$	
	$=0$	180	
$=0$	>0	90	90
	<0	270	270

算法 2 可用如图 4-11 所示的流程图表示：

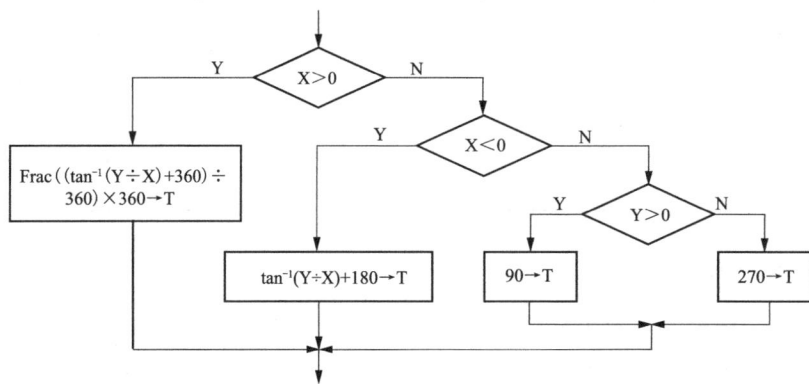

图 4-11　坐标方位角计算的算法

算法 2 也可用如下的伪代码表示：

若 $X>0$，则 $Frac((\tan^{-1}(Y \div X)+360) \div 360) \times 360 \rightarrow T$

否则

　若 $X<0$，则 $\tan^{-1}(Y \div X)+180 \rightarrow T$

　否则

　　若 $Y>0$，则 $90 \rightarrow T$

　　否则 $270 \rightarrow T$

（3）算法 3——用 Pol 函数实现坐标反算。

本书第 3 章已经介绍过 Pol 函数，在算法设计中使用 Pol 函数时，应特别注意坐标方位角与存储在缺省变量 J 中的 θ 角的关系。

　　用 Pol 函数实现坐标反算的算法可用如图 4-12 所示的流程图表示。

　　算法 3 既简单直观，又容易理解，实现算法的程序代码短小精悍，是编写 CASIO fx-5800P 坐标反算程序的实用算法，请读者认真体会。

4. 程序代码设计

（1）算法 1 的程序代码（程序文件名"ZBFS-1"）

Deg:Fix 3

"Xa(m) = "?U:"Ya(m) = "?V

"Xb(m) = "?P:"Yb(m) = "?Q

P − U→X:Q − V→Y

$\sqrt{(X^2 + Y^2)}$→D

IF X＞0 And Y＞0:Then tan^{-1}(Y÷X)→T:IfEnd

IF X＜0 And Y＞0:Then tan^{-1}(Y÷X) + 180→T:IfEnd

IF X＜0 And Y＜0:Then tan^{-1}(Y÷X) + 180→T:IfEnd

IF X＞0 And Y＜0:Then tan^{-1}(Y÷X) + 360→T:IfEnd

IF X＞0 And Y = 0:Then 0→T:IfEnd

IF X = 0 And Y＞0:Then 90→T:IfEnd

IF X＜0 And Y = 0:Then 180→T:IfEnd

IF X = 0 And Y＜0:Then 270→T:IfEnd

Cls

"Tab = ":T▶DMS◢

"Dab = ":D

（2）算法 2 的程序代码（程序文件名"ZBFS-2"）

Deg:Fix 3

"Xa(m) = "?U:"Ya(m) = "?V

"Xb(m) = "?P:"Yb(m) = "?Q

P − U→X:Q − V→Y

$\sqrt{(X^2 + Y^2)}$→D

If X＞0:Then

　　Frac((tan^{-1}(Y÷X) + 360)÷360)×360→T

Else

　　If X＜0:Then

　　　　tan^{-1}(Y÷X) + 180→T

　　Else

　　　　If Y＞0:Then 90→T:Else 270→T:IfEnd

　　IfEnd

IfEnd

Cls

"Tab = ":T▶DMS◢

"Dab = ":D

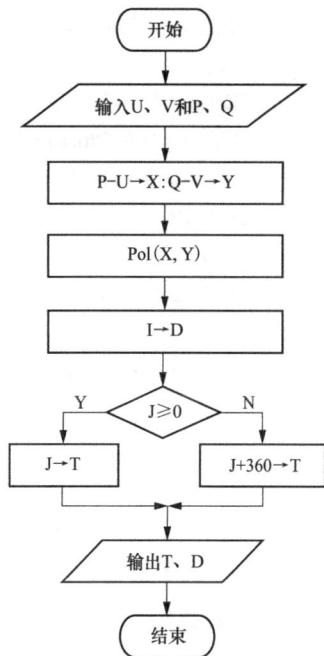

图 4-12　用 Pol 函数实现
坐标反算的算法

73

（3）算法 3 的程序代码（程序文件名"ZBFS"）

```
Deg:Fix 3
"Xa(m) = "?U:"Ya(m) = "?V
"Xb(m) = "?P:"Yb(m) = "?Q
P - U→X:Q - V→Y
Pol(X,Y)
I→D
If J≥0:Then J→T:Else J + 360→T:IfEnd
Cls
"Tab = ":T▶DMS ◢    显示坐标方位角后暂停,等待用户按 EXE 键继续运行程序
Locate 1,3,"Dab = ":Locate 5,4,D ◢    显示水平距离后暂停,等待用户按 EXE 键继续
    运行程序
Cls    清除屏幕
Locate 2,2,"ZBFS Prog END!"    显示程序运行结束的提示信息
Locate 4,3,"PRESS [AC]"    按 EXE（或 AC/ON）键重新运行（或结束）程序
```

📖 按 FUNCTION 1 （MATH） 5 键输入字符!。

5. 程序的运行与调试

（1）计算案例数据（表4-6）。

表 4-6　　　　　　　　　　　　　坐 标 反 算 计 算 表

序号	A 点坐标		B 点的坐标		坐标增量		两点间的水平距离 D_{AB}	两点间的坐标方位角 α_{AB}	备注
	$x_A(m)$	$y_A(m)$	$x_B(m)$	$y_B(m)$	Δx_{AB}	Δy_{AB}			
1	200	200	300	300	+100	+100	141.421	45°00′00″	
2	200	200	100	300	−100	+100	141.421	135°00′00″	
3	200	200	100	100	−100	−100	141.421	225°00′00″	
4	200	200	300	100	+100	−100	141.421	315°00′00″	
5	200	200	300	200	+100	0	100	0°00′00″	
6	200	200	200	300	0	+100	100	90°00′00″	
7	200	200	100	200	−100	0	100	180°00′00″	
8	200	200	200	100	0	−100	100	270°00′00″	

（2）程序操作步骤及相关变量值的变化情况。运行程序"ZBFS"，用表 4-6 中序号为 1 的数据进行计算的操作步骤及相关变量值的变化情况见表 4-7。

表 4-7　　　　　　　　　　程序操作步骤及相关变量值的变化情况

步骤	屏幕提示	按键操作	操作说明	相关变量的值
1	Xa(m)＝?	200 EXE	输入 x_A	U＝200
2	Ya(m)＝?	200 EXE	输入 y_A	V＝200
3	Xb(m)＝?	300 EXE	输入 x_B	P＝300
4	Yb(m)＝?	300 EXE	输入 y_B	Q＝300
5			执行程序第 4 行	X＝+100 Y＝+100

续表

步骤	屏幕提示	按键操作	操作说明	相关变量的值
6			执行程序第 5 行	I＝141.421 J＝45°
7			执行程序第 6 行	D＝141.421
8			执行程序第 7 行	T＝45°
9			执行程序第 8 行，清除屏幕 显示内容	
10	Tab＝　　**Disp** 　　　45°0′0″	**EXE**	执行程序第 9 行，按度分秒 格式显示两点间的坐标方位角 α_{AB} 后暂停，按 **EXE** 键继续运行	
11	Dab＝　　**Disp** 　　141.421	**EXE**	执行程序第 10 行，显示两点 间的水平距离 D_{AB} 后暂停，按 **EXE** 键继续执行	
12	ZBFS Prog END! PRESS［AC］	**EXE**（或 **AC/ON**）	重新运行（或结束）程序	

4.5.2　极坐标法放样数据计算程序

1. 数学模型

极坐标法放样点位是在控制点上根据一个水平角和一段水平距离，测设点的平面位置的方法。

如图 4-13 所示，A、B 为控制点，其坐标分别为（x_A，y_A）、（x_B，y_B），P 为欲测设的点，即待放样的点，简称为"待放点"，其坐标为（x_P，y_P）。要以 A 点为测站点，B 点为后视点，将 P 点测设于实地，应先按下列公式计算测设用的水平角 β 和水平距离 D_{AP}。

$$\beta = \alpha_{AP} - \alpha_{AB} \cdots\cdots\cdots \text{若不够减，则加 } 360° \quad (4-4)$$

$$D_{AP} = \sqrt{(x_P - x_A)^2 + (y_P - y_A)^2} = \sqrt{\Delta x_{AP}^2 + \Delta y_{AP}^2} \quad (4-5)$$

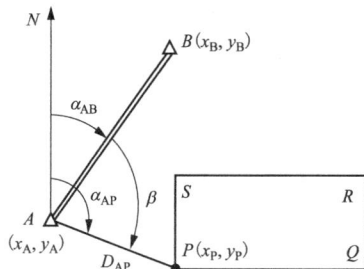

2. 数据存储设计

使用缺省变量存储数据，其中 α_{AB} 存储在缺省变量 T 中，α_{AP} 存储在缺省变量 J 中，水平角 β 存储在缺省变量 B 中，D_{AP} 存储在缺省变量 D 中，其他数据的存储位置见表 4-8。

图 4-13　极坐标法放样

表 4-8　　　　　　　　　　　　　　程 序 变 量 清 单

序号	数学模型 变量	CASIO fx-5800P 计算器变量	输入（输出）提示符	单位	说明
1	x_A	U	Xa(m)＝?	m	测站点的纵坐标
2	y_A	V	Ya(m)＝?	m	测站点的横坐标
3	x_B	P	Xb(m)＝?	m	后视点的纵坐标
4	y_B	Q	Yb(m)＝?	m	后视点的横坐标

序号	数学模型 变量	CASIO fx-5800P 计算器变量	输入（输出）提示符	单位	说明
5	x_P	X	Xp(m)＝?	m	待放点的纵坐标
6	y_P	Y	Yp(m)＝?	m	待放点的横坐标
7	α_{AB}	T		° ′ ″	测站点-后视点的坐标方位角
8	α_{AP}	J		° ′ ″	测站点-待放点的坐标方位角
9	β	B	B＝	° ′ ″	水平角 β
10	D_{AP}	D	Dap＝	m	测站点-待放点的水平距离 D_{AP}

3. 算法设计与表示

极坐标法放样数据计算的算法如图 4-14 所示。

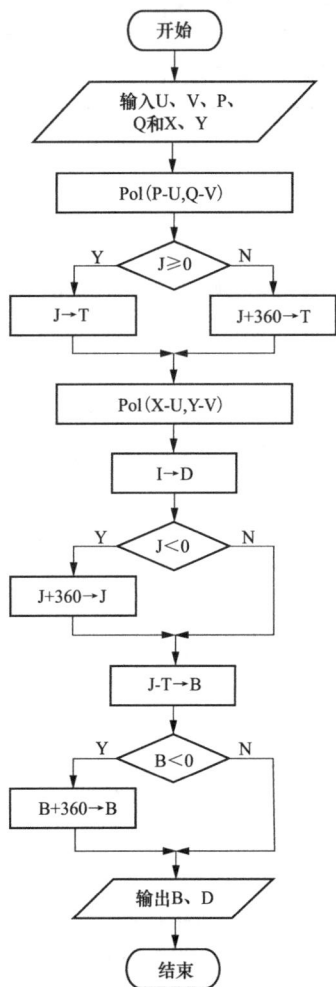

图 4-14 极坐标法放样
数据计算的算法

4. 程序代码设计

【程序文件名 "ZBFY"】

Deg:Fix 3

"Xa(m) = "?U:"Ya(m) = "?V

"Xb(m) = "?P:"Yb(m) = "?Q

"Xp(m) = "?X:"Yp(m) = "?Y

Pol(P－U,Q－V)

If J≥0:Then J→T:Else J + 360→T:IfEnd

Pol(X－U,Y－V)

I→D

If J＜0:Then J + 360→J:IfEnd

J－T→B

If B＜0:Then B + 360→B:IfEnd

Cls

"B = ":B▶DMS ◢ 显示水平角后暂停,等待用户按 EXE 键继
续运行程序

Locate 1,3,"Dap = ":Locate 5,4,D ◢ 显示水平距离后暂
停,等待用户按 EXE 键继续运行程序

Cls 清除屏幕

Locate 2,2,"ZBFY Prog END!" 显示程序运行结束的提示信息

Locate 4,3,"PRESS〔AC〕" 按 EXE (或 ACON)键重新运行(或结
束)程序

5. 程序的运行与调试

（1）计算案例数据（表 4-9）。

（2）程序操作步骤及相关变量值的变化情况。运行程
序 "ZBFY"，计算表 4-9 中待放点 1 的放样数据的操作步骤
及相关变量值的变化情况见表 4-10。

表 4-9　　　　　　　　　　　　　　　　　　**极坐标放样测量计算表**

单位名称：　　　　　　　　　　　　　工程名称：

测站点 （N05）	x	465.650	后视点 （N06）	x	515.650	测站点－后视点 坐标增量		测站点－后视点 视点方位角 （°　′　″）	测站点－后视点 水平距离（m）
	y	528.780		y	578.780	Δx	Δy		
	H			H		+50.000	+50.000	45　00　00	70.711

待放点	待放点坐标		测站点-待放点 坐标增量		测站点-待放点 方位角 （°　′　″）	后视点-测站点- 待放点水平角 β （°　′　″）	测站点-待放点 水平距离 D（m）
	x	y	Δx	Δy			
1	515	500	+49.350	−28.780	329　45　00	284　45　00	57.129
2	515	550	+49.350	+21.220	23　16　02	338　16　02	53.719
3	500	500	+34.350	−28.780	320　02　32	275　02　32	44.813
4	500	550	+34.350	+21.220	31　42　22	346　42　22	40.376

表 4-10　　　　　　　　　　　　**程序操作步骤及相关变量值的变化情况**

步骤	屏幕提示	按键操作	操作说明	相关变量的值
1	Xa（m）=?	465.650 EXE	输入测站点的纵坐标	U=465.650
2	Ya（m）=?	528.780 EXE	输入测站点的横坐标	V=528.780
3	Xb（m）=?	515.650 EXE	输入后视点的纵坐标	P=515.650
4	Yb（m）=?	578.780 EXE	输入后视点的横坐标	Q=578.780
5	Xp（m）=?	515 EXE	输入待放点的纵坐标	X=515
6	Yp（m）=?	500 EXE	输入待放点的横坐标	Y=500
7			执行程序第 5 行	I=70.711 J=45°
8			执行程序第 6 行	T=45°
9			执行程序第 7 行	I=57.129 J=−30°14′59.78″
10			执行程序第 8 行	D=57.129
11			执行程序第 9 行	J=329°45′0.22″
12			执行程序第 10 行	B=284°45′0.22″
13			执行程序第 11 行	B=284°45′0.22″
14			执行程序第 12 行，清除屏幕 显示内容	
15	**Disp** B= 　　284°45′0.22″	EXE	执行程序第 13 行，按度分秒 格式显示水平角 β 后暂停，按 EXE 键继续运行	
16	**Disp** Dap= 　　57.129	EXE	执行程序第 14 行，显示测站 点-待放点的水平距离 D 后暂 停，按 EXE 键继续运行	
17	ZBFY Prog END! PRESS［AC］	EXE（或 AC/ON）	重新运行（或结束）程序	

第5章 循环结构程序设计

5.1 循 环 控 制 语 句

所谓循环是指重复执行某一相同（或相似）的操作。在人们所需处理的问题中，常常需要用到循环。例如：求若干个数之和时需要重复执行数据输入和相加运算；控制网平差时需要重复执行输入操作将全部观测值输入计算机（或计算器），然后才能进行平差计算。循环结构又称重复结构，是结构化程序设计的基本结构之一，几乎所有实用的程序都包含循环结构，它是最能发挥计算机（或计算器）特长的程序结构。

被重复执行的操作称为循环体。在程序中，循环体是由若干语句组成的程序段。循环的关键问题是如何实现循环的控制。CASIO fx-5800P 计算器的程序设计语言提供了多种循环控制语句，可以组成各种不同形式的循环结构。

5.1.1 Goto 语句

Goto 语句是无条件转向语句，即无需核对前提条件而被立即执行。

1. 语句形式

在 CASIO fx-5800P 程序中，Goto 语句有以下两种形式：

(1) Goto n：……；Lbl n

(2) Lbl n：……；Goto n

其中，n 为标记名称，可以是 0~9 之间的整数，或 A~Z 之间的英文字母。

2. 语句功能

实现程序执行流程的跳转。

3. 执行过程

当程序执行 Goto n 后，程序会跳转至 Lbl n 的位置继续往后执行。第一种形式向后跳转，第二种形式向前跳转。

使用 Goto 语句时应注意，如果在 Goto n 所处的同一程序中没有相应的 Lbl n，则会发生转移错误（Go ERROR）。

结构化程序设计方法主张限制使用 Goto 语句，因为滥用 Goto 语句将使程序的执行流程无规律，影响程序的可读性。但也不是绝对禁止使用 Goto 语句。一般来说，Goto 语句有两种用途：

(1) 与 If 语句一起构成循环结构。

（2）从循环体中跳转到循环体外。在 CASIO fx-5800P 程序中可以用 Break 语句跳出本层循环，因此 Goto 语句的使用机会大大减少，只是需要从多层循环的内层循环跳到外层循环时才用到 Goto 语句，但这种用法不符合结构化程序设计的原则，一般尽量不要采用，只有在不得已时（例如能大大提高程序的效率）才使用。

【例 5.1】 用 If 语句和 Goto 语句构成循环，求 $\sum\limits_{n=1}^{10} n^2$ 。

这是一个累加的数学问题。在设计累加运算的程序时，通常用一个变量来存储当前累加的和，这个变量可称为累加变量或累加器。在 CASIO fx-5800P 程序中，可用缺省变量 S（sum 的首字母）作为累加变量，此时的累加操作可表示为

$$S+被累加的数→S$$

上述操作可理解为"将存放在存储单元 S 内的数据拿出来与被累加的数相加，然后再将相加的结果存放到存储单元 S 中，存储单元 S 中原来的数据被覆盖，更新为新的数据"。

应特别注意，在未进行累加前，应将累加变量的初始值设置为 0，因为 0 不会改变任何累加计算的结果，如 1+2 和 0+1+2 的结果相同。如果不将累加变量的初始值设置为 0，之前运行的程序可能已经改变了累加变量的值，而且这个值不确定，这样将可能导致累加的结果出现错误。

本例中的累加是加法的重复操作，因此可用循环结构来实现，但需要控制重复操作的执行次数。在循环结构中，一般使用一个变量来控制重复操作的执行次数，这个变量称为循环控制变量，通常简称为"循环变量"，亦称"控制变量"或"循环计数器"。

若用缺省变量 S 作为累加变量，用缺省变量 N 作为循环变量，解决问题的算法如图 5-1 所示。

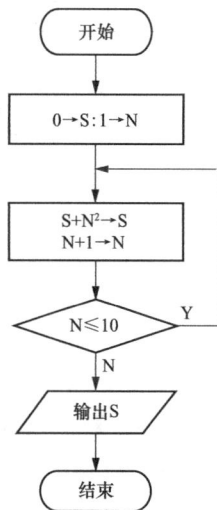

图 5-1 求 $\sum\limits_{n=1}^{10} n^2$ 的算法

程序代码如下（程序文件名"LT5.1"）：

```
Norm 1
0→S
1→N
Lbl 0
S+N²→S
N+1→N
If N≤10:Then Goto 0:IfEnd
"SUM=":S
```

程序的运行结果如图 5-2 所示。

【例 5.2】 用 If 语句和 Goto 语句构成循环，求 1×3×5×…×17×19 的值。

这是一个累乘的数学问题。在设计累乘运算的程序时，通常用一个变量来存储当前累乘的积，这个变量可称为累乘变量或累乘器。可用缺省变量 P（product 的首字母）作为累乘变量，此时的累乘操作可表示为

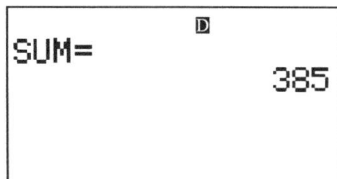

图 5-2 程序 LT5.1 的运行结果

79

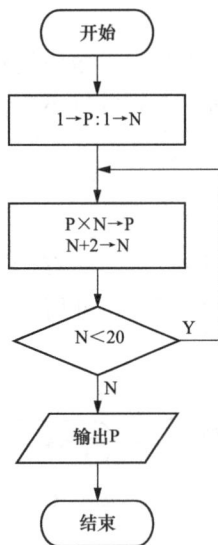

图 5-3 求 1×3×5×⋯×17×19 的算法

P×N→P

N+2→N

If N<20:Then Goto 0:IfEnd

"P = ":P

程序的运行结果如图 5-4 所示。

P×被累乘的数→P

应特别注意，在未进行累乘前，应将累乘变量的初始值设置为 1，因为 1 不会改变任何累乘计算的结果，如 1×2 和 1×1×2 的结果相同。如果不将累乘变量的初始值设置为 1，将可能导致累乘的结果错误。

本例中的累乘是乘法的重复操作，可用循环结构来实现，但在算法设计时，应注意是 1～20 区间内所有奇数的乘积。

若用缺省变量 P 作为累乘变量，用缺省变量 N 作为循环变量，解决问题的算法如图 5-3 所示。

程序代码如下（程序文件名"LT5.2"）：

Norm 1

1→P

1→N

Lbl 0

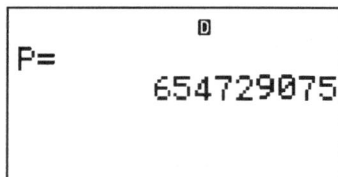

图 5-4 程序 LT5.2 的运行结果

【例 5.3】 用 If 语句和 Goto 语句构成循环，计算用极坐标法在同一测站放样多个点时的放样数据。

在施工测量时，由于施工现场的情况变化较快，一般很难事先预知每次要放样点的个数，即放样数据计算操作的执行次数无法确定。一个好的算法应该通过设置一个"循环终止标志"来使其正常结束，而不是按 [AC/ON] 键强制中断，再按 [EXIT] 使其结束运行。算法中的"循环终止标志"必须"远离"有用的数据，这是一条原则。

由于待放点的坐标一般不为（0，0），因此可以将坐标（0，0）作为循环终止标志，即侦测到输入的待放点 x 坐标为 0、y 坐标也为 0 时，退出循环，从而使程序正常结束。

数据存储设计参见表 4-8，程序代码如下（程序文件名"ZBFY-N"）：

Deg:Fix 3

"Xa(m) = ":?U:"Ya(m) = ":?V

"Xb(m) = ":?P:"Yb(m) = ":?Q

Pol(P-U,Q-V)

If J≥0:Then J→T:Else J + 360→T:IfEnd

Cls

"Tab = ":T▶DMS ◢ 输出测站点－后视点的方位角

"Dab = ":I ◢ 输出测站点－后视点的水平距离

Lbl 0

  Cls

"(Xp = 0:Yp = 0)→END"　提示"若 Xp 和 Yp 均输入 0 则结束程序"

"Xp(m) = "?X:"Yp(m) = "?Y

If X = 0 And Y = 0:Then Goto E:IfEnd

Pol(X − U,Y − V)

I→D

If J<0:Then J + 360→J:IfEnd

J − T→B

If B<0:Then B + 360→B:IfEnd

Cls

"B = ":B▶DMS ◢

"Dap = ":D ◢

Goto 0

Lbl E

Cls

Locate 2,2,"ZBFY Prog END!"

Locate 4,3,"PRESS [AC]"

这是一个"实用"的坐标放样数据计算程序，读者可以用表 4-9 中的数据检验其正确性，同时可通过跟踪程序的运行过程体会"循环终止标志"的作用。

读者可以根据上述程序代码，参照图 4-14，用流程图表示解决本问题的算法。

5.1.2　While…WhileEnd 语句

1. 语句形式

　　While<表达式>
　　　　循环体
　　WhileEnd

2. 语句功能

在 CASIO fx-5800P 程序中，While…WhileEnd 语句用来实现"当型"循环结构。

3. 执行过程

当 While 后面的表达式的值为真（非 0 值）时，执行循环体中的各语句，然后再判断表达式的值是否为真，若仍然为真，则再次执行循环体，如此反复，直到某一次表达式的值为假（0 值）为止，此时不再执行循环体而跳到 WhileEnd 语句结束循环，继而执行 WhileEnd 后面的语句。WhileEnd 意为"While"循环结束。请特别注意"当"字的含义。

While…WhileEnd 语句的执行过程可以用如图 5-5 所示的流程图表示。

如果第 1 次执行 While…WhileEnd 语句时，While 后面表达式的值就为假（0 值），则执行会

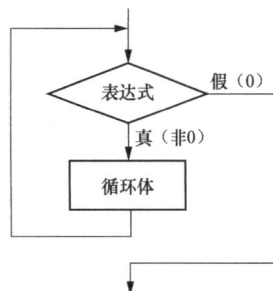

图 5-5　While…WhileEnd 语句的执行过程

81

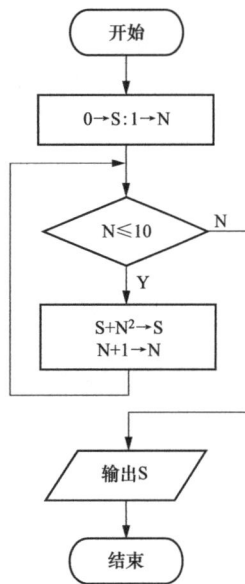

图 5-6 求 $\sum\limits_{n=1}^{10} n^2$ 的算法

直接跳转至 WhileEnd 后面的语句，循环体的执行次数为 0。

【例 5.4】 用 While…WhileEnd 语句构成循环，求 $\sum\limits_{n=1}^{10} n^2$。

算法的数据存储设计同例 5.1，解决问题的算法如图 5-6 所示。

程序代码如下（程序文件名 "LT5.4"）：

```
Norm 1
0→S
1→N
While N≤10
  S + N²→S
  N + 1→N
WhileEnd
"SUM = ":S
```

使用 While…WhileEnd 语句时，应注意以下问题：

（1）在功能菜单中选择 W. End 输入 WhileEnd 命令。输入 WhileEnd 的按键序列为 FUNCTION 3（PROG）▼ ▼ ▼ 6 （W. End）。

（2）循环条件的设置应保证正确。在例 5.4 中若将 While 后的表达式写成 "N<10"，请读者分析程序的运行结果。

（3）在循环体中应有使循环趋向于结束的语句。例如，在例 5.4 中循环开始时 N 的值为 1，循环结束的条件是 "N>10"，因此在循环体中应该有使 N 的值增加而最终导致 N>10 的语句 "N+1→N"。如果无此语句，则 N 的值会始终保持为 1，循环永不结束，即出现 "死循环"。

在上述程序中，语句 "N+1→N" 有两个作用：①N 作为被加幂值的底数，它的值不断变化；②使循环趋向结束。

【例 5.5】 用 While…WhileEnd 语句构成循环，求 $1+2+3+\cdots+N>200$ 的最小正整数 N。

用缺省变量 N 存储被累加的正整数（N 的初始值是 0），用缺省变量 S 存储累加的和。每执行一次累加操作，N 的值加 1。根据题意，当 S 的值小于 200 就继续执行累加操作，直到 S 大于 200 为止，因此累加的次数事先无法预知，要用 S 作为循环变量来使循环趋于结束。

解决问题的算法如图 5-7 所示。

程序代码如下（程序文件名 "LT5.5"）：

```
Norm 1
0→S
0→N
While S≤200
  N + 1→N
```

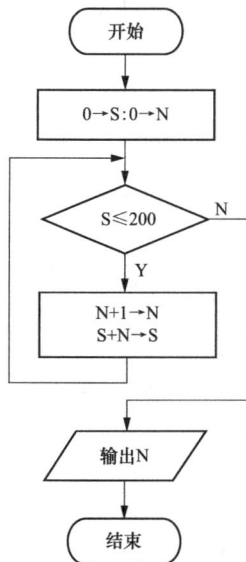

图 5-7 求 $1+2+3+\cdots+N>200$ 的最小正整数 N 的算法

```
    S＋N→S
  WhileEnd
  "N＝":N
```

程序的运行结果如图 5-8 所示。

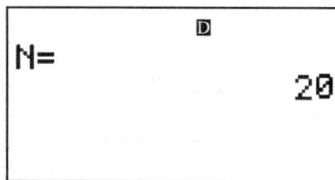

5.1.3　Do…LpWhile 语句

1. 语句形式

```
  Do
    循环体
  LpWhile＜表达式＞
```

2. 语句功能

在 CASIO fx-5800P 程序中，Do…LpWhile 语句用来实现"直到型"循环结构。

3. 执行过程

先执行 1 次循环体，然后判断 LpWhile 后面表达式的值是否为真（非 0 值），若为真，返回重新执行循环体，如此反复，直到某一次 LpWhile 后面表达式的值为假（0 值）为止，此时结束循环，继而执行 Lp-While 后面的语句。请特别注意"直到"二字的含义。

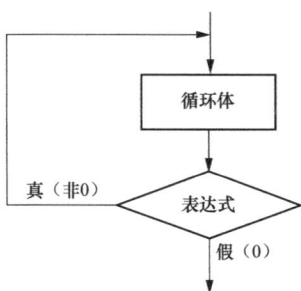

Do…LpWhile 语句的执行过程可以用如图 5-9 所示的流程图表示。

由于执行 1 次循环体后才判断 LpWhile 后面表达式的值，所以循环体至少会被执行 1 次。

输入 LpWhile 的按键序列为 FUNCTION ③ （PROG） ⊙ ⊙ ⊙ ⑧ （Lp. W）。

图 5-8　程序 LT5.5 的运行结果

图 5-9　Do…LpWhile 语句的执行过程

【例 5.6】 用 Do…LpWhile 语句构成循环，求 $\sum\limits_{n=1}^{10} n^2$ 。

算法的数据存储设计同例 5.1，解决问题的算法如图 5-10 所示。

程序代码如下（程序文件名"LT5.6"）：

```
  Norm 1
  0→S
  1→N
  Do
    S＋N²→S
    N＋1→N
  LpWhile N≤10
  "SUM＝":S
```

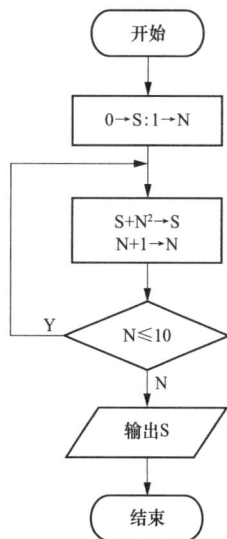

【例 5.7】 用 Do…LpWhile 语句构成循环，求 1＋2＋3＋…＋N＞200 的最小正整数 N。

算法的数据存储设计同例 5.5，解决问题的算法如图 5-11 所示。

图 5-10　求 $\sum\limits_{n=1}^{10} n^2$ 的算法

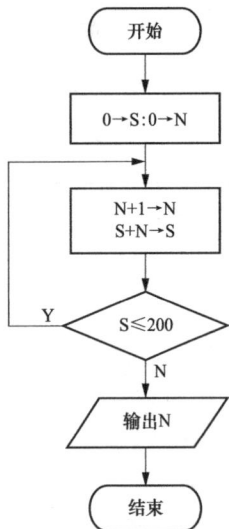

图 5-11　求 $1+2+3+\cdots+N>200$ 的最小正整数 N 的算法

程序代码如下（程序文件名"LT5.7"）：

```
Norm 1
0→S
0→N
Do
  N + 1→N
  S + N→S
LpWhile S≤200
"N = ":N
```

由上述例题可以看到，同一问题的处理可以用 While…WhileEnd 语句实现，也可用 Do…LpWhile 语句实现。

用 While…WhileEnd 语句和用 Do…LpWhile 语句处理同一问题，当控制循环的表达式的值第 1 次均为真（非 0 值）时，若两者的循环体一样，它们的运行结果一般也一样，如例 5.4 和例 5.6、例 5.5 和例 5.7。但是如果控制循环的表达式的值第 1 次就为假（0 值）时，两种循环的结果是不一样的，如下面的两个程序：

程序①
```
Norm 1
"N = "?N
0→S
While N≤10
  S + N→S
  N + 1→N
WhileEnd
"SUM = ":S
```

程序②
```
Norm 1
"N = "?N
0→S
Do
  S + N→S
  N + 1→N
LpWhile N≤10
"SUM = ":S
```

当输入 N 的值小于或等于 10 时，两个程序的运行结果相同。如输入 1，运行结果均为 55。而当输入 N 的值大于 10 时，两个程序的运行结果就不同了。如输入 11，程序①运行完成后 S 的值为 0，而程序②运行完成后 S 的值为 11。

5.1.4　For…To…Step…Next 语句

While…WhileEnd 语句和 Do…LpWhile 语句通过指定条件（即表达式值的"真"与"假"）来控制循环的执行次数，通常称为"条件型循环"。For…To…Step…Next 语句通过计数来控制循环的执行次数，通常称为"计数型循环"。当循环次数已知时，用 For…To…Step…Next 语句更加方便。

1. 语句形式

（1）一般形式
　　For<表达式 1>→循环变量 To<表达式 2>　[Step<表达式 3>]
　　　　循环体
　　Next

（2）简化形式

当步长为＋1时，可省略 Step 子句，此时语句形式为

　　　For<表达式 1>→循环变量 To<表达式 2>

　　　　循环体

　　　Next

2. 语句功能

在 CASIO fx-5800P 程序中，For…To…Step…Next 语句用来实现"计数型"循环结构。其中 For 子句称为"循环起始语句"或"循环说明语句"；循环变量用于控制循环的执行次数，它的值是不断变化的；To 子句给出循环变量的终值，即循环的终止条件；Step 子句给出步长值，即循环变量每次的增量；Next 子句是"循环终端语句"，执行到此语句时，循环变量会按步长增值。

3. 执行过程

For…To…Step…Next 语句的执行过程可用如图 5-12 所示的流程图表示。

① 计算表达式 1 的值，并将其赋给循环变量。亦称为循环变量赋初值。

② 将循环变量的当前值与循环变量的终值（即表达式 2 的值）进行比较，若循环变量的当前值未"超过"循环变量的终值，

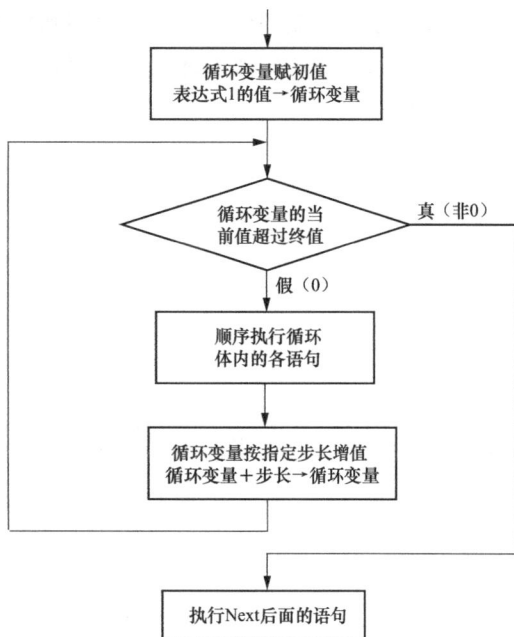

图 5-12　For…To…Step…Next 语句的执行过程

则接着执行下面的步骤③～⑤，否则就跳过步骤③～⑤而直接执行步骤⑥。"超过"有两种含义：

第 1 种：步长（即表达式 3）的值为正，循环变量的当前值>循环变量的终值。

第 2 种：步长（即表达式 3）的值为负，循环变量的当前值<循环变量的终值。

③ 执行循环体内的各语句。

④ 遇 Next 语句，循环变量的值按指定步长增值，即"循环变量的当前值＋步长→循环变量"。此时循环变量已经用一个新的值代替了原来的值。"Next"可以理解为"取下一个循环变量值"的意思。

⑤ 返回步骤②。

⑥ 循环结束，接着执行 Next 后面的语句。

请特别注意步骤②中"超过"两个字的含义。

使用 For…To…Step…Next 语句时，应注意以下问题：

（1）For 子句与 Next 子句必须成对出现，缺一不可。如果有 For 子句而没有相应的 Next 子句，将产生语法错误（Syntax ERROR）。

（2）For 子句的位置必须在对应的 Next 子句之前。

（3）For 循环遵循"先检查，后执行"的原则，即先检查循环变量是否超过终值，然后决定是否执行循环体。因此，在下列两种情况下，循环体将不被执行：

①当步长为正数，初值大于终值时。

②当步长为负数，初值小于终值时。

当初值等于终值时，不论步长是正数还是负数，均执行 1 次循环体。

（4）循环次数由循环变量的初值、终值和步长等 3 个因素确定，可用以下公式计算：

$$循环次数＝Int((终值－初值)÷步长)＋1$$

（5）循环变量在循环体内可以被引用和赋值。不建议在循环体内对循环变量进行赋值操作，因为这样做可能会导致循环次数的变化，甚至出现"死循环"。如下面的两个程序：

程序①

```
Norm 1
"N = "?N
0→S
For 1→I To N
  S + I→S
Next
"SUM = ":S
```

程序②

```
Norm 1
"N = "?N
0→S
For 1→I To N
  S + I→S
  I + 1→I
Next
"SUM = ":S
```

运行上述两个程序，当输入 N 的值均为 10 时，程序①运行完成后 S 的值为 55，而程序②运行完成后 S 的值为 25。因为程序①的循环体执行了 10 次，S＝1＋2＋3＋…＋10，而程序②的循环体只执行了 5 次，S＝1＋3＋5＋7＋9。若程序②的第 6 行写成 I－1→I，将会使程序陷入"死循环"。

【例 5.8】 用 For…To…Step…Next 语句构成循环，求 $\sum\limits_{n=1}^{10} n^2$ 。

用缺省变量 I 作为循环变量，其值从 1～10；用缺省变量 S 作为累加变量，存储累加的和，其初值为 0。解决问题的算法如图 5-13 所示。

程序代码如下（程序文件名"LT5.8"）：

```
Norm 1
0→S
For 1→I To 10
  S + I²→S
Next
"SUM = ":S
```

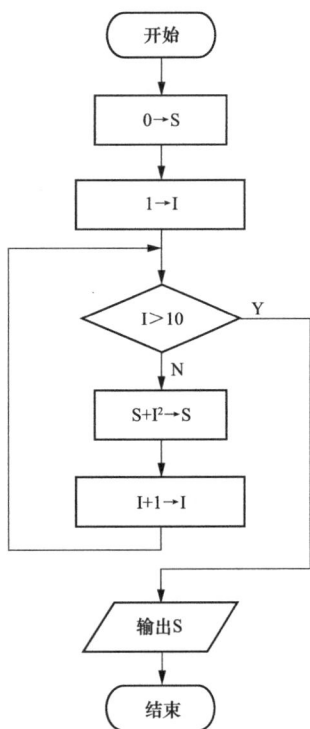

图 5-13 求 $\sum\limits_{n=1}^{10} n^2$ 的算法

【例 5.9】 用 For…To…Step…Next 语句构成循环，求 $1×3×5×…×17×19$ 的值。

用缺省变量 I 作为循环变量，其值从 1～19，步长为＋2；

用缺省变量 P 作为累乘变量，存储累乘的积，其初值为 1。解决问题的算法如图 5-14 所示。

程序代码如下（程序文件名"LT5.9"）：

```
Norm 1
1→P
For 1→I To 19 Step 2
  P×I→P
Next
"P = " : P
```

说明：程序第 3 行的 To 子句可改为"To 20"，Step 子句可改为"Step +2"。

5.1.5　Break 语句

一般情况下，程序中的循环结构会正常结束，即循环变量到达终值或循环终止条件为真。但在某些特殊情况下，可能需要在循环正常结束前（即中途）退出循环，这可以通过 Break 语句来实现。

1. 语句形式

Break

2. 语句功能

强制中断 For···To···Step···Next、While···WhileEnd 或 Do···LpWhile 循环结构的执行。

3. 执行过程

当程序执行 Break 语句后，程序会从循环体内跳出循环体，即提前结束循环，接着执行所在循环结构后面的语句。

Break 语句一般与 If 语句配合使用，用于表示满足某一条件后退出循环结构。例如例 5.5 求 $1+2+3+\cdots+N>200$ 的最小正整数 N 的程序代码可以修改为

```
Norm 1
0→S
0→N
While 1
  N + 1→N
  S + N→S
  If S>200:Then Break:IfEnd
WhileEnd
"N = ":N
```

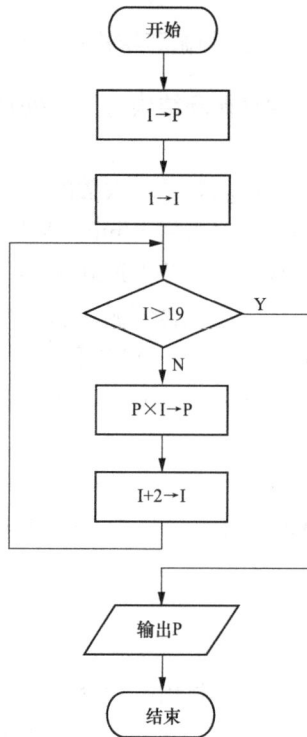

图 5-14　求 $1\times3\times5\times\cdots\times17\times19$ 的算法

5.1.6 几种循环结构的比较

（1）四种循环结构可用来处理同一问题，一般情况下可以互相代替。不提倡使用 Goto 型循环。

（2）一般已知循环次数的情况建议采用 For…To…Step…Next 构成循环，循环次数不确定的情况建议采用 While…WhileEnd 或 Do…LpWhile 构成循环。

（3）While…WhileEnd 和 Do…LpWhile 循环，只在 While 或 LpWhile 后面指定循环条件，循环体中应包含使循环趋于结束的语句。

（4）用 While…WhileEnd 和 Do…LpWhile 循环时，循环变量的初始化应在 While…WhileEnd 和 Do…LpWhile 语句之前完成，For…To…Step…Next 在语句中实现循环变量的初始化。

（5）While…WhileEnd、Do…LpWhile 和 For…To…Step…Next 可用 Break 跳出循环，而对用 Goto 语句与 If 语句构成的循环，不能用 Break 进行控制。

5.2 循 环 的 嵌 套

在一个循环体内又包含另一个完整的循环结构，称为循环的嵌套。内嵌的循环中还可以嵌套循环，这就是多重循环，亦称为多层循环。前面介绍的三种类型的循环（即 While…WhileEnd、Do…LpWhile 和 For…To…Step…Next），它们可以互相嵌套。以下是几种合法的嵌套形式：

（1）While…WhileEnd 构成的嵌套

    While<表达式 1>

     …

    While<表达式 2>

      …

    WhileEnd

     …

    WhileEnd

（2）Do…While 构成的嵌套

    Do

     …

    Do

      …

    While<表达式 2>

     …

    While<表达式 1>

（3）For…To…Step…Next 构成的嵌套

    For<表达式 1>→循环变量 To<表达式 2> ［Step<表达式 3>］

     …

　　For＜表达式 4＞→循环变量 To＜表达式 5＞［Step＜表达式 6＞］

　　　…

　　Next

　　…

Next

（4）While…WhileEnd 和 Do…LpWhile 构成的嵌套

　　While＜表达式 1＞

　　　…

　　Do

　　　…

　　While＜表达式 2＞

　　　…

　　WhileEnd

（5）Do…While 和 For…To…Step…Next 构成的嵌套

　　Do

　　　…

　　For＜表达式 2＞→循环变量 To＜表达式 3＞［Step＜表达式 4＞］

　　　…

　　Next

　　　…

　　While＜表达式 1＞

（6）For…To…Step…Next 和 While…WhileEnd 构成的嵌套

　　For＜表达式 1＞→循环变量 To＜表达式 2＞［Step＜表达式 3＞］

　　　…

　　While＜表达式 4＞

　　　…

　　WhileEnd

　　　…

　　Next

　　循环的嵌套还有若干种形式，只要符合嵌套的规则就是合法的，读者可以参照上述形式，按照规则自己罗列出来。

　　【例 5.10】 编写程序，输出一个由字符"×"组成的金字塔图案，如图 5-15 所示。

　　上述金字塔图案中共有 4 行，行号和该行"×"的个数有关，它们在变化中互相约束，可以用二重循环解决该问题。若用 I 表示行号，J 表示第 I 行"×"的个数，它们之间的数学关系可表示为 $J=2\times I-1$。

```
          ×
        × × ×
      × × × × ×
    × × ×  × × ×
```

图 5-15　由字符"×"
组成的金字塔

　　程序代码如下（程序文件名"LT5.10"）：

```
Norm 1
Cls
For 1→I To 4
  For 1→J To 2×I−1
    Locate 8−I+J,I,"×"
  Next
Next
```

程序中外循环（I 循环）控制行的输出，其取值为 1～4，内循环（J 循环）控制列的输出，其取值为 (1～2)×I−1。

第 1 次执行外循环体时，I 的值等于 1，内嵌的 For 语句相当于 For 1→J To 1，即只执行 1 次内循环体，此时 8−I+J 的值等于 8，因此在第 1 行第 8 列输出一个"×"后结束内循环，外循环体的第 1 次执行也随之结束。

第 2 次执行外循环体时，I 的值等于 2，内嵌的 For 语句相当于 For 1→J To 3，因此内循环体要执行 3 次。第 1 次时 J 等于 1，8−I+J 的值等于 7，在第 2 行第 7 列输出一个"×"后继续执行内循环体，此时 J 等于 2，8−I+J 的值等于 8，在第 2 行第 8 列输出一个"×"后第 3 次执行内循环体，此时 J 等于 3，8−I+J 的值等于 9，在第 2 行第 9 列输出一个"×"后结束内循环，外循环体的第 2 次执行也随之结束。

依此类推，执行第 3 次外循环体输出金字塔的第 3 行，执行第 4 次外循环体输出金字塔的第 4 行。

读者可以通过跟踪程序运行过程中循环变量的变化情况，结合输出信息，体会循环嵌套程序的运行过程，深入理解并掌握循环嵌套的使用方法。

使用循环嵌套时应注意以下问题：

（1）在循环嵌套中，内、外循环不得交叉。如

  For<表达式 1>→循环变量 To<表达式 2> ［Step<表达式 3>］

   …

  While<表达式 4>

   …

  Next

   …

  WhileEnd

（2）在循环语句与条件转向语句或无条件转向语句联合使用时，可以从循环体内跳转到循环体外，但不允许从循环体外转入循环体内。如果是多重循环，则允许从内循环跳转到外循环，而不允许从外循环转入内循环体。下面的程序是不正确的：

```
Goto 0
For 1→I To 10
  Lbl 0
  "I = ",I
Next
```

（3）在多重循环中，每一层循环的循环变量名不应当相同，否则容易造成混乱。

```
Norm 1
```

```
For 1→I To 10
  For 1→I To 10
    "I = ",I
  Next
Next
```

虽然此程序也能运行，但内循环体只会执行 10 次，请读者自己分析程序的运行结果。

5.3　额　外　变　量

在前面的章节中，我们用到的变量都是缺省变量。在实际应用中，常常需要处理成批的数据，而 CASIO fx-5800P 计算器的缺省变量只有 26 个，它无法满足大量、规律性数据的存储需求。本节将介绍一种新的数据存储结构——额外变量。

在 CASIO fx-5800P 中，额外变量是一种十分有用的数据存储结构。许多问题，不用额外变量几乎难以解决。例如，存储一组待放样点的坐标或导线转折角与边长的观测值、经过角度闭合差改正后的导线转折角值等。

额外变量的名称由字母"Z"和紧跟字母 Z 之后由方括号括起的数值（称为下标）组成，例如 Z[5]。指定或调用额外变量的值时，其操作类似名为"Z"的一维数组，因此额外变量亦称为数组变量或下标变量。

5.3.1　额外变量的定义

额外变量应先定义后使用。定义额外变量的语句形式为

$$n→\text{DimZ}$$

其中，n 表示要扩充的额外变量的个数（亦称数组元素的个数），可以是 1～2372 间的整数。

在 CASIO fx-5800P 计算器中，额外变量占据用户存储器（总容量 28500 字节）的一块区域。保留额外变量至少会占用 26 个字节，每添加一个额外变量另外占用 12 个字节（存储复数的额外变量占用 22 个字节）。若计算器未存储程序且未向额外变量指定任何复数的话，最多可以扩充 2372 个额外变量。当用户存储器剩余的存储容量小于扩充额外变量所需的字节数时，计算器会显示出错信息"Memory Full"（存储器满）。

例如，扩充 10 个额外变量（即定义一个有 10 个元素的额外变量）的语句为"10→DimZ"，它将占用 26＋（12×10）＝146 个字节的用户存储空间。

📖 按 SHIFT · 键输入 DimZ。

扩充的额外变量的个数越多，占用的内存也越大，程序可使用的内存就越小。

5.3.2　额外变量的使用

创建额外变量后，可以像操作缺省变量（A～Z）一样向它们赋值或将其插入到表达式中参与运算。

1. 额外变量赋值

在 CASIO fx-5800P 程序中，给额外变量赋值的语句形式为：

$$<表达式>\rightarrow Z[i]$$

其中，i 的值可以为数值、变量或表达式，但应为 $\geqslant 1$ 且 $\leqslant$ 所定义额外变量个数的正整数。

  📖 按 <kbd>ALPHA</kbd> <kbd>×10ˣ</kbd> 键输入字符 Z，按 <kbd>ALPHA</kbd> <kbd>ln</kbd> 键输入字符[，按 <kbd>ALPHA</kbd> <kbd>x⁻¹</kbd> 键输入字符]。

出现下面两种情况，执行给额外变量赋值的语句时将出错：

(1) 事先没有定义额外变量；

(2) i 的值小于 1 或大于所定义额外变量的个数。

将数值 1000 赋值给 Z[1] 的语句为

$$1000\rightarrow Z[1]$$

将 Z[1] 的值乘以 5 赋值给 Z[2] 的语句为

$$Z[1]\times 5\rightarrow Z[2]$$

若要从键盘输入一个数并赋值给额外变量 Z[i]，可使用语句"?→Z[i]"，不能使用语句"?Z[i]"，否则计算器会显示"Syntax ERROR"（语法错误）。

2. 查看额外变量的值

输入要查看的额外变量的名称，然后按 <kbd>EXE</kbd> 键，可查看额外变量的值。例如，要查看额外变量 Z[5] 的值，可输入"Z[5]"后按 <kbd>EXE</kbd> 键。

3. 在计算中使用额外变量

在计算中，可如同使用缺省变量一样使用额外变量。例如，要计算 Z[5] 乘以 8 的值，可输入"Z[5]×8"后按 <kbd>EXE</kbd> 键；要将 Z[5] 乘以 8 的值赋值给缺省变量 X，可输入"Z[5]×8→X"。

4. 清除额外变量

额外变量一旦扩充，会一直占用存储空间，这样会影响其他操作对用户存储空间的使用，因此应及时清除不再需要的额外变量，以节省存储空间。

清除额外变量有以下两种方法：

(1) 按 <kbd>MODE</kbd> <kbd>▼</kbd> <kbd>2</kbd> 键进入图 1-6 的 Memory 模式菜单，按 <kbd>▼</kbd> 键多次，移动行光标到 DimZ Memory 行，按 <kbd>1</kbd> 键标记 DimZ Memory 行，该行的左边出现标记符 ▶，按 <kbd>0</kbd> <kbd>EXE</kbd> 键清除额外变量。

(2) 执行语句"0→DimZ"。

在程序设计中，不建议在程序结束语句前使用语句"0→DimZ"清除额外变量，因为程序运行结束后，用户可能需要继续查看额外变量的内容，若被清除，将导致无法查看。但为了节约存储空间、避免额外变量中原来存储的数据对当前程序的影响，程序宜在定义额外变量的语句之前，插入语句"0→DimZ"清除之前定义和使用的额外变量。

【例 5.11】 编写程序，计算并依次输出 Fibonacci 数列的前 20 项。

Fibonacci 数列指的是这样一个数列：1、1、2、3、5、8、13、21、34、55、89、144、233、377、610、987、1597、2584、4181、6765、……，它的定义者是意大利数学家列昂纳多·斐波那契（Leonardo Fibonacci）。Fibonacci 数列的第 1 项和第 2 项为 1，从第 3 项开

始，每一项都等于前两项之和。

用缺省变量 I 存储 Fibonacci 数列的项数，用额外变量存储 Fibonacci 数列每一项的值，即额外变量 $Z[I]$ 存储的是 Fibonacci 数列第 I 项的值。I 同时作为循环变量，其值从 $1\sim20$，步长为 $+1$。

解决问题的算法如图 5-16 所示。

程序代码如下（程序文件名"LT5.11"）：

```
Norm 1
20→DimZ
1→Z[1]:1→Z[2]
For 3→I To 20
    Z[I-2]+Z[I-1]→Z[I]
Next
Cls
For 1→I To 20
    If Frac(I÷4)≠0:Then
        Locate 1,Frac(I÷4)×4,I:Locate 5,Frac(I÷4)×
            4,Z[I]
    Else
        Locate 1,4,I:Locate 5,4,Z[I]◢  屏幕每次显示数
            列中的 4 项，然后暂停
    IfEnd
Next
Cls
Locate 2,2,"THE Prog END!"
Locate 4,3,"PRESS [AC]"
```

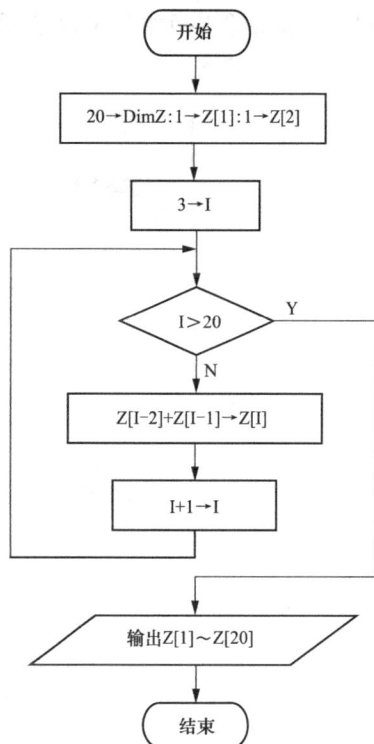

图 5-16　输出 Fibonacci 数列前 20 项的算法

5.4　统　计　串　列

在 CASIO fx-5800P 计算器中，统计串列是一种新的数据存储结构，它主要用于存储统计计算中的统计源数据，即样本数据。统计串列中存储的数据可根据需要随时进行编辑与修改。CASIO fx-5800P 计算器提供了 X、Y 和 FREQ 等 3 个统计串列存储器，每个统计串列最多可以输入并存储 199 个统计数据，即 199 行。

5.4.1　统计串列数据的输入

在 SD（单变量统计）模式或 REG（双变量统计）模式下，用户可以使用 STAT 编辑器输入统计串列数据。在 COMP（计算）模式下，用户可以直接使用赋值命令输入统计串列数据。在程序中，可以使用输入语句向统计串列输入数据。

1．使用 STAT 编辑器输入统计串列数据

CASIO fx-5800P 计算器进入 SD 模式（ [MODE] [3] ）或 REG 模式（ [MODE] [4] ）时，会出现对应的 STAT 编辑器界面。STAT 编辑器的界面不但与模式（SD 或 REG）相关，还与统计

93

频率（Freq）的设定有关。统计频率的初始缺省值是 FreqOff，执行按键操作 [SHIFT][MODE][▼][5]（STAT）[1]（FreqOn）可打开统计频率。当不需要 FREQ 统计串列时，执行按键操作 [SHIFT][MODE][▼][5]（STAT）[2]（FreqOff）可关闭统计频率。统计频率打开（FreqOn）时，STAT 编辑器界面如图 5-17 所示；统计频率关闭（FreqOff）时，STAT 编辑器界面中没有 FREQ 列，如图 5-18 所示。

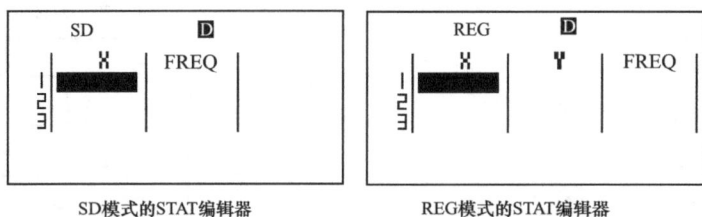

SD模式的STAT编辑器　　　　REG模式的STAT编辑器

图 5-17　统计频率打开时的 STAT 编辑器界面

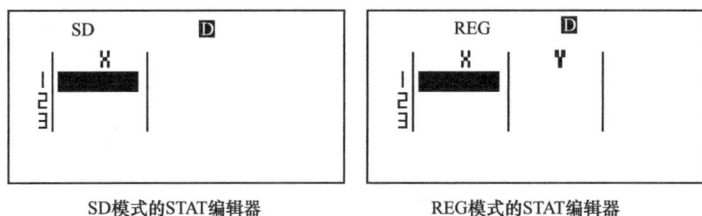

SD模式的STAT编辑器　　　　REG模式的STAT编辑器

图 5-18　统计频率关闭时的 STAT 编辑器界面

统计串列类似于 Excel 中的单元格，要输入数据时，先使用光标移动键（[▲][▼][◀][▶]）将光标移动到相应位置的单元格，然后使用键盘输入数据或者表达式，完成后按 [EXE] 键确认即可完成单个数据的输入。若输入的是表达式，计算器会自动计算表达式的值，并将表达式的值存储到对应的统计串列中。虽然 SD 模式和 REG 模式显示的变量数目有差异，但使用 STAT 编辑器输入统计串列数据的过程和方法都是相同的。

在 CASIO fx-5800P 计算器中，统计串列的行数不需要预先定义，只要按顺序输入或存入数据即可。

应特别注意，统计串列只能存储实数，不能存储复数。

2. 使用赋值命令输入统计串列数据

CASIO fx-5800P 计算器的统计串列可以看成是由若干个元素组成的，其中统计串列 X 的第 n 行对应的元素可以表示为 List X[n]，统计串列 Y 的第 n 行对应的元素可以表示为 List Y[n]，统计串列 FREQ 的第 n 行对应的元素可以表示为 List Freq[n]。

在 COMP 模式下，用户可以像操作缺省变量（A～Z）一样向组成统计串列的元素进行赋值。给统计串列元素赋值的语句形式为：

$$<表达式>→List\ X[n]$$
$$<表达式>→List\ Y[n]$$
$$<表达式>→List\ Freq[n]$$

其中，n 表示行号，它可以为数值、变量或表达式，但其值应为正整数。

　　📖 按 FUNCTION 7 (STAT) 1 (LIST) 1 (LIST) 键输入字符 List，按 FUNCTION 7 (STAT) 1 (LIST) 2 (Freq) 键输入字符 Freq。

　　在程序中，可以使用赋值语句将计算结果保存到统计串列。例如，用程序计算道路中桩的坐标时，可以将中桩的桩号存储在统计串列 X 中，将中桩的纵坐标 x 存储在统计串列 Y 中，将中桩的横坐标 y 存储在统计串列 FREQ 中。

3. 使用输入语句输入统计串列数据

　　在 CASIO fx-5800P 程序中，向统计串列输入数据的语句形式为：

$$?{\rightarrow}\text{List X}[n] \quad 或 \quad "字符串"? {\rightarrow}\text{List X}[n]$$
$$?{\rightarrow}\text{List Y}[n] \quad 或 \quad "字符串"? {\rightarrow}\text{List Y}[n]$$
$$?{\rightarrow}\text{List Freq}[n] \quad 或 \quad "字符串"? {\rightarrow}\text{List Freq}[n]$$

其中，n 表示行号，它可以为数值、变量或表达式，但其值应为正整数。若输入语句的 "?" 前有字符串，当程序执行到该语句时，会在显示屏上显示与字符串内容相同的信息，因此程序中可以使用与输入值相关的字符串作为输入提示信息，方便用户使用程序，防止输入错误。

　　应特别注意，统计串列只能逐行输入数据，不能跳过空行。若第 n 行为空（未输入数据），就不能向第 $n+1$ 行输入数据，否则会出现维数错误（Dimension ERROR）。例如，当前状态下，统计串列的第 2 行为空，即第 2 行的 X、Y 和 Freq 列均未输入数据（0 是有效数据），执行语句 "100→List X[3]"，屏幕上就会显示字符 "Dimension ERROR，Press：[EXIT]"，提示出现维数错误。

　　在程序中，可以使用输入语句将已知数据（例如点的坐标、计算参数）、观测值（例如角度、边长、高差）等通过键盘输入，然后保存到统计串列。

5.4.2　查看统计串列数据

　　在 SD（或 REG）模式下，用户可以在 STAT 编辑器中，使用光标移动键查看统计串列中的数据。查看结束后，按 MODE 1 键可退出 SD（或 REG）模式，进入 COMP 模式。

　　在 COMP 模式下，若用户要查看某个统计串列元素的值，可以输入这个统计串列元素的名称，然后按 EXE 键。例如，要查看统计串列 X 第 3 行对应元素的值，可输入 "List X[3]" 后按 EXE 键。

　　在程序运行过程中，若将数据保存到了统计串列，则在程序运行结束后，可以按 MODE 3 键进入 SD 模式或按 MODE 4 键进入 REG 模式，查看并抄录相关数据。

5.4.3　统计串列数据的编辑

1. 替换单元格内容

　　进入 SD（或 REG）模式，打开 STAT 编辑器，使用光标键将光标移动到要替换其内容的单元格，然后输入新的数值（或表达式），完成后按 EXE 键确认即可。

　　在 COMP 模式下，可通过赋值操作替换单元格的内容，相当于给对应的统计串列元素重新赋值。例如，要将 List X[1] 的值替换为 100，可执行语句 "100→List X[1]"。

2. 插入行

进入 SD（或 REG）模式，打开 STAT 编辑器，将光标移到要插入行的位置，按 [FUNCTION] [5]（STAT）[1]（EDIT）[1]（Ins Row）。该操作将光标所处的行和其下面所有行的内容向下移动，并插入一个新行，新插入行中的所有列都会自动填充初始缺省值（X＝0，Y＝0，FREQ＝1）。

3. 删除所有 STAT 编辑器数据

进入 SD（或 REG）模式，打开 STAT 编辑器，按 [FUNCTION] [5]（STAT）[1]（EDIT）[2]（Del All）。该操作将显示"Delete All Date?"确认信息，此时，若要删除所有统计串列数据，按 [EXE]（Yes）键；若要取消该操作而不删除任何内容，按 [EXIT]（No）键。

5.4.4 在计算中使用统计串列数据

在计算中，可如同使用缺省变量一样使用统计串列元素，将其插入到表达式中参与运算。例如，要计算 List X[3] 加 100 的值，可输入"List X[3]＋100"后按 [EXE] 键；要将 List X[3] 乘以 8 的值赋值给缺省变量 X，可输入"List X[3]×8→X"。

5.4.5 清除统计串列

虽然用户无法定义 CASIO fx-5800P 计算器统计串列的行数，但统计串列是要占用计算器的用户存储空间的。向统计串列输入数据后，它会一直占用用户存储空间，这样会影响其他操作对用户存储空间的使用，因此应及时清除不再需要的统计串列，以节省存储空间。

清除统计串列的命令（语句）为 ClrStat，其输入按键为 [FUNCTION] [6]（CLR）[1]（Stat）。

在程序设计中，不建议在程序结束时使用命令 ClrStat 清除统计串列，因为这将导致用户无法查看统计串列中保存的程序运行数据。但为了节约存储空间，同时避免统计串列中的历史数据对当前程序的干扰，建议程序在使用统计串列前，插入语句"ClrStat"清除统计串列中的历史数据。

【例 5.12】 采用统计串列存储坐标数据，编写程序将 N 个点的测量坐标转换为施工坐标。

将测量坐标转换为施工坐标的问题在本书第 3 章已经进行了详细的阐述，基于读者当时对存储知识的掌握情况，在进行程序的数据存储设计时仅采用了缺省变量。由于缺省变量的数量有限，无法保存每一个点转换计算的结果，因此程序只能逐点进行转换并立即输出转换结果，无法回溯查看。

为了解决上述问题，可以用统计串列的相邻行来分别存储点的测量坐标 (x, y) 和对应的施工坐标 (A, B)，这样每一个点要占用统计串列的相邻两行。若有 N 个点要进行转换，则共占用 2N 行。为便于程序设计，我们将输入的第 i 个点的测量坐标存储在统计串列的第 $2i-1$ 行，将转换计算得到的该点施工坐标存储在统计串列的第 $2i$ 行。在程序中，用缺省变量 I 作为循环变量，其值从 1～N，步长为＋1，其他变量的使用参见表 3-11。

解决问题的算法如图 5-19 所示。

程序代码如下（程序文件名"CZ-SZ[N]"）：

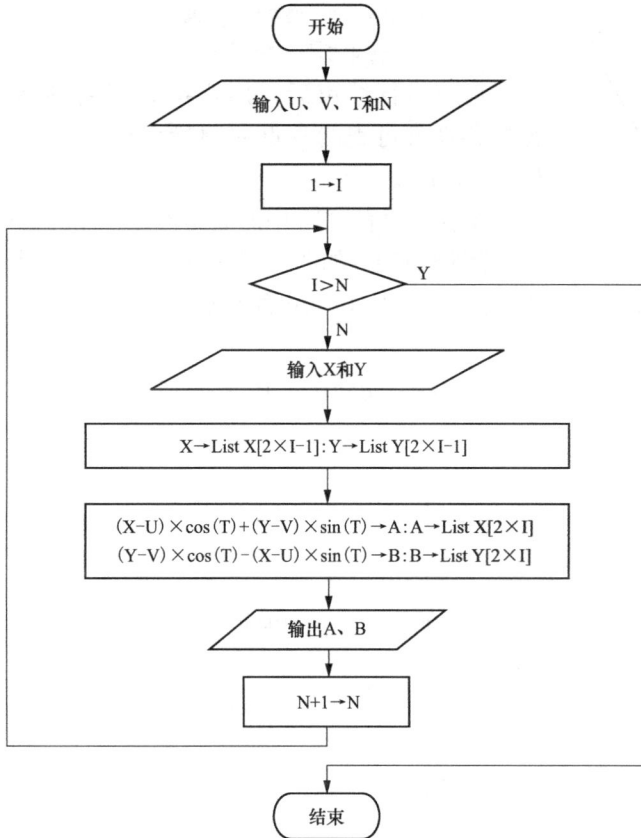

图 5-19　测量坐标转换为施工坐标的算法

```
Deg:Fix 3
FreqOff:ClrStat
"X0(m) = "?U:"Y0(m) = "?V
"α(Deg) = "?T
"N = "?→N
For 1→I To N
  Cls
  "Xp(m) = "?X:"Yp(m) = "?Y
  X→List X[2×I-1]:Y→List Y[2×I-1]
  (X-U)×cos(T) + (Y-V)×sin(T)→A:A→List X[2×I]
  (Y-V)×cos(T) - (X-U)×sin(T)→B:B→List Y[2×I]
  Cls
  Locate 1,1,"Xp = ":Locate 5,1,X
  Locate 1,2,"Yp = ":Locate 5,2,Y
  Locate 1,3,"Ap = ":Locate 5,3,A
  Locate 1,4,"Bp = ":Locate 5,4,B ◢
Next
Cls
```

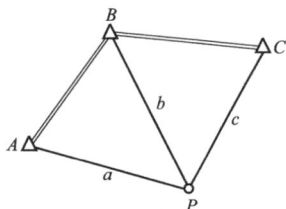

图 5-20 三点测边后方交会

```
Locate 2,2,"THE Prog END!"
Locate 4,3,"PRESS [AC]"
```

程序运行结束后，用户按 MODE 4 进入 REG 模式，配合光标移动键可查阅各点的测量坐标（x，y）和对应的施工坐标（A，B）。

读者可用表 3-12 中的数据验证程序的运行结果。

【例 5.13】 如图 5-20 所示，A、B、C 是已知点，P 为待定点，在 P 点设站分别观测了 P 点至 A、B、C 三点的水平距离（边长）a、b 和 c，编写程序计算待定点 P 的坐标。

上述观测方法可以称为三点测边后方交会法。其主要计算公式如下：

$$\angle BAP = \arccos \frac{D_{AB}^2 + a^2 - b^2}{2D_{AB}a} \tag{5-1}$$

$$\alpha_{AP} = \alpha_{AB} + \angle BAP \tag{5-2}$$

$$\left.\begin{array}{l} x_P' = x_A + a\cos\alpha_{AP} \\ y_P' = y_A + a\sin\alpha_{AP} \end{array}\right\} \tag{5-3}$$

$$\angle CBP = \arccos \frac{D_{BC}^2 + b^2 - c^2}{2D_{BC}b} \tag{5-4}$$

$$\alpha_{BP} = \alpha_{BC} + \angle CBP \tag{5-5}$$

$$\left.\begin{array}{l} x_P'' = x_B + b\cos\alpha_{BP} \\ y_P'' = y_B + b\sin\alpha_{BP} \end{array}\right\} \tag{5-6}$$

$$\left.\begin{array}{l} x_P = \dfrac{x_P' + x_P''}{2} \\[2mm] y_P = \dfrac{y_P' + y_P''}{2} \end{array}\right\} \tag{5-7}$$

为了解决待定点 P 的坐标计算问题，程序的数据存储可采用如下方案：

(1) 用双变量统计串列的 1～3 行分别存储三个已知点（A、B 和 C）的坐标，其中统计串列 X 存储 x 坐标，统计串列 Y 存储 y 坐标。

(2) 用缺省变量 A、B、C 分别存储水平距离（边长）a、b、c。

(3) 在计算 x_P' 和 y_P' 时，用缺省变量 D、T 分别存储 A、B 两点的水平距离 D_{AB} 和坐标方位角 α_{AB}，用 E 存储 A、P 两点的坐标方位角 α_{AP}，用双变量统计串列的第 4 行存储 x_P' 和 y_P'，其中统计串列 X 存储 x_P'，统计串列 Y 存储 y_P'。

(4) 在计算 x_P'' 和 y_P'' 时，用缺省变量 D、T 分别存储 B、C 两点的水平距离 D_{BC} 和坐标方位角 α_{BC}，用 F 存储 B、P 两点的坐标方位角 α_{BP}，用双变量统计串列的第 5 行存储 x_P'' 和 y_P''，其中统计串列 X 存储 x_P''，统计串列 Y 存储 y_P''。

(5) 用双变量统计串列的第 6 行存储 x_P 和 y_P，其中统计串列 X 存储 x_P，统计串列 Y 存储 y_P。

解决问题的算法如图 5-21 所示。

程序代码如下（程序文件名“JH-HF[3DCB]”）：

```
Deg:Fix 3
FreqOff:ClrStat
"Xa(m) = "?→List X[1]:"Ya(m) = "?→List Y[1]
"Xb(m) = "?→List X[2]:"Yb(m) = "?→List Y[2]
"Xc(m) = "?→List X[3]:"Yc(m) = "?→List Y[3]
"Dpa(m) = "?→A
"Dpb(m) = "?→B
"Dpc(m) = "?→C
Pol(List X[2] - List X[1],List Y[2] - List Y[1])
I→D
J<0⇒J + 360→J:J→T
T + cos⁻¹((A² + D² - B²) ÷ (2 × A × D))→E
List X[1] + A × cos(E)→List X[4]
List Y[1] + A × sin(E)→List Y[4]
Pol(List X[3] - List X[2],List Y[3] - List Y[2])
I→D
J<0⇒J + 360→J:J→T
T + cos⁻¹((B² + D² - C²) ÷ (2 × B × D))→F
List X[2] + B × cos(F)→List X[5]
List Y[2] + B × sin(F)→List Y[5]
(List X[4] + List X[5]) ÷ 2→List X[6]
(List Y[4] + List Y[5]) ÷ 2→List Y[6]
Cls
Locate 1,1,"Xp = ":Locate 5,2,List X[6]
Locate 1,3,"Yp = ":Locate 5,4,List Y[6]▲
Cls
Locate 2,2,"THE Prog END!"
Locate 4,3,"PRESS [AC]"
```

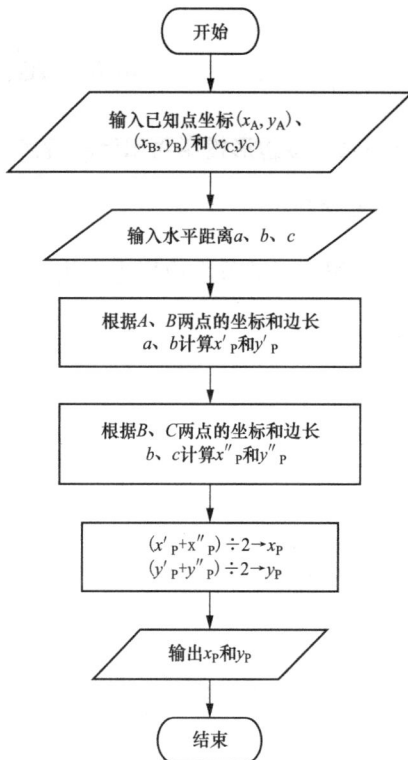

图 5-21　三点测边后方交会法
待定点坐标计算的算法

程序运行结束后，用户按 [MODE][4] 进入 REG 模式，配合光标移动键可查阅各点的坐标。读者可用表 5-1 中的数据验证程序的运行结果。

表 5-1　　　　　　　　　三点测边后方交会法坐标计算案例数据

观测略图		坐标		观测边长（m）		备注
	点号	x(m)	y(m)			
	A	31289.396	52263.825	a	115.604	
	B	31389.170	52353.205	b	161.060	
	C	31313.375	52467.335	c	135.368	
	P'	31228.350	52361.997			
	P''	31228.350	52362.001			
	P	31228.350	52361.999			

5.5 循环结构程序设计

5.5.1 多边形投影面积计算程序

1. 数学模型

当面积测量的范围边界为多边形时，可以采用全站仪或 GPS－RTK 测定范围边界上各个角点的坐标，然后采用解析法计算其投影面积。

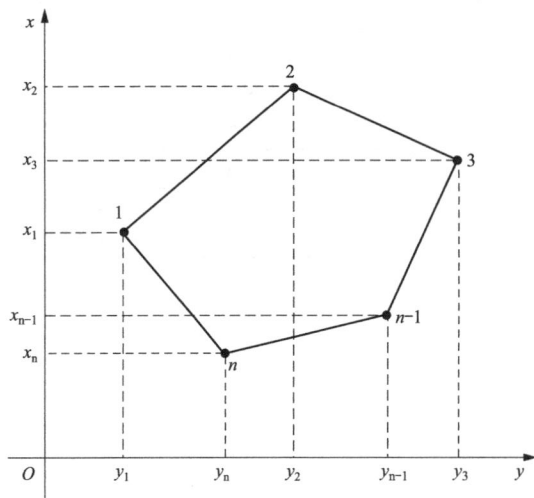

图 5-22 所示，1、2、3、⋯⋯、$n-1$、n 为多边形角点，其平面坐标分别为 $(x_1，y_1)$、$(x_2，y_2)$、$(x_3，y_3)$、⋯⋯、$(x_{n-1}，y_{n-1})$、$(x_n，y_n)$，计算多边形面积 S 的通用公式如下：

$$S = \frac{1}{2} \sum_{i=1}^{n} x_i (y_{i+1} - y_{i-1}) \quad (5\text{-}8)$$

或

$$S = \frac{1}{2} \sum_{i=1}^{n} y_i (x_{i+1} - x_{i-1}) \quad (5\text{-}9)$$

图 5-22 多边形投影面积计算

上面两个式子的计算结果相等。式子中 i 为多边形各角点的序号，当 i 取 1 时，$i-1$ 就为 n；当 i 为 n 时，$i+1$ 就为 1。

2. 数据存储设计

从上述计算公式可知，计算多边形的面积时，每个角点的坐标会被多次使用，因此输入坐标后必需保存到存储器中。若多边形有 n 个角点，为了解决问题，在程序中需要存储全部角点的坐标 $(x_i，y_i)$，这样至少需要 $2n$ 个存储单元。用多边形角点的坐标计算投影面积属于一个典型的累加问题，累加项和多边形角点的编号存在一定的对应关系，因此宜采用额外变量按实数方式存储多边形角点的坐标 $(x_i，y_i)$，并运用循环结构进行控制，这样编写的程序其结构直观清晰，程序的可读性较好。

表 5-2 程序变量清单

序号	数学模型变量	CASIO fx-5800P 计算器变量	输入（输出）提示符	单位	说明
1	n	N	N＝？		多边形角点个数
2		I			循环变量
	i		NO:		多边形角点的序号
3	x_i	Z[1]～Z[N]	X(m)＝？	m	第 i 个角点的纵坐标 x_i
4	y_i	Z[N+1]～Z[2N]	Y(m)＝？	m	第 i 个角点的横坐标 y_i
5	S	S	S(m²)＝	m²	累加器，多边形的面积

3. 算法设计与表示

多边形投影面积计算的算法如图 5-23 所示。

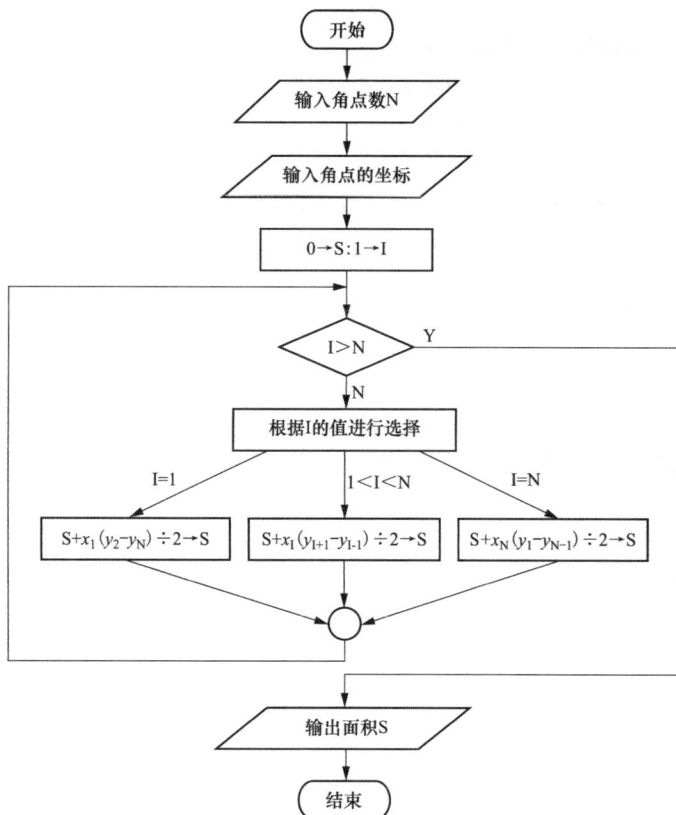

图 5-23　多边形投影面积计算的算法

4. 程序代码设计

【程序文件名：MJ－DBX】

Norm 1　设置数值显示格式

0→DimZ　清除额外变量

"N = "?→N　输入多边形角点的数量

2×N→DimZ　根据多边形角点的数量定义额外变量的个数

For 1→I To N　按序号输入多边形角点的坐标

 Cls

 "NO:":Locate 5,1,I　显示角点的序号

 "X(m) = "?→Z[I]　输入序号对应角点的纵坐标

 "Y(m) = "?→Z[N + I]　输入序号对应角点的横坐标

Next

Fix 3　设置数值显示格式

0→S　面积累加器变量置 0

For 1→I To N　用累加的方法计算多边形的面积

$$I = 1 \Rightarrow S + Z[1] \times (Z[N+2] - Z[2 \times N]) \div 2 \rightarrow S$$

$$I > 1 \text{ And } I < N \Rightarrow S + Z[I] \times (Z[N+I+1] - Z[N+I-1]) \div 2 \rightarrow S$$

$$I = N \Rightarrow S + Z[N] \times (Z[N+1] - Z[2 \times N - 1]) \div 2 \rightarrow S$$

Next

Cls   清除屏幕,准备显示多边形的面积

Locate 1,1,"S(m²)＝"   显示面积输出的提示信息

Locate 5,2,S ◢   输出多边形的面积

Cls

Locate 2,2,"THE Prog END!"   显示程序运行结束的提示信息

Locate 4,3,"PRESS [AC]"   按 [EXE] (或 [AC/ON]) 键重新运行(或结束)程序

5. 程序的运行与调试

(1) 计算案例数据 (表 5-3)。

表 5-3   **投 影 面 积 计 算**

测量范围示意图	坐标			面积（m²）	备注
	点号	x(m)	y(m)		
	1	31338.809	52254.902		
	2	31375.345	52297.601		
	3	31358.098	52338.936	3328.525	
	4	31318.158	52319.631		
	5	31309.308	52278.296		

(2) 程序操作步骤及相关变量值的变化情况。

运行程序 "MJ-DBX",用表 5-3 中的数据进行计算的操作步骤及相关变量值的变化情况见表 5-4。

表 5-4   **程序操作步骤及相关变量值的变化情况**

步骤	屏幕提示	按键操作	操作说明	相关变量的值
1	N＝?	5 [EXE]	输入多边形角点个数	N＝5
2	NO：1 X(m)＝?	31338.809 [EXE]	输入第 1 个角点的 x 坐标	Z[1]＝31338.809
	Y(m)＝?	52254.902 [EXE]	输入第 1 个角点的 y 坐标	Z[6]＝52254.902
3	NO：2 X(m)＝?	31375.345 [EXE]	输入第 2 个角点的 x 坐标	Z[2]＝31375.345
	Y(m)＝?	52297.601 [EXE]	输入第 2 个角点的 y 坐标	Z[7]＝52297.601
4	NO：3 X(m)＝?	31358.098 [EXE]	输入第 3 个角点的 x 坐标	Z[3]＝31358.098
	Y (m) ＝?	52338.936 [EXE]	输入第 3 个角点的 y 坐标	Z[8]＝52338.936
5	NO：4 X(m)＝?	31318.158 [EXE]	输入第 4 个角点的 x 坐标	Z[4]＝31318.158
	Y(m)＝?	52319.631 [EXE]	输入第 4 个角点的 y 坐标	Z[9]＝52319.631

步骤	屏幕提示	按键操作	操作说明	相关变量的值
6	NO: 5 X(m)=?	31309.308 [EXE]	输入第 5 个角点的 x 坐标	Z[5]=31309.308
	Y(m)=?	52278.296 [EXE]	输入第 5 个角点的 y 坐标	Z[10]=52278.296
7	[Disp] S(m²)= 3328.525	[EXE]	显示多边形面积	
8	THE Prog END! PRESS [AC]	[EXE]（或 [AC/ON]）	重新运行（或结束）程序	

5.5.2　支导线坐标计算程序

1. 数学模型

支导线是由已知控制点出发，既不闭合于本已知控制点，也不附合于其他已知控制点的单一导线，其形式如图 5-24 所示。

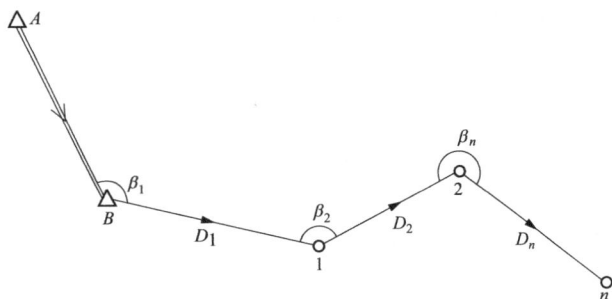

图 5-24　支导线

在图 5-24 中，A、B 是已知点，其坐标为（x_A，y_A）、（x_B，y_B），1、2、……、n 是待定点，观测数据有各导线边的边长 D_1、D_2、……、D_n 和转折角（左角）β_1、β_2、……、β_n，我们可按以下步骤求得待定点 1、2、……、n 的坐标：

（1）求出 A、B 两点的坐标方位角 α_{AB}。

（2）根据 α_{AB} 和转折角 $\beta_i(i=1\sim n)$ 依次推算各导线边的坐标方位角 $\alpha_i(i=1\sim n)$。

（3）依次用各导线边的坐标方位角 α_i 和边长 D_i 求出各导线边的纵坐标增量 Δx_i 和横坐标增量 Δy_i。

（4）以 B 为起始点，依次用各导线边的纵坐标增量 Δx_i 和横坐标增量 Δy_i 计算待定点的坐标 x_i 和 y_i。

其主要计算公式如下：

$$\alpha_i = (\alpha_{i-1} \pm 180°) + \beta_i[-360°] \tag{5-10}$$

$$\left.\begin{array}{l} \Delta x_i = D_i \cdot \cos\alpha_i \\ \Delta y_i = D_i \cdot \sin\alpha_i \end{array}\right\} \tag{5-11}$$

$$x_i = x_{i-1} + \Delta x_i \atop y_i = y_{i-1} + \Delta y_i \Bigg\}$$
(5-12)

上述公式中，$i=1\sim n$。计算时，可以将 α_{AB} 看做 α_0，将 x_B 看做 x_0，将 y_B 看做 y_0。

2. 数据存储设计

若支导线有 n 个待定点，根据上述支导线坐标计算的步骤，为了解决问题，在程序中需要存储的数据项目和相应数据的个数见表 5-5。

表 5-5 支导线坐标计算存储单元需求统计

项目	数据个数	项目	数据个数
已知点坐标 (x_A, y_A)、(x_B, y_B)	4	导线边的方位角（含已知边）α_i	$n+1$
转折角 β_i	n	纵、横坐标增量 Δx_i 和 Δy_i	$2n$
边长 D_i	n	待定点坐标 (x_i, y_i)	$2n$

从上述分析可知，需要存储的数据至少有 $7n+5$ 个。当 $n=3$（即有 3 个待定点）时，需要的存储单元就达到了 26 个，可见存储单元需求量大，且需要的存储单元数量与待定点的个数成正比增加，因此只使用缺省变量无法满足需求，需要综合运用多种存储结构。

已知点的坐标可用缺省变量按实数方式存储，即用两个缺省变量存储 1 个已知点的坐标。例如，用变量 A、B 分别存储 A 点的纵坐标 x_A 和横坐标 y_A。用缺省变量按实数方式存储，相关计算的程序代码简单、直观，程序的可读性较好，而且采用"？＜变量＞"句法输入数据时，伴随提示符会显示该变量的当前值。当某个输入出现错误需要重新运行程序时，已经正确输入的数据不需要重新输入，直接按 [EXE] 键，程序就会使用该变量的当前值继续往下执行，可有效节约用户输入数据的时间。

已知边的坐标方位角用缺省变量按实数方式存储。

转折角和导线边的边长、方位角、坐标增量的数量会随着待定点的增多而增加，因此不能用缺省变量和矩阵来存储，宜用额外变量按实数方式存储，这样需要扩充 $5n$ 个存储单元。若采用循环结构进行控制，可实现数据的有序输入、计算和输出。

待定点坐标数据的数量也会随着待定点的增多而增加，因此也不能用缺省变量和矩阵来存储。若用额外变量按实数方式存储，这样需要扩充 $2n$ 个存储单元，虽然容易实现，但程序运行结束后再次查看待定点的坐标不是很方便。若用双变量统计串列的 List X、List Y 分别存储待定点的纵坐标和横坐标，程序运行结束后，用户就可以在 REG 模式下使用 STAT 编辑器方便地查看待定点的坐标。对用户来说，显然后者更为合适。程序变量清单见表 5-6。

表 5-6 程 序 变 量 清 单

序号	数学模型变量	CASIO fx-5800P 计算器变量	输入（输出）提示符	单位	说明
1	n	N	N＝？		待定点个数
2		I			循环变量
	i		NO:		待定点和观测值的序号
3	x_A	A	Xa(m)＝？	m	已知点 A 的纵坐标
4	y_A	B	Ya(m)＝？		已知点 A 的横坐标

续表

序号	数学模型变量	CASIO fx-5800P 计算器变量	输入（输出）提示符	单位	说明
5	x_B	C	Xb(m)＝？	m	已知点 B 的纵坐标
6	y_B	D	Yb(m)＝？		已知点 B 的横坐标
7	α_{AB}	T		° ′ ″	已知边 AB 的坐标方位角 α_{AB}
	α_{i-1}				推算坐标方位角时，后一条边的坐标方位角
8	β_i	Z[1]～Z[N]	ZZJ(Deg)＝？	° ′ ″	第 i 个转折角的观测值
9	D_i	Z[N+1]～Z[2N]	BC(m)＝？	m	第 i 条导线边的边长观测值
10	α_i	Z[2N+1]～Z[3N]		° ′ ″	第 i 条导线边的坐标方位角
11	Δx_i	Z[3N+1]～Z[4N]		m	第 i 条导线边的纵坐标增量
12	Δy_i	Z[4N+1]～Z[5N]		m	第 i 条导线边的横坐标增量
13	x_i	X		m	导线边终点的纵坐标
	x_{i-1}				推求坐标时，导线边起点的纵坐标
14	y_i	Y		m	导线边终点的横坐标
	y_{i-1}				推求坐标时，导线边起点的横坐标
15	x_i	List X[1]～List X[N]	X＝	m	第 i 个待定点的纵坐标
16	y_i	List Y[1]～List Y[N]	Y＝	m	第 i 个待定点的横坐标

3. 算法设计与表示

支导线坐标计算的算法如图 5-25 所示。

4. 程序代码设计

【程序文件名：DX-ZHI】

```
Deg:Norm 1   设置角度单位和数值显示格式
ClrStat:FreqOff   清除所有统计串列数据,关闭统计频率
0→DimZ   清除额外变量
"N＝"?→N   输入待定点的数量
5×N→DimZ   根据待定点的数量定义额外变量的个数
Cls   清除屏幕
"Xa(m)＝"?A:"Ya(m)＝"?B   输入已知点 A 的坐标
"Xb(m)＝"?C:"Yb(m)＝"?D   输入已知点 B 的坐标
For 1→I To N   输入观测数据
   Cls   清除屏幕
   "NO:":Locate 5,1,I   显示序号 i
   "ZZJ(Deg)＝"?→Z[I]   输入序号对应的转折角 βi（左角）
   "BC(m)＝"?→Z[N＋I]   输入序号对应的边长 Di（水平距离）
Next

Pol(C－A,D－B)   计算已知边 AB 的坐标方位角的初始值并保
   存到变量 J
```

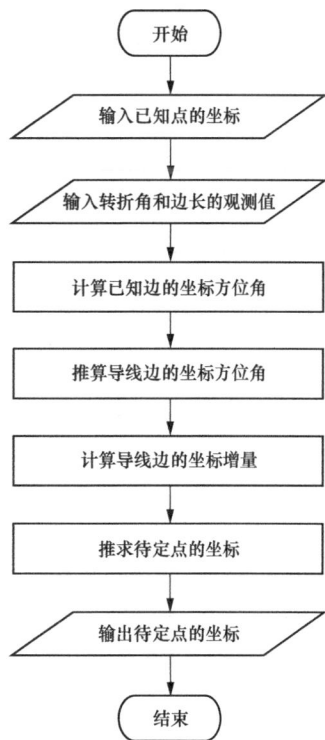

图 5-25 支导线坐标计算的算法

开始

输入已知点的坐标

输入转折角和边长的观测值

计算已知边的坐标方位角

推算导线边的坐标方位角

计算导线边的坐标增量

推求待定点的坐标

输出待定点的坐标

结束

J＜0⇒J＋360→J:J→T　计算已知边 AB 的坐标方位角并保存到变量 T

For 1→I To N　推算导线边的坐标方位角

 If T≥180:Then T－180→T:Else T＋180→T:IfEnd　计算前一条边的反方位角

 T＋Z[I]→T　计算当前边的坐标方位角的初始值并保存到变量 T

 T≥360⇒T-360→T　若当前边的坐标方位角的初始值≥360°,则减 360°

 T→Z[2×N＋I]　将当前边的坐标方位角保存到对应的额外变量

Next

For 1→I To N　计算导线边的坐标增量

 Z[N＋I]×cos(Z[2×N＋I])→Z[3×N＋I]　计算当前边的纵坐标增量并保存到额外变量

 Z[N＋I]×sin(Z[2×N＋I])→Z[4×N＋I]　计算当前边的横坐标增量并保存到额外变量

Next

C→X:D→Y　将 B 点的坐标赋值给变量 X 和 Y,准备开始推求待定点的坐标

For 1→I To N　推求待定点的坐标

 X＋Z[3×N＋I]→X:X→List X[I]　计算当前点的纵坐标,同时保存到变量 X 和统计串列 List X

 Y＋Z[4×N＋I]→Y:Y→List Y[I]　计算当前点的横坐标,同时保存到变量 Y 和统计串列 List Y

Next

Fix 3　设置数值显示格式

For 1→I To N　输出待定点的坐标

 Cls　清除屏幕,准备显示待定点的坐标

 "NO:":Locate 5,1,I　显示待定点的序号

 "X＝":Locate 5,2,List X[I]　显示待定点的纵坐标

 "Y＝":Locate 5,3,List Y[I]◢　显示待定点的横坐标后暂停,等待用户按 EXE 键后继续运行程序

Next

Cls

Locate 2,2,"THE Prog END!"　显示程序运行结束的提示信息

Locate 4,3,"PRESS [AC]"　按 EXE (或 AC/ON)键重新运行(或结束)程序

5. 程序的运行与调试

(1) 计算案例数据（表 5-7）。

表 5-7　　　　　　　　　　　　支 导 线 坐 标 计 算

点名 (点号)	观测角值 $\beta_左$ (° ′ ″)	坐标方位角 (° ′ ″)	边长（m）	坐标增量		坐标值	
				Δx(m)	Δy(m)	x(m)	y(m)
A		128 08 55				35375.279	56652.576
B	317 33 10	265 42 05	127.756	−9.576	−127.397	35288.291	56763.322
1	75 40 21	161 22 26	128.096	−121.387	＋40.913	35278.715	56635.925
2	150 19 45	131 42 11	126.615	−84.233	＋94.531	35157.329	56676.838
3						35073.095	56771.369

（2）程序操作步骤及相关变量值的变化情况。运行程序"DX-ZHI",用表 5-7 中的数据进行计算的操作步骤及相关变量值的变化情况见表 5-8。

表 5-8　　　　　　　　　　　　程序操作步骤及相关变量值的变化情况

步骤	屏幕提示	按键操作	操作说明	相关变量的值
1	N=?	3 EXE	输入待定点个数	N= 3
2	Xa(m)=?	35375.279 EXE	输入 x_A	A=35375.279
3	Ya(m)=?	56652.576 EXE	输入 y_A	B=56652.576
4	Xb(m)=?	35288.291 EXE	输入 x_B	C=35288.291
5	Yb(m)=?	56763.322 EXE	输入 y_B	D=56763.322
6	NO：1 ZZJ(Deg)=?	317°33′10″ EXE	输入第 1 个转折角	Z[1]=317°33′10″
	BC(m)=?	127.756 EXE	输入第 1 条边长	Z[4]=127.756
7	NO：2 ZZJ(Deg)=?	75°40′21″ EXE	输入第 2 个转折角	Z[2]=75°40′21″
	BC(m)=?	128.096 EXE	输入第 2 条边长	Z[5]=128.096
8	NO：3 ZZJ(Deg)=?	150°19′45″ EXE	输入第 3 个转折角	Z[3]=150°19′45″
	BC(m)=?	126.615 EXE	输入第 3 条边长	Z[6]=126.615
9		等待计算完成	① 计算已知边的坐标方位角 ② 推算各导线边的坐标方位角 ③ 计算各导线边的坐标增量 ④ 推求待定点的坐标	Z[7]=265°42′05″ ……（方位角） Z[10]=−9.576 ……（纵坐标增量） Z[13]=−127.397 ……（横坐标增量） List X[1]=35278.715 List Y[1]=56635.925 ……（待定点坐标）
10	Disp NO：1.000 X=35278.715 Y=56635.925	EXE	显示第 1 个待定点的坐标	
11	Disp NO：2.000 X=35157.329 Y=56676.838	EXE	显示第 2 个待定点的坐标	
12	Disp NO：3.000 X=35073.095 Y=56771.369	EXE	显示第 3 个待定点的坐标	
13	THE Prog END! PRESS［AC]	EXE（或 AC/ON ）	重新运行（或结束）程序	

第6章 子 程 序

6.1 概 述

在前面各章中，要解决的计算问题相对简单，只需用一个程序就可以达到解决问题的目的。但在实际应用中，有些问题的计算任务比较复杂，按照结构化程序设计的方法，我们可将一个大的任务分解为若干个子任务，然后用一个程序模块解决一个对应的子任务，即每个程序模块实现一个特定的功能，通过若干个程序模块的有序运行来解决问题。

我们把能实现一个特定功能的程序模块称为子程序（subprogram），把控制、协调子程序有序运行的程序（即调用子程序的程序）称为主程序。

在程序设计中，应将一些常用的功能模块编写成子程序，放在存储器中供公共选用。要善于利用子程序，以减少重复编写程序段的工作量。例如，某用户要编写3个独立的程序DX-FUHE、DX-BIHE、DX-ZHI分别解决附合导线、闭合导线和支导线的坐标计算问题，根据导线坐标计算的原理可知，这3个问题都需要通过坐标反算以求得已知边的坐标方位角，为导线边的坐标方位角推算提供起算数据，因此我们可以将"坐标方位角计算"功能模块编写成一个子程序"SUB-FWJ"，当程序需要计算已知边的坐标方位角时，直接调用子程序"SUB-FWJ"即可，从而可避免编制程序的重复劳动。

当程序比较复杂时，也可以利用子程序来完成各种特定的操作。例如，将数据输入、数据处理、数据输出等操作分别用一个（或多个）子程序来实现，整个程序由一个主程序和若干个子程序组成，这种做法可使程序结构清晰，具有较好的可读性。

下面举一个简单的子程序调用的例子。

【例6.1】 通过调用子程序来输出如图5-15所示的金字塔图案（读者只需对此例有个大致的了解，后续章节我们将做详细的介绍）。

主程序的程序代码如下（程序文件名"LT6.1"）：

```
Norm 1
Prog "STAR"   调用子程序"STAR"
Cls
Locate 2,2,"THE Prog END!"   显示程序运行结束的提示信息
Locate 4,3,"PRESS [AC]"   按 EXE（或 AC/ON）键重新运行(或结束)程序
```

子程序的程序代码如下（程序文件名"STAR"）：

```
Cls
Locate 8,1,"×"
Locate 7,2,"× × ×"
Locate 6,3,"× × × × ×"
Locate 5,4,"× × × × × × ×"◢
```

　　　Return　子程序的结束行

说明：

（1）一个 CASIO fx-5800P 程序可以由一个主程序和若干个子程序组成。

（2）一个 CASIO fx-5800P 程序无论包含了多少个子程序，程序应从主程序开始运行，否则可能产生无法预知的结果。

6.2　子程序的创建与管理

6.2.1　子程序的结构

CASIO fx-5800P 子程序由子程序体和 Return 语句组成，其一般结构如下：

　　＜子程序体＞

　　［Return］

Return 语句的功能是从子程序返回调用此子程序的程序，可以省略不写。

子程序体由一系列 CASIO fx-5800P 程序语句组成，这些语句可以是输入语句、输出语句或数据处理语句，由这些语句来实现子程序的功能。子程序体可以包含顺序、选择和循环等三种基本结构。

6.2.2　创建子程序

1. 子程序文件的命名

在 CASIO fx-5800P 计算器中，子程序本身也是一个独立的程序，因此必须给它指定一个唯一的名字，这个名字就是子程序的文件名。与普通程序的文件名一样，子程序的文件名最多可以输入 12 个字符，有效字符包括英文字母 A～Z、数字 0～9、空格（SPACE）、小数点及算术运算符号＋、－、×、÷。

为了便于记忆和管理，子程序的文件名可以用 SUB 开头。

2. 创建一个新的子程序文件

创建一个新的子程序文件与创建普通程序文件的操作步骤相同，读者可以参考本书第 2 章的相关内容，在此不再赘述。

6.2.3　子程序文件的管理

子程序文件的管理包括搜索、收藏、重新命名、内容编辑、程序的删除等，其操作步骤与普通程序文件相同，读者可以参考本书第 2 章的相关内容，在此不再赘述。

6.3　子程序的调用

在程序设计中，把当前程序（主程序）调用子程序的过程称为"调用子程序"。在 CASIO fx-5800P 中，子程序的调用以一条语句的形式出现，其语句形式为：

　　　　　　　　Prog＜"子程序文件名"＞

语句的功能是从当前程序（主程序）调用并运行另一个程序（子程序），其执行过程如图 6-1 所示。

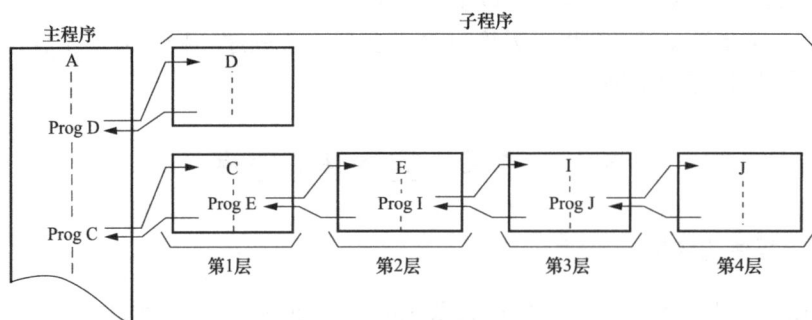

图 6-1　子程序的调用

说明：

（1）在 CASIO fx-5800P 中，所有程序共享存储空间，即缺省变量、已定义的额外变量、矩阵和统计串列能够为全部程序（包括主程序和子程序）所共享，这就使得所有程序都可以改变同名变量的值，因此在设计含有子程序调用的应用程序时，要特别关注变量的引用问题。

（2）一个子程序可以被主程序调用任意次，一个子程序也可以被任意数目的主程序调用。

（3）执行 Prog＜"子程序文件名"＞语句会跳至该子程序并从头开始运行子程序。当到达该子程序的结尾时，返回调用该子程序的程序，并从 Prog＜"子程序文件名"＞语句后面的第一个语句继续执行。

（4）在子程序的内部可以使用 Prog＜"子程序文件名"＞语句将程序的运行进程跳至另一个子程序，即在调用一个子程序的过程中，又调用另一个子程序，这称为子程序的"嵌套调用"。在 CASIO fx-5800P 中，最多可以嵌套 10 层子程序，如果嵌套超过 10 层，则会出现嵌套错误（Ne ERROR）。

（5）子程序内的 Goto……Lbl 转移仅可在同一子程序内执行。

（6）如果由于某种原因找不到 Prog＜"子程序文件名"＞语句指定的程序文件，则会发生转移错误（Go ERROR）。

（7）主程序与子程序必须是同一运行模式。例如，运行模式为 BASE-N 的程序（子程序）不能被运行模式为 COMP 的程序（主程序）调用。

【例 6.2】　编写程序，通过调用子程序"SUB－FWJ"来计算并输出两点间的水平距离和坐标方位角。

主程序的程序代码如下（程序文件名"LT6.2"）：

```
Deg:Fix 3　设置角度单位和数值显示格式
"Xa(m)="?U:"Ya(m)="?V　输入起点的坐标
"Xb(m)="?P:"Yb(m)="?Q　输入终点的坐标
P－U→X:Q－V→Y　计算坐标增量
Prog "SUB-FWJ"　调用子程序"SUB-FWJ"
I→D:J→T
Cls　清除屏幕
```

"Tab = ":T▶DMS◢　按度分秒格式显示起点-终点的坐标方位角后暂停程序运行,等待用户按 [EXE] 键继续运行程序

Locate 1,3,"Dab = ":Locate 5,4,D◢　显示起点-终点的水平距离后暂停程序运行,等待用户按 [EXE] 键继续运行程序

Cls

Locate 2,2,"THE Prog END!"　显示程序运行结束的提示信息

Locate 4,3,"PRESS [AC]"　按 [EXE]（或 [AC/ON]）键重新运行(或结束)程序

子程序的程序代码如下（程序文件名"SUB−FWJ"）：

Deg　设置角度单位

Pol(X,Y)　将两点间的水平距离保存到变量 I、坐标方位角的初始值 θ 保存到变量 J

J<0⇒J + 360→J　计算两点间的坐标方位角并保存到变量 J

Return　返回主程序

6.4　基于子程序的测量程序设计

6.4.1　测量坐标和施工坐标转换计算程序

1. 数学模型

在第 3 章已经详细介绍了在坐标转换参数 x_0、y_0 和 α 已知的情况下，将测量坐标转换为施工坐标的计算程序，但在工程施工测量中，有时我们还需将点的施工坐标转换为测量坐标，甚至需要自己根据相关数据计算转换参数，因此测量坐标和施工坐标转换计算程序应包含三个功能：①测量坐标转换为施工坐标；②施工坐标转换为测量坐标；③坐标转换参数计算。

（1）测量坐标转换为施工坐标的数学模型。参见本书第 3 章的相关内容（详见 3.6.4）。

（2）施工坐标转换为测量坐标的数学模型。如图 3-11 所示，已知坐标转换参数 x_0、y_0、α 和任一点 P 的施工坐标（A_P, B_P），则由施工坐标计算其测量坐标 x_P、y_P 的计算公式为：

$$\left.\begin{array}{l} x_P = x_0 + A_P \times \cos\alpha - B_P \times \sin\alpha \\ y_P = y_0 + B_P \times \cos\alpha + A_P \times \sin\alpha \end{array}\right\} \tag{6-1}$$

（3）坐标转换参数计算的数学模型。如图 6-2 所示，已知 1、2 两点的施工坐标（A_1,

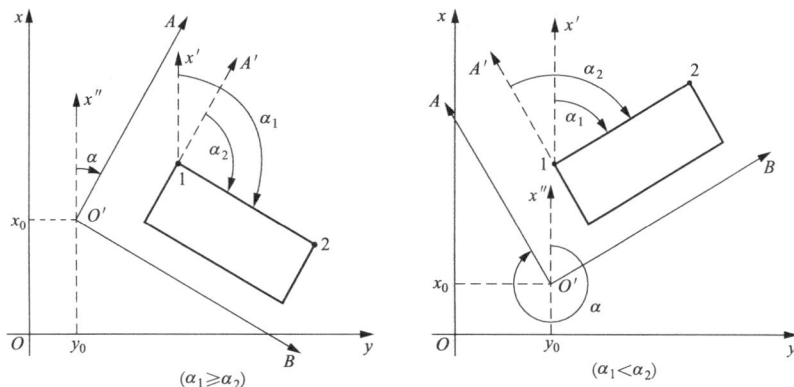

图 6-2　坐标转换参数计算

B_1）、（A_2，B_2）及其测量坐标（x_1，y_1）、（x_2，y_2），则坐标转换参数 x_0、y_0、α 的计算公式为：

$$\alpha = \alpha_1 - \alpha_2 [+360°] \tag{6-2}$$

$$\left. \begin{aligned} x_0 &= x_1 - A_1 \times \cos\alpha + B_1 \times \sin\alpha = x_2 - A_2 \times \cos\alpha + B_2 \times \sin\alpha \\ y_0 &= y_1 - B_1 \times \cos\alpha - A_1 \times \sin\alpha = y_2 - B_2 \times \cos\alpha - A_2 \times \sin\alpha \end{aligned} \right\} \tag{6-3}$$

上式中，α_1 为 1、2 两点在测量坐标系中的坐标方位角，α_2 为 1、2 两点在施工坐标系中的坐标方位角。

2. 数据存储设计

用 U、V、T 分别存储坐标转换参数 x_0、y_0、α，用缺省变量 N 存储转换点的个数，用统计串列的相邻行分别存储转换点的测量坐标（x，y）和对应的施工坐标（A，B），每个点占用统计串列的相邻两行，N 个点需占用 2N 行。

表 6-1   程 序 变 量 清 单

序号	数学模型变量	CASIO fx-5800P 计算器变量	输入（输出）提示符	单位	说明
1		G	CZ⇒SZ(1) SZ⇒CZ(2) ZHCSJS(3) EXIT(0)=?		程序功能选择： 1—测量坐标转换为施工坐标 2—施工坐标转换为测量坐标 3—坐标转换参数计算 0—退出程序
2	x_0	U	输入：X0(m)=? 输出：X0=	m	施工坐标系原点在城市（或国家）坐标系中的纵坐标
3	y_0	V	输入：Y0(m)=? 输出：Y0=	m	施工坐标系原点在城市（或国家）坐标系中的横坐标
4	α	T	输入：α(Deg)=? 输出：α(Deg)=	° ′ ″	施工坐标系纵轴（A 轴）在城市（或国家）坐标系中的坐标方位角
5	N	N	N=?		转换点个数
6		I			循环变量
	i		NO：		转换点的序号
7	x_P	X	输入：Xp(m)=? 输出：Xp=	m	转换点在城市（或国家）坐标系中的纵坐标
	x_1		X1(m)=?	m	点 1 在城市（或国家）坐标系中的纵坐标
8	y_P	Y	输入：Yp(m)=? 输出：Yp=	m	转换点在城市（或国家）坐标系中的横坐标
	y_1		Y1(m)=?	m	点 1 在城市（或国家）坐标系中的横坐标
9	A_P	A	输入：Ap(m)=? 输出：Ap=	m	转换点在施工坐标系中的纵坐标
	A_1		A1(m)=?	m	点 1 在施工坐标系中的纵坐标

序号	数学模型变量	CASIO fx-5800P 计算器变量	输入（输出）提示符	单位	说明
10	B_P	B	输入：Bp(m)=？ 输出：Bp=	m	转换点在施工坐标系中的横坐标
	B_1		B1(m)=？	m	点 1 在施工坐标系中的横坐标
11	x_i	List X[2×I−1]		m	第 i 个转换点在城市（或国家）坐标系中的纵坐标
12	y_i	List Y[2×I−1]		m	第 i 个转换点在城市（或国家）坐标系中的横坐标
13	A_i	List X[2×I]		m	第 i 个转换点在施工坐标系中的纵坐标
14	B_i	List Y[2×I]		m	第 i 个转换点在施工坐标系中的横坐标
15	x_2	C	X2(m)=？	m	点 2 在城市（或国家）坐标系中的纵坐标
16	y_2	D	Y2(m)=？	m	点 2 在城市（或国家）坐标系中的横坐标
17	A_2	E	A2(m)=？	m	点 2 在施工坐标系中的纵坐标
18	B_2	F	B2(m)=？	m	点 2 在施工坐标系中的横坐标
19	α_1	M		° ′ ″	1、2 两点在测量坐标系中的坐标方位角
20	α_2	N		° ′ ″	1、2 两点在施工坐标系中的坐标方位角

3. 算法设计与表示

测量坐标和施工坐标转换计算的算法如图 6-3 所示。

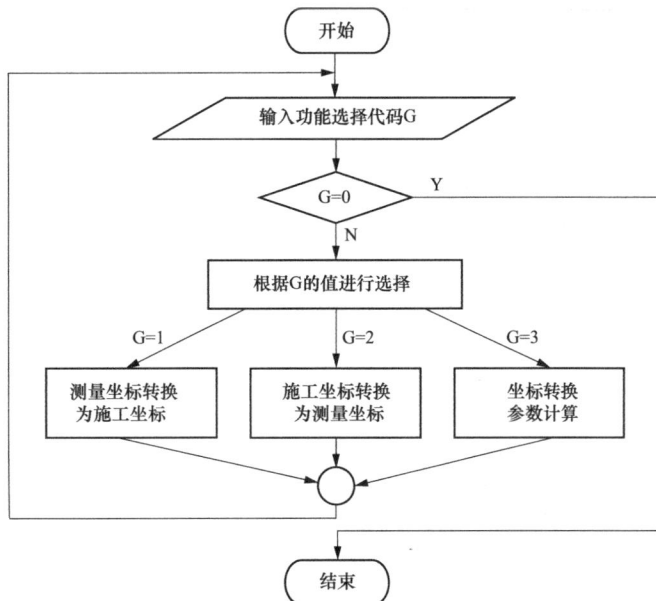

图 6-3　测量坐标和施工坐标转换计算的算法

4. 程序代码设计

(1) 主程序的程序代码（程序文件名"ZBZH"）

Deg:Norm 1　设置角度单位和数值显示格式

Lbl 0　设置标记 0,与 Goto 0 构成循环

Do　通过 DO…LpWhile 循环,控制 G 的值只能输入 1、2、3 和 0

　　Cls　清除屏幕

　　"CZ⇒SZ(1)":"SZ⇒CZ(2)":"ZHCSJS(3)":"EXIT(0) = "?→G　分 4 行显示程序功能选择的提示
　　　　信息。G=1 测量坐标转换为施工坐标,G=2 施工坐标转换为测量坐标,G=3 转换参数计
　　　　算,G=0 退出程序

LpWhile G≠1 And G≠2 And G≠3 And G≠0

G = 0⇒Goto E　退出程序

G = 1⇒Prog "ZBZH[CZ-SZ]"　测量坐标转换为施工坐标

G = 2⇒Prog "ZBZH[SZ-CZ]"　施工坐标转换为测量坐标

G = 3⇒Prog "ZBZH[ZHCSJS]"　坐标转换参数计算

Goto 0　重新开始新的坐标转换计算

Lbl E　退出程序的标记

Cls　清除屏幕

Locate 2,2,"ZBZH Prog END!"　显示程序运行结束的提示信息

Locate 4,3,"PRESS [AC]"　按 [EXE]（或 [AC/ON]）键重新运行（或结束）程序

(2) 子程序 1 的程序代码（程序文件名"ZBZH[CZ-SZ]"）

程序功能：将测量坐标转换为施工坐标。

　　Deg:Fix 3　设置角度单位和数值显示格式

　　ClrStat:FreqOff　清除所有统计串列数据,关闭统计频率

　　Cls

　　"X0(m) = "?U:"Y0(m) = "?V　输入转换参数 x_0、y_0

　　"α(Deg) = "?T　输入转换参数 α

　　"N = "?→N　输入转换点个数

　　For 1→I To N

　　　　Cls　清除屏幕

　　　　"NO:":Locate 5,1,I　显示转换点的序号

　　　　"Xp(m) = "?→X:"Yp(m) = "?→Y　输入转换点的测量坐标 x_P、y_P

　　　　(X - U)×cos(T) + (Y - V)×sin(T)→A　计算施工坐标 A_P 并保存到变量 A

　　　　(Y - V)×cos(T) - (X - U)×sin(T)→B　计算施工坐标 B_P 并保存到变量 B

　　　　X→List X[2×I-1]:Y→List Y[2×I-1]　将测量坐标 x_P、y_P 保存到统计串列

　　　　A→List X[2×I]:B→List Y[2×I]　将施工坐标 A_P、B_P 保存到统计串列

　　　　Cls

　　　　Locate 1,1,"Xp = ":Locate 5,1,X　显示测量坐标 x_P

　　　　Locate 1,2,"Yp = ":Locate 5,2,Y　显示测量坐标 y_P

　　　　Locate 1,3,"Ap = ":Locate 5,3,A　显示施工坐标 A_P

　　　　Locate 1,4,"Bp = ":Locate 5,4,B ◢　显示施工坐标 B_P 后暂停,等待用户按 [EXE] 键继续运行程序

　　Next

　　Return

（3）子程序 2 的程序代码（程序文件名"ZBZH[SZ-CZ]"）

程序功能：将施工坐标转换为测量坐标。

```
Deg:Fix 3   设置角度单位和数值显示格式
ClrStat:FreqOff   清除所有统计串列数据,关闭统计频率
Cls
"X0(m) = "?U:"Y0(m) = "?V   输入转换参数 x₀、y₀
"α(Deg) = "?T   输入转换参数 α
"N = "?→N   输入转换点个数
For 1→I To N
  Cls
  "NO:":Locate 5,1,I   显示转换点的序号
  "Ap(m) = "?→A:"Bp(m) = "?→B   输入转换点的施工坐标 Aₚ、Bₚ
  U + A×cos(T) - B×sin(T)→X   计算测量坐标 xₚ 并保存到变量 X
  V + B×cos(T) + A×sin(T)→Y   计算测量坐标 yₚ 并保存到变量 Y
  X→List X[2×I-1]:Y→List Y[2×I-1]   将测量坐标 xₚ、yₚ 保存到统计串列
  A→List X[2×I]:B→List Y[2×I]   将施工坐标 Aₚ、Bₚ 保存到统计串列
  Cls
  Locate 1,1,"Ap = ":Locate 5,1,A   显示施工坐标 Aₚ
  Locate 1,2,"Bp = ":Locate 5,2,B   显示施工坐标 Bₚ
  Locate 1,3,"Xp = ":Locate 5,3,X   显示测量坐标 xₚ
  Locate 1,4,"Yp = ":Locate 5,4,Y ◣  显示测量坐标 yₚ 后暂停,等待用户按 EXE 键继续运行程序
Next
Return
```

（4）子程序 3 的程序代码（程序文件名"ZBZH[ZHCSJS]"）

程序功能：计算坐标转换参数 x_0、y_0 和 α。

```
Deg:Fix 3   设置角度单位和数值显示格式
Cls
"X1(m) = "?X:"Y1(m) = "?Y   输入 1 号点的测量坐标 x₁、y₁
"A1(m) = "?A:"B1(m) = "?B   输入 1 号点的施工坐标 A₁、B₁
Cls
"X2(m) = "?C:"Y2(m) = "?D   输入 2 号点的测量坐标 x₂、y₂
"A2(m) = "?E:"B2(m) = "?F   输入 2 号点的施工坐标 A₂、B₂
Pol(C - X,D - Y)
J<0⇒J + 360→J:J→M   计算 α₁ 并保存到变量 M
Pol(E - A,F - B)
J<0⇒J + 360→J:J→N   计算 α₂ 并保存到变量 N
M - N→T   计算转换参数 α 的初始值并保存到变量 T
T<0⇒T + 360→T   计算转换参数 α 并保存到变量 T
X - A×cos(T) + B×sin(T)→U   计算转换参数 x₀ 并保存到变量 U
Y - B×cos(T) - A×sin(T)→V   计算转换参数 y₀ 并保存到变量 V
Cls
```

Locate 1,1,"X0 = ":Locate 5,2,U   显示转换参数 x_0

Locate 1,3,"Y0 = ":Locate 5,4,V ◢   显示转换参数 y_0 后暂停,等待用户按 [EXE] 键继续运行程序

Cls

"α(Deg) = ":T▶DMS ◢   按度分秒格式显示转换参数 α 后暂停,等待用户按 [EXE] 键继续运行程序

Return   返回主程序

5. 程序的运行与调试

(1)计算案例数据(表 6-2)。

表 6-2   测量坐标和施工坐标的转换计算

点号	在城市（或国家）坐标系中的坐标		在施工坐标系中的坐标		备注
	$x_P(m)$	$y_P(m)$	$A_P(m)$	$B_P(m)$	

$x_0 = 107100.000(m)$ 　　　 $y_0 = 57200.000(m)$ 　　　 $\alpha = 330°00'00''$

点号	$x_P(m)$	$y_P(m)$	$A_P(m)$	$B_P(m)$	备注
1	107286.603	57323.205	100.000	200.000	
2	107436.603	57583.013	100.000	500.000	

读者也可用表 3-12 中的数据验证程序的运行结果。

(2)程序操作步骤及相关变量值的变化情况。运行程序"ZBZH",按表 6-2 中的数据验证程序功能的操作步骤及相关变量值的变化情况见表 6-3~表 6-5。

表 6-3   测量坐标转换为施工坐标的程序操作步骤及相关变量值的变化情况

步骤	屏幕提示	按键操作	操作说明	相关变量的值
1	CZ⇒SZ(1) SZ⇒CZ(2) ZHCSJS(3) EXIT(0)=?	1 [EXE]	输入 1,选择"测量坐标转换为施工坐标"功能	G=1
2	X0(m)=?	107100 [EXE] (若当前值不用改变,可直接按 [EXE] 键)	输入 x_0	U=107100
3	Y0(m)=?	57200 [EXE] (若当前值不用改变,可直接按 [EXE] 键)	输入 y_0	V=57200
4	α(Deg)=?	330°0'0' [EXE] (若当前值不用改变,可直接按 [EXE] 键)	输入 α	T=330°00'00''
5	N=?	2 [EXE]	输入转换点个数	N=2
6			执行第 1 次循环	I=1
7	NO:1.000 Xp(m)=?	107286.603 [EXE]	输入第 1 个转换点的测量坐标 x_P	X=107286.603
8	Yp(m)=?	57323.205 [EXE]	输入第 1 个转换点的测量坐标 y_P	Y=57323.205
9			计算第 1 个转换点的施工坐标 A_P、B_P	A=100 B=200 List X[1]=107286.603 List Y[1]=57323.205 List X[2]=100 List Y[2]=200

续表

步骤	屏幕提示	按键操作	操作说明	相关变量的值
10	**Disp** Xp＝107286.603 Yp＝57323.205 Ap＝100.000 Bp＝200.000		显示第 1 个转换点的 测量坐标和施工坐标	
11		**EXE**	执行第 2 次循环	I＝2
12	NO：2.000 Xp(m)＝?	107436.603 **EXE**	输入第 2 个转换点的 测量坐标 x_P	X＝107436.603
13	Yp(m)＝?	57583.013 **EXE**	输入第 2 个转换点的 测量坐标 y_P	Y＝57583.013
14			计算第 2 个转换点的 施工坐标 A_P、B_P	A＝100 B＝500 List X[3]＝107436.603 List Y[3]＝57583.013 List X[4]＝100 List Y[4]＝500
15	**Disp** Xp＝107436.603 Yp＝57583.013 Ap＝100 Bp＝500	按 **EXE** 键，返回 主程序	显示第 2 个转换点的 测量坐标和施工坐标	
16	CZ⇒SZ(1) SZ⇒CZ(2) ZHCSJS(3) EXIT(0)＝?	0 **EXE**	输入 0，退出程序	G＝0
17	ZBZH Prog END! PRESS［AC]	**EXE**（或 **AC/ON**）	重新运行（或结束）程序	

表 6-4　　施工坐标转换为测量坐标的程序操作步骤及相关变量值的变化情况

步骤	屏幕提示	按键操作	操作说明	相关变量的值
1	CZ⇒SZ(1) SZ⇒CZ(2) ZHCSJS(3) EXIT(0)＝?	2 **EXE**	输入 2，选择"施工坐标 转换为测量坐标"功能	G＝2
2	X0(m)＝?	107100 **EXE** （若当前值不用改变， 可直接按 **EXE** 键）	输入 x_0	U＝107100
3	Y0(m)＝?	57200 **EXE** （若当前值不用改变， 可直接按 **EXE** 键）	输入 y_0	V＝57200
4	α(Deg)＝?	330°0′0″ **EXE** （若当前值不用改变， 可直接按 **EXE** 键）	输入 α	T＝330°00′00″

续表

步骤	屏幕提示	按键操作	操作说明	相关变量的值
5	N＝?	2 EXE	输入转换点个数	N＝2
6			执行第 1 次循环	I＝1
7	NO：1.000 Ap(m)＝?	100 EXE	输入第 1 个转换点的 施工坐标 A_P	A＝100
8	Bp(m)＝?	200 EXE	输入第 1 个转换点的 施工坐标 B_P	B＝200
9			计算第 1 个转换点的 测量坐标 x_P、y_P	X＝107286.603 Y＝57323.205 List X[1]＝107286.603 List Y[1]＝57323.205 List X[2]＝100 List Y[2]＝200
10	**Disp** Ap＝100.000 Bp＝200.000 Xp＝107286.603 Yp＝57323.205		显示第 1 个转换点的 施工坐标和测量坐标	
11		EXE	执行第 2 次循环	I＝2
12	NO：2.000 Ap(m)＝?	100 EXE	输入第 2 个转换点的 施工坐标 A_P	A＝100
13	Bp(m)＝?	500 EXE	输入第 2 个转换点的 施工坐标 B_P	B＝500
14			计算第 2 个转换点的 测量坐标 x_P、y_P	X＝107436.603 Y＝57583.013 List X[3]＝107436.603 List Y[3]＝57583.013 List X[4]＝100 List Y[4]＝500
15	**Disp** Ap＝100.000 Bp＝500.000 Xp＝107436.603 Yp＝57583.013	按 EXE 键，返回 主程序	显示第 2 个转换点的 施工坐标和测量坐标	
16	CZ⇒SZ(1) SZ⇒CZ(2) ZHCSJS(3) EXIT(0)＝?	0 EXE	输入 0，退出程序	G＝0
17	ZBZH Prog END! PRESS [AC]	EXE（或 AC/ON）	重新运行（或结束）程序	

表 6-5 计算坐标转换参数的程序操作步骤及相关变量值的变化情况

步骤	屏幕提示	按键操作	操作说明	相关变量的值
1	CZ⇒SZ(1) SZ⇒CZ(2) ZHCSJS(3) EXIT(0)=?	3 EXE	输入3，选择"坐标转换 参数计算"功能	G=3
2	X1(m)=?	107286.603 EXE （若当前值不用改变， 可直接按 EXE 键）	输入 x_1	X=107286.603
3	Y1(m)=?	57323.205 EXE （若当前值不用改变， 可直接按 EXE 键）	输入 y_1	Y=57323.205
4	A1(m)=?	100 EXE （若当前值不用改变， 可直接按 EXE 键）	输入 A_1	A=100
5	B1(m)=?	200 EXE （若当前值不用改变， 可直接按 EXE 键）	输入 B_1	B=200
6	X2(m)=?	107436.603 EXE （若当前值不用改变， 可直接按 EXE 键）	输入 x_2	C=107436.603
7	Y2(m)=?	57583.013 EXE （若当前值不用改变， 可直接按 EXE 键）	输入 y_2	D=57583.013
8	A2(m)=?	100 EXE （若当前值不用改变， 可直接按 EXE 键）	输入 A_2	E=100
9	B2(m)=?	500 EXE （若当前值不用改变， 可直接按 EXE 键）	输入 B_2	F=500
10			计算 α_1、α_2、α	M=60°0′0.13″ N=90°0′0″ T=330°0′0.13″
11			计算 x_0、y_0	U=107100.001 V=57200.000
12	**Disp** X0=107100.001 Y0=57200.000	EXE	显示 x_0、y_0	
13	**Disp** α(Deg)= 330°0′0.13″	按 EXE 键，返回 主程序	按度分秒格式显示 α	

续表

步骤	屏幕提示	按键操作	操作说明	相关变量的值
14	CZ⇒SZ(1) SZ⇒CZ(2) ZHCSJS(3) EXIT(0)＝?	0 EXE	输入 0，退出程序	G＝0
15	ZBZH Prog END! PRESS［AC］	EXE（或 AC/ON）	重新运行（或结束）程序	

6.4.2 单圆曲线中桩坐标计算程序

1. 数学模型

当道路由一个方向转到另一个方向时，必须用曲线来连接。曲线的形式较多，其中，圆曲线是最常用的曲线形式。随着全站仪和 GPS-RTK 的普及，道路放样通常采用坐标放样的方法。在放样工作的准备阶段，我们必须通过计算得到相关点位的坐标，其中，最重要的就是道路的中桩坐标。

（1）单圆曲线中桩坐标计算的步骤。

如图 6-4 所示，已知某圆曲线交点 JD 的坐标（x_{JD}，y_{JD}）和桩号 Z_{JD}、前后转点 ZD_1 和 ZD_2 的坐标（x_{ZD1}，y_{ZD1}）、（x_{ZD2}，y_{ZD2}）、圆曲线设计半径 R 及任意中桩 P 的桩号 Z_P，求中桩 P 的坐标的步骤如下：

1）根据 ZD_1、JD 和 ZD_2 的坐标计算转角值 α，并判断路线转向（左/右）。

2）根据转角值 α 和圆曲线设计半径 R 计算曲线要素：切线长 T、曲线长 L 和外矢距 E。

3）计算圆曲线主点（直圆点 ZY、圆直点 YZ 和曲中点 QZ）的桩号和坐标。

4）根据给定的桩号 Z_P 判断中桩 P 在路线上的位置区间（$ZD_1\sim ZY$、$ZY\sim YZ$、$YZ\sim ZD_2$），然后计算其中桩坐标。

（2）单圆曲线中桩坐标的计算公式

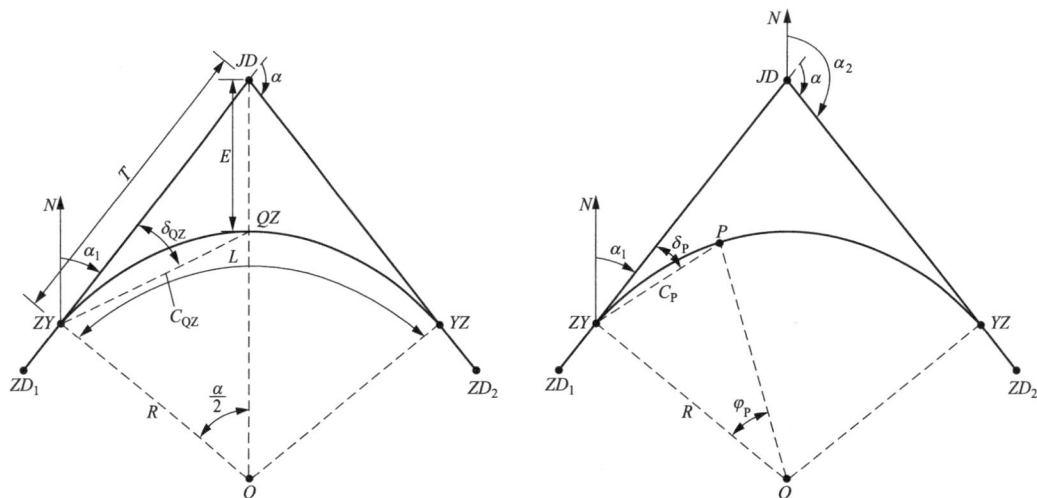

图 6-4 单圆曲线中桩坐标计算

1）计算路线转角 α。

$$\alpha' = \alpha_2 - \alpha_1 [+ 360°] \cdots\cdots 若 \alpha_2 - \alpha_1 < 0，则加 360° \tag{6-4}$$

式中，α_1 为 ZD_1 至 JD 的坐标方位角，α_2 为 JD 至 ZD_2 的坐标方位角。

若按式（6-4）计算的 $\alpha' < 180°$，则路线向右转；若按式（6-4）计算的 $\alpha' > 180°$，则路线向左转。路线转角可按下式计算：

$$\alpha = \begin{cases} \alpha' & 右转 \\ 360° - \alpha' & 左转 \end{cases} \tag{6-5}$$

2）计算曲线要素 T、L、E。

$$T = R \times \tan\frac{\alpha}{2} \tag{6-6}$$

$$L = R \times \alpha \times \frac{\pi}{180} \tag{6-7}$$

$$E = R\left[\frac{1}{\cos\dfrac{\alpha}{2}} - 1\right] \tag{6-8}$$

3）计算圆曲线主点的桩号和坐标。

$$Z_{ZY} = Z_{JD} - T \tag{6-9}$$

$$\left.\begin{array}{l} x_{ZY} = x_{JD} - T \cdot \cos\alpha_1 \\ y_{ZY} = y_{JD} - T \cdot \sin\alpha_1 \end{array}\right\} \tag{6-10}$$

$$Z_{YZ} = Z_{ZY} + L \tag{6-11}$$

$$\left.\begin{array}{l} x_{YZ} = x_{JD} + T \cdot \cos\alpha_2 \\ y_{YZ} = y_{JD} + T \cdot \sin\alpha_2 \end{array}\right\} \tag{6-12}$$

$$Z_{QZ} = Z_{ZY} + \frac{L}{2} \tag{6-13}$$

$$\delta_{QZ} = \frac{\varphi_{QZ}}{2} = \frac{\alpha}{4} \quad \cdots\cdots QZ \text{ 的弦切角} \tag{6-14}$$

$$\alpha_{ZY-QZ} = \alpha_1 \pm \delta_{QZ} \quad \cdots\cdots ZY \text{ 至 } QZ \text{ 的坐标方位角。左转—,右转} + \tag{6-15}$$

$$C_{QZ} = 2 \times R \times \sin\frac{\varphi_{QZ}}{2} = 2 \times R \times \sin\delta_{QZ} \quad \cdots\cdots ZY \text{ 至 } QZ \text{ 的弦长} \tag{6-16}$$

$$\left.\begin{array}{l} x_{QZ} = x_{ZY} + C_{QZ} \cdot \cos\alpha_{ZY-QZ} \\ y_{QZ} = y_{ZY} + C_{QZ} \cdot \sin\alpha_{ZY-QZ} \end{array}\right\} \tag{6-17}$$

4）计算中桩 P 的坐标。

计算时，要根据中桩 P 在路线上的位置区间分为 3 种情况处理：

第 1 种情况：给定的桩号 $Z_P \leqslant$ 直圆点的桩号 Z_{ZY}（即 P 位于圆曲线前的直线段）

$$\left.\begin{array}{l} x_P = x_{JD} - (Z_{JD} - Z_P) \cdot \cos\alpha_1 \\ y_P = y_{JD} - (Z_{JD} - Z_P) \cdot \sin\alpha_1 \end{array}\right\} \tag{6-18}$$

第 2 种情况：直圆点的桩号 $Z_{ZY} <$ 给定的桩号 $Z_P <$ 圆直点的桩号 Z_{YZ}（即 P 位于圆曲线上）

$$l_P = Z_P - Z_{ZY} \quad \cdots\cdots ZY \text{ 至中桩 } P \text{ 的弧长} \tag{6-19}$$

$$\delta_P = \frac{\varphi_P}{2} = \frac{l_P}{2R}（弧度）= \frac{l_P}{2R} \cdot \frac{180°}{\pi} = \left(\frac{90 l_P}{\pi \cdot R}\right)° \quad \cdots\cdots \text{中桩 } P \text{ 的弦切角} \tag{6-20}$$

$$\alpha_{ZY-P} = \alpha_1 \pm \delta_P \quad \cdots\cdots ZY \text{ 至中桩 } P \text{ 的坐标方位角。左转} -, \text{右转} + \quad (6\text{-}21)$$

$$C_P = 2 \times R \times \sin\frac{\varphi_P}{2} = 2 \times R \times \sin\delta_P \quad \cdots\cdots ZY \text{ 至中桩 } P \text{ 的弦长} \quad (6\text{-}22)$$

$$\left. \begin{array}{l} x_P = x_{ZY} + C_P \cdot \cos\alpha_{ZY-P} \\ y_P = y_{ZY} + C_P \cdot \sin\alpha_{ZY-P} \end{array} \right\} \quad (6\text{-}23)$$

第 3 种情况：给定的桩号 $Z_P \geqslant$ 圆直点的桩号 Z_{YZ}（即 P 位于圆曲线后的直线段）

$$\left. \begin{array}{l} x_P = x_{YZ} + (Z_P - Z_{YZ}) \cdot \cos\alpha_2 \\ y_P = y_{YZ} + (Z_P - Z_{YZ}) \cdot \sin\alpha_2 \end{array} \right\} \quad (6\text{-}24)$$

2. 数据存储设计

用 18 个额外变量（Z[1]～Z[18]）存储 ZD_1、JD、ZD_2、ZY、YZ 和 QZ 的坐标和桩号，用缺省变量 R、A、T、L 和 E 存储圆曲线的设计半径 R、转角值 α、切线长 T、曲线长 L 和外矢距 E，用缺省变量 K 存储中桩 P 的桩号 Z_P，用缺省变量 X、Y 存储中桩 P 的纵、横坐标 x_P、y_P，用缺省变量 M 存储 ZD_1 至 JD 的坐标方位角 α_1，用缺省变量 N 存储 JD 至 ZD_2 的坐标方位角 α_2。程序变量清单见表 6-6。

表 6-6 　　　　　　　　　　　　程 序 变 量 清 单

序号	数学模型变量	CASIO fx-5800P 计算器变量	输入（显示）提示符	单位	说明
1		I			循环变量
2	x_{ZD1} y_{ZD1}	Z[1] Z[2]	ZD1： X(m)=? Y(m)=?	m	转点 ZD_1 的坐标
3	x_{JD} y_{JD} Z_{JD}	Z[4] Z[5] Z[6]	JD： X(m)=? Y(m)=? K(m)=?	m	交点 JD 的坐标和桩号
4	x_{ZD2} y_{ZD2}	Z[7] Z[8]	ZD2： X(m)=? Y(m)=?	m	转点 ZD_2 的坐标
5	R	R	R(m)=?	m	圆曲线设计半径 R
6	α_1	M		° ′ ″	ZD_1 至 JD 的坐标方位角
7	α_2	N		° ′ ″	JD 至 ZD_2 的坐标方位角
8	α	A	--ZHUAN JIAO-- α(Deg)=	° ′ ″	路线转角值
9		P	[−]ZUO PIAN [+]YOU PIAN		路线转向的代码（－表示左转，＋表示右转）
10	T	T	--QUXIAN YAOSU-- T=	m	圆曲线的切线长
11	L	L	L=	m	圆曲线的曲线长
12	E	E	E=	m	圆曲线的外矢距
13	x_{ZY} y_{ZY} Z_{ZY}	Z[10] Z[11] Z[12]	--ZHIYUAN DIAN-- X= Y= K=	m	直圆点 ZY 的坐标和桩号

序号	数学模型变量	CASIO fx-5800P 计算器变量	输入（显示）提示符	单位	说明
14	x_{YZ} y_{YZ} z_{YZ}	Z[13] Z[14] Z[15]	--YUANZHI DIAN-- X= Y= K=	m	圆直点 YZ 的坐标和桩号
15	x_{QZ} y_{QZ} z_{QZ}	Z[16] Z[17] Z[18]	--QUZHONG DIAN-- X= Y= K=	m	曲中点 QZ 的坐标和桩号
16	Z_P	K	输入： Kp(m)[0⇒EXIT]＝? 输出： Kp=	m	中桩 P 的桩号
17	x_P	X	--ZHONG ZHUANG-- X_P=	m	中桩 P 的纵坐标
18	y_P	Y	Y_P=	m	中桩 P 的横坐标
19	l_P	S		m	ZY 至中桩 P 的弧长
20	δ_P	V		° ′ ″	中桩 P 的弦切角
	δ_{QZ}				曲中点 QZ 的弦切角
21	α_{ZY-P}	F		° ′ ″	ZY 至中桩 P 的坐标方位角
	α_{ZY-QZ}				ZY 至 QZ 的坐标方位角
22	C_P	C		m	ZY 至中桩 P 的弦长
	C_{QZ}				ZY 至 QZ 的弦长

3. 算法设计与表示

单圆曲线中桩坐标计算的算法如图 6-5 所示。

4. 程序代码设计

(1) 主程序的程序代码（程序文件名"ROAD-YQX"）

```
Deg:Fix 3    设置角度单位和数值显示格式
18→DimZ    定义额外变量
For 1→I To 3    输入转点(交点)的坐标和桩号
  Cls    清除屏幕,使显示信息定位到屏幕左上角
  I＝1⇒"ZD1:"    输入转点 1 坐标时的提示信息
  I＝2⇒"JD:"    输入交点坐标和桩号时的提示信息
  I＝3⇒"ZD2:"    输入转点 2 坐标时的提示信息
  "X(m)＝"?→Z[3×I－2]    输入转点(交点)的纵坐标
  "Y(m)＝"?→Z[3×I－1]    输入转点(交点)的横坐标
  I＝2⇒"K(m)＝"?→Z[3×I]    输入交点的桩号 ZJD
Next
Cls
"R(m)＝"?→R    输入圆曲线的设计半径 R
Prog"YQX－ZJ"    计算转角值,并判断路线的转向
```

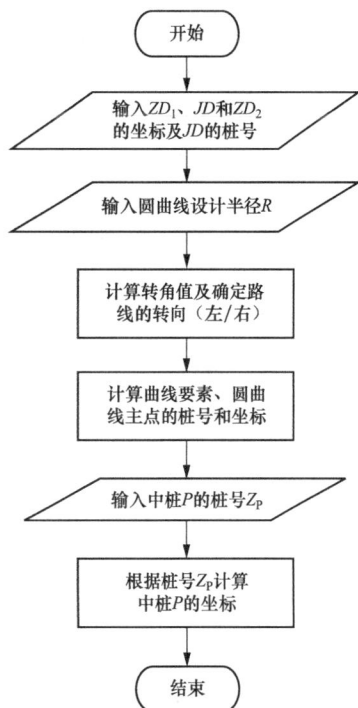

图 6-5　单圆曲线中桩坐标计算的算法

123

Prog"YQX-ZD"　　　计算曲线元素和圆曲线主点的桩号、坐标

Prog"YQX-ZZ"　　　根据桩号 Z_P 计算中桩坐标(x_P,y_P)

Cls

Locate2,2,"YQX Prog END!"　　　显示程序运行结束的提示信息

Locate 4,3,"PRESS[AC]"　　　按 EXE（或 AC/ON）键重新运行（或结束）程序

（2）子程序 1 的程序代码（程序文件名"YQX-ZJ"）

程序功能：计算路线的转角值，并确定路线的转向（左转/右转）。

Pol(Z[4]-Z[1],Z[5]-Z[2])　　　计算 ZD_1 至 JD 的坐标方位角 α_1

J<0⇒J+360→J:J→M

Pol(Z[7]-Z[4],Z[8]-Z[5])　　　计算 JD 至 ZD_2 的坐标方位角 α_2

J<0⇒J+360→J:J→N

N-M→A　　　计算路线转角的初始值 α'

A<0⇒A+360→A

If A<180:Then 1→P:Else -1→P:360-A→A:IfEnd　　　计算路线的转角值 α，确定路线的转向代
码 P(P=-1 路线左转；P=1 路线右转)

Cls

"--ZHUAN JIAO--"　　　显示转角时的提示信息

"α(Deg) = ":A▶DMS◢　　　显示路线的转角值

If P=-1　　　显示路线的转向信息

Then Locate 5,4,"[-]ZUO PIAN"◢　　　左转为负（-）

ElseLocate 5,4,"[+]YOU PIAN"◢　　　右转为正（+）

IfEnd

Return　　　返回主程序

（3）子程序 2 的程序代码（程序文件名"YQX-ZD"）

程序功能：计算曲线要素 T、L、E 和圆曲线主点 ZY、YZ、QZ 的桩号与坐标。

R×tan(A÷2)→T　　　计算切线长 T

R×A×π÷180→L　　　计算曲线长 L

R×(1÷cos(A÷2)-1)→E　　　计算外矢矩 E

Z[4]-T×cos(M)→Z[10]　　　计算 ZY 点的纵坐标 x_{ZY}

Z[5]-T×sin(M)→Z[11]　　　计算 ZY 点的横坐标 y_{ZY}

Z[6]-T→Z[12]　　　计算 ZY 点的桩号 Z_{ZY}

Z[4]+T×cos(N)→Z[13]　　　计算 YZ 点的纵坐标 x_{YZ}

Z[5]+T×sin(N)→Z[14]　　　计算 YZ 点的横坐标 y_{YZ}

Z[12]+L→Z[15]　　　计算 YZ 点桩号 Z_{YZ}

A÷4→V:M+P×V→F:2×R×sin(V)→C　　　计算 QZ 的弦切角、ZY 至 QZ 的坐标方位角、ZY 至 QZ
的弦长

Z[10]+C×cos(F)→Z[16]　　　计算 QZ 点的纵坐标 x_{QZ}

Z[11]+C×sin(F)→Z[17]　　　计算 QZ 点的横坐标 y_{QZ}

Z[12]+L÷2→Z[18]　　　计算 QZ 点的桩号 Z_{QZ}

Cls

"--QUXIAN YAOSU--"　　　显示输出曲线要素的提示信息

Locate1,2,"T = ":Locate 5,2,T　　　显示曲线要素 T

Locate1,3,"L = ":Locate 5,3,L　　　显示曲线要素 L

Locate1,4,"E = ":Locate 5,4,E ◢　　　显示曲线要素 E

For 4→I To 6　　　显示圆曲线主点的信息

　　Cls

　　Ⅰ = 4⇒"--ZHIYUAN DIAN--"　　　显示输出 ZY 点坐标的提示信息

　　Ⅰ = 5⇒"--YUANZHI DIAN--"　　　显示输出 YZ 点坐标的提示信息

　　Ⅰ = 6⇒"--QUZHONG DIAN--"　　　显示输出 QZ 点坐标的提示信息

　　Locate 1,2,"K = ":Locate 5,2,Z[3×I] ◢　　　显示圆曲线主点的桩号

　　Locate 1,3,"X = ":Locate 5,3,Z[3×I−2]　　　显示圆曲线主点的纵坐标 x

　　Locate 1,4,"Y = ":Locate 5,4,Z[3×I−1]　　　显示圆曲线主点的横坐标 y

Next

Return　　　返回主程序

（4）子程序 3 的程序代码（程序文件名"YQX-ZZ"）

程序功能：根据任意中桩 P 的桩号 Z_P 计算其坐标（x_P，y_P）。

　　Lbl 0　　　设置标记 0，与 Goto 0 构成循环

　　Cls

　　"Kp(m)[0⇒EXIT] = "? →K　　　输入任意中桩 P 的桩号 Z_P

　　If K = 0:Then GotoR:IfEnd　　　若输入的桩号为 0，则返回主程序，否则根据桩号计算对应中桩的坐标。应特别注意，若中桩 P 的桩号为 K0＋000，计算其坐标时，桩号可输入 0.0001 或更小的数，这样程序可正常计算，且不会影响计算结果的精度

　　If K≤Z[12]:Then Z[4]−(Z[6]−K)×cos(M)→X:Z[5]−(Z[6]−K)×sin(M)→ Y:IfEnd　　　计算位于 ZY 点之前的中桩坐标

　　If K＞Z[12]And K＜Z[15]:K−Z[12]→S:90×S÷(R×π)→V:M+P×V→F:2×R×sin(V)→C:Z[10]＋C×cos(F)→X:Z[11]+C×sin(F)→Y:IfEnd　　　计算位于圆曲线上的中桩坐标

　　If K≥Z[15]:Then Z[13]+(K−Z[15])×cos(N)→X:Z[14]+(K−Z[15])×sin(N)→Y:IfEnd　　　计算位于 YZ 点之后的中桩坐标

　　Cls

　　"Kp = ":Locate 5,1,K　　　显示中桩 P 的桩号 Z_P

　　Locate 1,2,"--ZHONG ZHUANG--"　　　显示输出中桩坐标的提示信息

　　Locate 1,3,"Xp = ":Locate 5,3,X　　　显示中桩 P 的纵坐标 x_P

　　Locate 1,4,"Yp = ":Locate 5,4,Y ◢　　　显示中桩 P 的横坐标 y_P

　　Goto 0　　　重新开始下一个中桩的计算

　　LblR　　　返回主程序的标记

　　Return　　　返回主程序

5. 程序的运行与调试

（1）计算案例数据（表 6-7）。

（2）程序操作步骤及相关变量值的变化情况。运行程序"ROAD-YQX"，按表 6-7 中 SP（路线起点）、$JD1$ 和 $JD2$ 的坐标、$JD1$ 处的圆曲线设计半径 R 及中桩 P 的桩号 Z_P（K0＋030，K0＋050，K0＋070，……）等数据验证程序功能的操作步骤及相关变量值的变化情况见表 6-8。

表 6-7 　　　　　　　　　　　　　　　　　　直线、曲线及转角表

交点序号	交点坐标		交点桩号	转角值 (°′″) 左一右+	半径 R	第一缓和曲线参数 A1	第一缓和段长 Ls1	第二缓和曲线参数 A2	第二缓和段长 Ls2	第一切线长度 T1	第二切线长度 T2
	x	y									
SP	107875.595	57126.796	K0+000								
JD1	107882.698	57179.288	K0+052.970	−48°21′48.9″	35					15.716	15.716
JD2	107915.806	57201.561	K0+090.984	+55°58′57.7″	30					15.945	15.945
JD3	107916.135	57417.962	K0+304.807								

交点序号	曲线要素值（续）		曲线主点位置					直线长度及方向		
	曲线长度 L	外矢距 E	第一缓和段起点 ZH	第一缓和段终点 HY(ZY)	曲线中点 QZ	第二缓和段起点 YH(YZ)	第二缓和段终点 HZ	直线长度 (m)	交点间距 (m)	计算方位角 (°′″)
SP								37.254	52.970	82°17′37.6″
JD1	29.544	3.367		K0+037.254	K0+052.026	K0+066.797		8.242	39.903	33°55′48.8″
JD2	29.312	3.974		K0+075.039	K0+089.695	K0+104.351		140.270	216.401	89°54′46.4″
JD3										

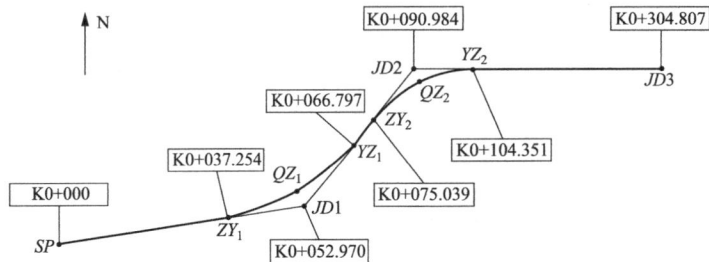

图 6-6　路线示意图

表 6-8 　　　　　　计算单圆曲线中桩坐标的程序操作步骤及相关变量值的变化情况

步骤	屏幕提示	按键操作	操作说明	相关变量的值
1	ZD1： X(m)=?	107875.595 EXE	输入 x_{ZD1}	Z[1]=107875.595
2	Y(m)=?	57126.796 EXE	输入 y_{ZD1}	Z[2]=57126.796
3	JD： X(m)=?	107882.698 EXE	输入 x_{JD}	Z[4]=107882.698
4	Y(m)=?	57179.288 EXE	输入 x_{JD}	Z[5]=57179.288
5	K(m)=?	52.970 EXE	输入 Z_{JD}	Z[6]=52.970
6	ZD2： X(m)=?	107915.806 EXE	输入 x_{ZD2}	Z[7]=107915.806
7	Y(m)=?	57201.561 EXE	输入 y_{ZD2}	Z[8]=57201.561

续表

步骤	屏幕提示	按键操作	操作说明	相关变量的值
8	R(m)＝?	35 EXE	输入 R	R＝35
9			计算 α_1、α_2 和 α，判断路线的转向	M＝82°17′37.61″ N＝33°55′48.75″ A＝48°21′48.85″ P＝−1
10	**Disp** --ZHUAN JIAO-- α(Deg)＝ 48°21′48.85″ ［−］ZUO PIAN	EXE EXE	显示转角值和路线的转向信息	
11			计算切线长 T、曲线长 L 和外矢距 E	T＝15.716 L＝29.544 E＝3.367
12			计算 ZY 点的坐标和桩号	Z[10]＝107880.591 Z[11]＝57163.714 Z[12]＝37.254
13			计算 YZ 点的坐标和桩号	Z[13]＝107895.738 Z[14]＝57188.061 Z[15]＝66.797
14			计算 QZ 点的坐标和桩号	Z[16]＝107885.557 Z[17]＝57177.510 Z[18]＝52.026
15	**Disp** --QUXIAN YAOSU-- T＝15.716 L＝29.544 E＝3.367	EXE	显示切线长 T、曲线长 L 和外矢距 E	
16	**Disp** --ZHIYUAN DIAN-- K＝37.254 X＝107880.591 Y＝57163.714	EXE	显示 ZY 点的坐标和桩号	
17	**Disp** --YUANZHI DIAN-- K＝66.797 X＝107895.738 Y＝57188.061	EXE	显示 YZ 点的坐标和桩号	
18	**Disp** --QUZHONG DIAN-- K＝52.026 X＝107885.557 Y＝57177.510	EXE	显示 QZ 点的坐标和桩号	
19	Kp(m)［0⇒EXIT］＝?	30 EXE	输入中桩 P 的桩号 K0＋030	K＝30
20			计算中桩 K0＋030 的坐标	X＝107879.618 Y＝57156.525

步骤	屏幕提示	按键操作	操作说明	相关变量的值
21	**Disp** Kp=30.000 --ZHONGZHUANG-- Xp=107879.618 Yp=57156.525	EXE	显示中桩 K0+030 的坐标	
22	Kp(m)[0⇒EXIT]=?	50 EXE	输入中桩 P 的桩号 K0+050	K=50
23			先计算出 l_P、δ_P、α_{ZY-P} 和 C_P 的值，然后计算中桩 K0+050 的坐标	S=12.746 V=10.433 F=71°51′38.99″ C=12.676 X=107884.537 Y=57175.760
24	**Disp** Kp=50.000 --ZHONGZHUANG-- Xp=107884.537 Yp=57175.760	EXE	显示中桩 K0+050 的坐标	
25	Kp(m)[0⇒EXIT]=?	70 EXE	输入中桩 P 的桩号 K0+070	K=70
26			计算中桩 K0+070 的坐标	X=107898.395 Y=57189.848
27	**Disp** Kp=70.000 --ZHONGZHUANG-- Xp=107898.395 Yp=57189.848	EXE	显示中桩 K0+070 的坐标	
28	Kp(m)[0⇒EXIT]=?	0 EXE	输入桩号 0 退出中桩坐标计算	K=0
29	YQX Prog END! PRESS [AC]	EXE（或 AC/ON）	重新运行（或结束）程序	

程序中 ZD_1 和 ZD_2 只起到确定路线来向和去向方位的作用。因此，用程序计算某交点范围内的中桩坐标时，可将其前、后交点分别看做 ZD_1 和 ZD_2，但在输入桩号时，应特别注意各区间中桩的桩号范围。

表 6-7 对应路线的逐桩坐标表见表 6-9，读者可用表 6-9 中的数据验证程序的运行结果。

表 6-9　　　　　　　　　　　　　逐 桩 坐 标 表

桩号	坐标		桩号	坐标	
	N(x)	E(y)		N(x)	E(y)
K0+000	107875.595	57126.796	K0+090	107912.442	57203.702
K0+010	107876.936	57136.706	K0+100	107915.509	57213.171
K0+020	107878.277	57146.616	K0+104.351	107915.830	57217.506
K0+030	107879.618	57156.525	K0+110	107915.839	57223.155
K0+037.254	107880.591	57163.714	K0+120	107915.854	57233.155
K0+040	107881.065	57166.418	K0+130	107915.869	57243.155

续表

桩号	坐标		桩号	坐标	
	N(x)	E(y)		N(x)	E(y)
K0+050	107884.537	57175.760	K0+140	107915.884	57253.155
K0+052.026	107885.557	57177.510	K0+150	107915.900	57263.155
K0+060	107890.501	57183.744	K0+160	107915.915	57273.155
K0+066.797	107895.738	57188.061	K0+170	107915.930	57283.155
K0+070	107898.395	57189.848	K0+180	107915.945	57293.155
K0+075.039	107902.576	57192.661	K0+190	107915.960	57303.155
K0+080	107906.445	57195.757	K0+200	107915.976	57313.155
K0+089.695	107912.299	57203.432			

第7章 综 合 实 例

7.1 附合导线近似平差计算程序的设计及应用

附合导线是起始于一个已知控制点而终止于另一个已知控制点的单一导线,其形式如图 7-1 所示。

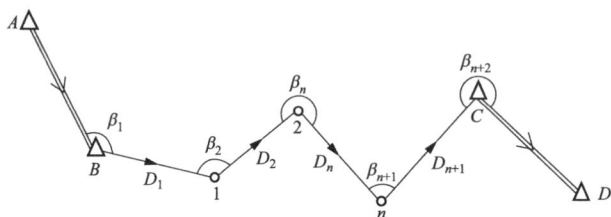

图 7-1 附合导线

7.1.1 数学模型

在图 7-1 中,A、B、C、D 是已知点,其坐标分别为 (x_A,y_A)、(x_B,y_B)、(x_C,y_C) 和 (x_D,y_D),1、2、$\cdots$、n 是待定点,观测数据有转折角(左角)β_1、β_2、$\cdots$、β_n、β_{n+1}、β_{n+2} 和各导线边的边长(水平距离)D_1、D_2、$\cdots$、D_n、D_{n+1}。附合导线近似平差计算要求出待定点 1、2、$\cdots$、n 的平面坐标,并评定观测成果的精度,其计算步骤如下:

1. 计算方位角闭合差

(1)计算已知边的坐标方位角。根据 A、B 两点的坐标计算已知边 AB 的坐标方位角 α_{AB},根据 C、D 两点的坐标计算已知边 CD 的坐标方位角 α_{CD}。

(2)推算导线边的近似坐标方位角。根据 α_{AB} 和转折角的观测值 β_i($i=1\sim n+2$)用下式依次推算导线边 $B1$、12、$\cdots\cdots$、nC 和 CD 的近似坐标方位角 α'_1、α'_2、$\cdots\cdots$、α'_n、α'_{n+1} 和 α'_{CD}。

$$\alpha_{前} = \alpha_{后反} + \beta_{左}[-360°] = (\alpha_{后} \pm 180°) + \beta_{左}[-360°] \tag{7-1}$$

上式中:若 $\alpha_{后} \geqslant 180°$ 则 $\alpha_{后反} = \alpha_{后} - 180°$(即 $\pm$ 取一),否则 $\alpha_{后反} = \alpha_{后} + 180°$(即 $\pm$ 取十);若 $(\alpha_{后} \pm 180°) + \beta_{左}$ 的计算值大于 $360°$,则 $\alpha_{前}$ 等于计算值减去 $360°$,否则计算值即为前边的坐标方位角。

按导线计算的前进方向(图 7-1 中的箭头方向),若要推算导线边 $B1$ 的近似坐标方位角 α'_1,则 AB 为后边,其坐标方位角 α_{AB} 为 $\alpha_{后}$,$B1$ 为前边,其坐标方位角 α_{B1} 为 $\alpha_{前}$。其他导线边的前后关系依此类推即可。

(3)计算方位角闭合差。方位角闭合差用 f_β 表示,其计算公式为:

$$f_\beta = \alpha'_{CD} - \alpha_{CD} \tag{7-2}$$

2. 计算角度改正数

产生方位角闭合差是因为导线转折角的观测值有误差。通常导线转折角是用相同的仪器和方法在相同的条件下观测的，每一个转折角的观测误差可以认为是相同的，因此可将方位角闭合差按相反符号平均分配给各转折角。分配的数值称为角度改正数，用 V_β 表示，其计算公式为：

$$V_\beta = \frac{-f_\beta}{n} (n \text{ 为转折角个数}) \tag{7-3}$$

3. 推算坐标方位角

（1）计算改正后的转折角。改正后的转折角用 β' 表示，其计算公式为：

$$\beta'_i = \beta_i + V_\beta \tag{7-4}$$

上式中：$i = 1 \sim n+2$。

（2）推算导线边的坐标方位角。根据 α_{AB} 和改正后的转折角 $\beta'_i (i=1 \sim n+1)$ 依次推算导线边 $B1$、12、$\cdots$、nC 的坐标方位角 α_1、α_2、$\cdots$、α_n、α_{n+1}，其过程与近似坐标方位角的推算相同（可不推算 CD 边的坐标方位角）。

4. 计算近似坐标增量

（1）计算导线边的近似坐标增量。按导线的前进方向，依次计算各导线边（不含已知边）的近似纵、横坐标增量 $\Delta x'$ 和 $\Delta y'$，其计算公式为：

$$\left.\begin{array}{l} \Delta x'_i = D_i \cos\alpha_i \\ \Delta y'_i = D_i \sin\alpha_i \end{array}\right\} \tag{7-5}$$

上式中：$i = 1 \sim n+1$。其中，$\Delta x'_i$ 表示第 i 条边的近似纵坐标增量，$\Delta y'_i$ 表示第 i 条边的近似横坐标增量，D_i 表示第 i 条边的观测边长，α_i 表示第 i 条边的坐标方位角。

（2）计算导线边近似坐标增量的总和。近似纵坐标增量的总和为 $\sum \Delta x'$，近似横坐标增量的总和为 $\sum \Delta y'$，其计算公式为：

$$\left.\begin{array}{l} \sum \Delta x' = \Delta x'_1 + \Delta x'_2 + \cdots + \Delta x'_n + \Delta x'_{n+1} \\ \sum \Delta y' = \Delta y'_1 + \Delta y'_2 + \cdots + \Delta y'_n + \Delta y'_{n+1} \end{array}\right\} \tag{7-6}$$

5. 计算坐标闭合差

纵坐标的闭合差为 f_x，横坐标的闭合差为 f_y，其计算公式为：

$$\left.\begin{array}{l} f_x = \sum \Delta x' - \sum \Delta x = \sum \Delta x' - (x_C - x_B) \\ f_y = \sum \Delta y' - \sum \Delta y = \sum \Delta y' - (y_C - y_B) \end{array}\right\} \tag{7-7}$$

6. 计算导线全长相对闭合差

（1）计算导线全长闭合差。导线全长闭合差用 f_S 表示，其计算公式为：

$$f_S = \sqrt{f_x^2 + f_y^2} \tag{7-8}$$

（2）计算导线全长相对闭合差。导线全长相对闭合差用 K 表示，其计算公式为：

$$\sum D = D_1 + D_2 + \cdots + D_n + D_{n+1} \tag{7-9}$$

$$K = \frac{f_S}{\sum D} = \frac{1}{X} \tag{7-10}$$

7. 计算改正后的坐标增量

（1）计算导线边坐标增量的改正数。产生坐标闭合差是因为导线边长的观测值有误差。边长越长，对坐标增量的影响越大，因此应将 f_x、f_y 反号按边长成正比分配到相应导线边的坐标增量中。分配的数值称为坐标增量改正数，纵、横坐标增量改正数分别用 $V_{\Delta x}$ 和 $V_{\Delta y}$ 表示，其计算公式为：

$$\left. \begin{array}{l} V_{\Delta x_i} = \dfrac{-f_x}{\sum D} D_i \\[3mm] V_{\Delta y_i} = \dfrac{-f_y}{\sum D} D_i \end{array} \right\} \tag{7-11}$$

上式中：$i=1\sim n+1$。其中，$V_{\Delta x}$ 表示第 i 条边的纵坐标增量改正数，$V_{\Delta y}$ 表示第 i 条边的横坐标增量改正数，D_i 表示第 i 条边的观测边长。

（2）计算导线边改正后的坐标增量。导线边改正后的坐标增量用 Δx 和 Δy 表示，其计算公式为：

$$\left. \begin{array}{l} \Delta x_i = \Delta x'_i + V_{\Delta x_i} \\[2mm] \Delta y_i = \Delta y'_i + V_{\Delta y_i} \end{array} \right\} \tag{7-12}$$

上式中：$i=1\sim n+1$。其中，Δx_i 表示第 i 条导线边改正后的纵坐标增量，Δy_i 表示第 i 条导线边改正后的横坐标增量。

8. 推求待定点的坐标

以已知点 B 为起始点，按导线计算的前进方向，依次推求各待定点的坐标 (x, y)，其计算公式为：

$$\left. \begin{array}{l} x_i = x_{i-1} + \Delta x_i \\[2mm] y_i = y_{i-1} + \Delta y_i \end{array} \right\} \tag{7-13}$$

上式中：$i=1\sim n$。其中，x_i 表示第 i 个待定点的纵坐标，y_i 表示第 i 个待定点的横坐标。计算时，可以将 x_B 看做 x_0，将 y_B 看做 y_0。

7.1.2 数据存储设计

若附合导线有 n 个待定点，根据附合导线近似平差计算的步骤，为了解决问题，在程序中需要存储的数据项目和相应数据的个数见表 7-1。

表 7-1 　　　　　　　　　附合导线近似平差计算存储单元需求统计

项目	数据个数	项目	数据个数
4 个已知点的坐标 (x, y)	8	纵、横坐标增量 Δx 和 Δy	$2(n+1)$
转折角 β	$n+2$	纵、横坐标闭合差 f_x 和 f_y	2

项目	数据个数	项目	数据个数
边长 D	$n+1$	导线全长闭合差 f_s	1
导线边的方位角 α（含已知边）	$n+3$	导线长度 $\sum D$	1
方位角闭合差 f_β	1	导线全长相对闭合差 K	1
角度改正数 V_β	1	待定点坐标（x，y）	$2n$

从上述分析可知，需要存储的数据至少有 $7n+23$ 个。当 $n=1$（即只有 1 个待定点）时，需要的存储单元就达到了 30 个。可见存储单元需求量大，且需要的存储单元数量与待定点的个数成正比增加，因此只使用缺省变量无法满足需求，需要综合运用多种存储结构。下面就可能采用的存储策略进行比较分析：

1. 已知点坐标的存储

（1）用缺省变量按实数方式存储。用两个缺省变量存储 1 个已知点的坐标。例如，用缺省变量 A、B 分别存储 A 点的纵坐标 x_A 和横坐标 y_A。附合导线共 4 个已知点，因此需要 8 个缺省变量。用缺省变量按实数方式存储，相关计算的程序代码简单、直观，程序的可读性较好，而且采用"?<变量>"句法输入数据时，伴随提示符会显示该变量的当前值，当某个输入出现错误需要重新运行程序时，已经正确输入的值不需要重新从键盘输入，直接按 EXE 键，程序就会使用该变量的当前值继续往下执行，可有效节约用户的时间。

（2）用缺省变量按复数方式存储。可以把纵坐标 x 作为实部、横坐标 y 作为虚部，构成一个复数形式，这样存储 1 个已知点的坐标只需 1 个缺省变量。用复数存储后，在涉及已知点坐标的相关计算中，需要使用 ReP 和 ImP 操作提取复数的实部和虚部，虽然节约了存储单元，但增加了程序的复杂性，对普通用户来说，可读性不好。

（3）用额外变量存储。已知点的坐标可以用 8 个额外变量按实数方式存储，也可以用 4 个额外变量按复数方式存储。用额外变量存储需要扩充存储单元，而且执行输入操作时不能显示额外变量的当前值，一旦某个输入出现错误需要重新运行程序，所有的输入数据均需使用键盘重新输入一遍，浪费时间。

（4）用统计串列存储。可以用双变量统计串列（REG 模式）的前 4 行存储已知点的坐标。若用统计串列存储，也会增加程序的复杂性，对不熟悉统计串列的用户来说，可读性也不好。

2. 转折角、边长、方位角和坐标增量的存储

转折角、边长、方位角和坐标增量的数量会随着待定点数量的增多而增加，若待定点的数量 $n>9$ 时，它们的数量都将大于 10，因此不能用缺省变量和矩阵来存储。

（1）用额外变量存储。根据表 7-1 的统计，若用额外变量按实数方式存储转折角、边长、方位角和坐标增量，共需扩充 $5n+8$ 个存储单元。若按复数方式存储，可将转折角和边长组成一个复数（转折角作为实部，边长作为虚部），将纵、横坐标增量组成一个复数（纵坐标增量作为实部，横坐标增量作为虚部），共需 $3n+6$ 个额外变量（其中转折角和边长 $n+2$ 个，方位角 $n+3$ 个，坐标增量 $n+1$ 个）。显然前者程序简单、直观，程序的可读性更好。

（2）用统计串列存储。可以用双变量统计串列的 List X 和 List Y 分别存储转折角和边长、纵坐标增量和横坐标增量，用 List X 存储方位角，但要事先设计好存储位置，即数据所在串列的行数，特别要注意转折角的数量比边长多 1 个。用统计串列存储转折角、边长、方位角和坐标增量会增加程序的复杂性，从而影响程序的可读性。

3. 待定点坐标的存储

根据表 7-1 的统计，待定点坐标数据的数量也会随着待定点个数的增多而增加，因此不能用缺省变量和矩阵来存储。

（1）用额外变量存储。用额外变量按实数方式存储待定点坐标，共需要扩充 $2n$ 个存储单元。若按复数方式存储，可将纵坐标 x 和横坐标 y 分别作为复数的实部和虚部，这样只需 n 个额外变量。显然前者程序简单、直观，程序的可读性较好。使用额外变量存储时，重复查看待定点的坐标不是很方便。

（2）用统计串列存储。若用双变量统计串列的 List X 和 List Y 分别存储待定点的纵坐标和横坐标，程序运行结束后，用户可以在 REG 模式下使用 STAT 编辑器方便的多次重复查看待定点的坐标。

4. 其他数据的存储

在计算中，方位角闭合差、角度改正数、坐标闭合差、导线全长闭合差、导线长度和导线全长相对闭合差等数据的个数与待定点的个数无关，因此用缺省变量存储即可。

综上所述，程序宜采用缺省变量存储已知点的坐标，采用额外变量存储导线的转折角、边长、方位角和坐标增量，采用统计串列存储待定点的坐标，采用缺省变量存储方位角闭合差、角度改正数、坐标闭合差、导线全长闭合差、导线长度和导线全长相对闭合差。应谨慎使用 I、J 和 M 等 3 个缺省变量。

为了便于读者的理解和使用，本实例程序用 A～H 等 8 个缺省变量存储已知点的坐标，用额外变量存储导线的转折角、边长、方位角和坐标增量（具体分配方案见图 7-2），用双变量统计串列的 List X、List Y 分别存储待定点的纵、横坐标（每行对应 1 个待定点），用缺省变量存储方位角闭合差 f_β、角度改正数 V_β、纵横坐标增量闭合差 f_x 和 f_y、导线全长闭合差 f_S、导线长度 ΣD 和导线全长相对闭合差 K。程序变量清单见表 7-2。

Z[1]	Z[2]	......	Z[n]	Z[n+1]	Z[n+2]
β_1	β_2	......	β_n	β_{n+1}	β_{n+2}
β'_1	β'_2	......	β'_n	β'_{n+1}	β'_{n+2}

Z[n+3]	Z[n+4]	......	Z[2n+2]	Z[2n+3]
D_1	D_2	......	D_n	D_{n+1}

Z[2n+4]
α_{AB}

Z[2n+5]	Z[2n+6]	......	Z[3n+4]	Z[3n+5]
α_1	α_2	......	α_n	α_{n+1}

图 7-2　额外变量的分配（一）

Z[3n+6]

α_{CD}

Z[3n+7]	Z[3n+8]	......	Z[4n+6]	Z[4n+7]
$\Delta x'_1$	$\Delta x'_2$	......	$\Delta x'_n$	$\Delta x'_{n+1}$
Δx_1	Δx_2	......	Δx_n	Δx_{n+1}

Z[4n+8]	Z[4n+9]	......	Z[5n+7]	Z[5n+8]
$\Delta y'_1$	$\Delta y'_2$	......	$\Delta y'_n$	$\Delta y'_{n+1}$
Δy_1	Δy_2	......	Δy_n	Δy_{n+1}

图 7-2　额外变量的分配（二）

表 7-2　　　　　　　　　　　　程 序 变 量 清 单

序号	数学模型变量	CASIO fx-5800P 计算器变量	输入（输出）提示符	单位	说明
1		N	N＝?		待定点个数
2	i	I			循环变量
			NO:		待定点和观测值的序号
3	x_A	A	XA(m)＝?	m	已知点 A 的纵坐标
	y_A	B	YA(m)＝?	m	已知点 A 的横坐标
4	x_B	C	XB(m)＝?	m	已知点 B 的纵坐标
	y_B	D	YB(m)＝?	m	已知点 B 的横坐标
5	x_C	E	XC(m)＝?	m	已知点 C 的纵坐标
	y_C	F	YC(m)＝?	m	已知点 C 的横坐标
6	x_D	G	XD(m)＝?	m	已知点 D 的纵坐标
	y_D	H	YD(m)＝?	m	已知点 D 的横坐标
7	β_i	Z[1]~	ZZJ(Deg)＝?	° ′ ″	第 i 个转折角的观测值
	β'_i	Z[N+2]		° ′ ″	改正后的第 i 个转折角
8	D_i	Z[N+3]~ Z[2N+3]	BC(m)＝?	m	第 i 条导线边的边长观测值
9	Δx	X		m	已知边的纵坐标增量
	$\sum \Delta x'$			m	近似纵坐标增量的总和
	f_x		FX(m)＝	m	纵坐标闭合差
	$f_x \div \sum D$				每米边长的纵坐标增量改正数
	x_{i-1}			m	推求坐标时，纵坐标的过程值
10	Δy	Y		m	已知边的横坐标增量
	$\sum \Delta y'$			m	近似横坐标增量的总和
	f_y		FY(m)＝	m	横坐标闭合差
	$f_y \div \sum D$				每米边长的横坐标增量改正数
	y_{i-1}			m	推求坐标时，横坐标的过程值
11	f_S	Z	FS(m)＝	m	导线全长闭合差
12	$\sum D$	S		m	导线全长
13	$\dfrac{1}{K}$	K	$K^{-1}=$		导线全长相对闭合差的分母
14		J		° ′ ″	根据给定的坐标增量反算得到的坐标方位角

序号	数学模型变量	CASIO fx-5800P 计算器变量	输入（输出）提示符	单位	说明
15	α_{AB}	Z[2N+4]		° ′ ″	已知边 AB 的坐标方位角
16	α_{CD}	Z[3N+6]		° ′ ″	已知边 CD 的坐标方位角
17	α_{i-1}' α_{i-1}	T		° ′ ″	坐标方位角推算的过程值
	α_{CD}'				用转折角的观测值推算的 CD 边的坐标方位角
18	f_β	L	FB(Deg)=	° ′ ″	方位角闭合差
19	V_β	V		° ′ ″	角度改正数
20	α_i	Z[2N+5]～ Z[3N+5]		° ′ ″	第 i 条导线边的坐标方位角
21	$\Delta x_i'$ Δx_i	Z[3N+7]～ Z[4N+7]		m	第 i 条导线边的近似纵坐标增量 第 i 条导线边改正后的纵坐标增量
22	$\Delta y_i'$ Δy_i	Z[4N+8]～ Z[5N+8]		m	第 i 条导线边的近似横坐标增量 第 i 条导线边改正后的横坐标增量
23	x_i	List X[1]～ List X[N]	X=	m	第 i 个待定点的纵坐标
	y_i	List Y[1]～ List Y[N]	Y=	m	第 i 个待定点的横坐标

7.1.3　算法设计与表示

附合导线近似平差计算的算法如图 7-3 所示。

7.1.4　程序代码设计

1. 主程序的程序代码（程序文件名"DX-FUHE"）

Deg:Fix 3　设置角度单位和数值显示格式

ClrStat:FreqOff　清除所有统计串列数据,关闭统计频率

0→DimZ　清除额外变量

Cls　清除屏幕

"N="?→N　输入待定点个数

5×N+8→DimZ　根据待定点个数定义额外变量

Cls　清除屏幕

"XA(m)="?→A:"YA(m)="?→B　输入已知点 A 的坐标

"XB(m)="?→C:"YB(m)="?→D　输入已知点 B 的坐标

"XC(m)="?→E:"YC(m)="?→F　输入已知点 C 的坐标

"XD(m)="?→G:"YD(m)="?→H　输入已知点 D 的坐标

For 1→I To N+2　按顺序输入转折角的观测值

　Cls　清除屏幕

　"NO:":Locate 5,1,I　显示待输入数据的序号

　"ZZJ(Deg)="?→Z[I]　输入对应序号的转折角 β_i（左角）

Next

For 1→I To N+1　按顺序输入边长的观测值

　Cls　清除屏幕

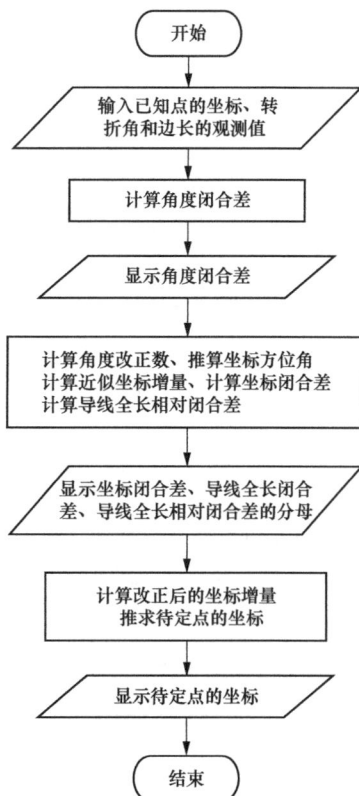

图 7-3　附合导线近似平差计算的算法

136

"NO:":Locate 5,1,I　显示待输入数据的序号

"BC(m) = "?→Z[N＋2＋I]　输入对应序号的边长 D_i（水平距离）

Next

C－A→X:D－B→Y　计算 Δx_{AB} 和 Δy_{AB}

Prog"SUB-FWJ"　调用子程序"SUB-FWJ"计算已知边 AB 的坐标方位角 α_{AB}

J→Z[2×N＋4]　将 α_{AB} 保存到额外变量 Z[2n＋4]

G－E→X:H－F→Y　计算 Δx_{CD} 和 Δy_{CD}

Prog"SUB-FWJ"　调用子程序"SUB-FWJ"计算已知边 CD 的坐标方位角 α_{CD}

J→Z[3×N＋6]　将 α_{CD} 保存到额外变量 Z[3n＋6]

Z[2×N＋4]→T　将已知边 AB 的坐标方位角 α_{AB} 赋值给变量 T

For 1→I To N＋2　用转折角的观测值推算 CD 边的坐标方位角 α'_{CD}

　If T≥180:Then T－180→T:Else T＋180→T:IfEnd　　计算第 $i-1$ 条边的反方位角

　T＋Z[I]→T　计算第 i 条导线边的近似坐标方位角的初始值并保存到变量 T

　T≥360⇒T－360→T　若第 i 条导线边的近似坐标方位角的初始值≥360°,则应减去360°

Next　循环结束时,变量 T 的值即为 α'_{CD}

T－Z[3×N＋6]→L　计算方位角闭合差 f_β 并保存到变量 L

Cls

"FB(Deg) = ":L▶DMS◢　显示方位角闭合差 f_β 后暂停,等待用户按 EXE 键继续运行程序

－L÷(N＋2)→V　计算角度改正数并保存到变量 V

For 1→I To N＋2　计算改正后的转折角

　Z[I]＋V→Z[I]

Next

Z[2×N＋4]→T　将已知边 AB 的坐标方位角再次赋值给变量 T

For 1→I To N＋1　用改正后的转折角推算导线边的坐标方位角 α

　If T≥180:Then T－180→T:Else T＋180→T:IfEnd　　计算第 $i-1$ 条导线边的反方位角

　T＋Z[I]→T　计算第 i 条导线边的坐标方位角的初始值并保存到变量 T

　T≥360⇒T－360→T:T→Z[2×N＋4＋I]　计算第 i 条导线边的坐标方位角 α_i 并保存到对应的额外变量

Next

For 1→I To N＋1　计算导线边的近似坐标增量 $\Delta x'$ 和 $\Delta y'$

　Z[N＋2＋I]×cos(Z[2×N＋4＋I])→Z[3×N＋6＋I]　计算第 i 条导线边的近似纵坐标增量 $\Delta x'_i$ 并保存到对应的额外变量

　Z[N＋2＋I]×sin(Z[2×N＋4＋I])→Z[4×N＋7＋I]　计算第 i 条导线边的近似横坐标增量 $\Delta y'_i$ 并保存到对应的额外变量

Next

0→X:0→Y　累加变量 X 和 Y 置0

For 1→I To N＋1

　X＋Z[3×N＋6＋I]→X　计算导线边近似纵坐标增量的总和并保存到变量 X

　Y＋Z[4×N＋7＋I]→Y　计算导线边近似横坐标增量的总和并保存到变量 Y

Next

X−(E−C)→X　计算纵坐标闭合差 f_x 并保存到变量 X

Y−(F−D)→Y　计算横坐标闭合差 f_y 并保存到变量 Y

$\sqrt{(X^2+Y^2)}$→Z　计算导线全长闭合差 f_S 并保存到变量 Z

0→S　累加变量 S 置 0

For 1→I To N+1　计算导线长度(不含已知边)并保存到变量 S

　S+Z[N+2+I]→S

Next

S÷Z→K　计算导线全长相对闭合差 K 的分母并保存到变量 K

Cls

"FX(m) = ":Locate 8,1,X　显示纵坐标闭合差 f_x

"FY(m) = ":Locate 8,2,Y　显示横坐标闭合差 f_y

"FS(m) = ":Locate 8,3,Z　显示导线全长闭合差 f_S

"K⁻¹ = ":Locate 6,4,K ▲　显示导线全长相对闭合差 K 的分母后暂停,等待用户按 EXE 键继续运
　　行程序

−X÷S→X:−Y÷S→Y　计算每米边长的纵、横坐标增量改正数并保存到变量 X、Y

For 1→I To N+1　计算导线边改正后的坐标增量 Δx 和 Δy

　X×Z[N+2+I]+Z[3×N+6+I]→Z[3×N+6+I]　计算第 i 条导线边改正后的纵坐标增量
　　Δx_i 并保存到原有位置

　Y×Z[N+2+I]+Z[4×N+7+I]→Z[4×N+7+I]　计算第 i 条导线边改正后的横坐标增量
　　Δy_i 并保存到原有位置

Next

C→X:D→Y　将已知点 B 的坐标赋值给变量 X 和 Y,准备推求待定点的坐标

For 1→I To N　推求待定点的坐标 x 和 y

　X+Z[3×N+6+I]→X:X→List X[I]　计算第 i 个待定点的纵坐标 x_i,同时保存到变量 X 和统
　　计串列 List X[i]

　Y+Z[4×N+7+I]→Y:Y→List Y[I]　计算第 i 个待定点的横坐标 y_i,同时保存到变量 Y 和统
　　计串列 List Y[i]

Next

For 1→I To N　输出待定点的坐标 x 和 y

　Cls　清除屏幕,准备输出待定点的坐标

　"NO:":Locate 5,1,I　显示待定点的序号

　"X = ":Locate 5,2,List X[I]　显示第 i 个待定点的纵坐标 x_i

　"Y = ":Locate 5,3,List Y[I]◢　显示第 i 个待定点的横坐标 y_i 后暂停,等待用户按 EXE 键继续运
　　行程序

Next

Cls

Locate 2,2,"THE Prog END!"　显示程序运行结束的提示信息

Locate 4,3,"PRESS [AC]"　按 EXE (或 AC/ON)重新运行(或结束)程序

2. 子程序的程序代码（程序文件名 "SUB-FWJ"）

程序功能：根据给定的纵坐标增量 X 和横坐标增量 Y 计算坐标方位角 α,并保存到变量 J。

Pol(X,Y)

J<0⇒J+360→J

Return

📖按 ALPHA 7 SHIFT ） 键输入字符 K⁻¹。

7.1.5 程序应用

1. 附合导线的计算

（1）算例。如图 7-4 所示的附合导线，AB、CD 为已知边，其中 A 点的坐标为（31043.915，51080.598），B 点的坐标为（30875.435，50946.070），C 点的坐标为（30930.756，51547.135），D 点的坐标为（30791.135，51737.227），T_1、T_2 和 T_3 是待定点，转折角（左角）和边长的观测值见图中标注。

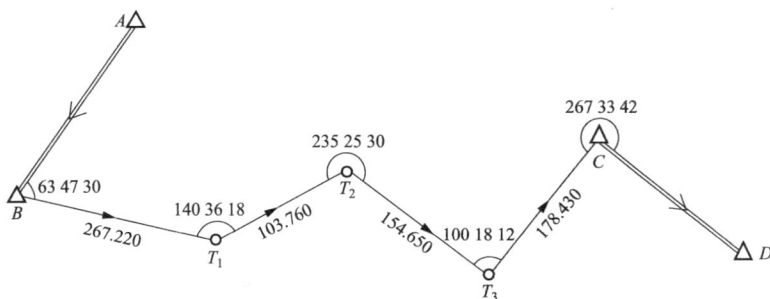

图 7-4 附合导线略图

（2）计算结果（表 7-3）。

表 7-3　　　　　　　　　　　　　　　　附合导线近似平差计算

点名 （点号）	观测角值 $\beta_{左}$ （° ′ ″）	坐标方位角 （° ′ ″）	边长 （m）	改正后的坐标增量		坐标值	
				Δx(m)	Δy(m)	x(m)	y(m)
A						31043.915	51080.598
		218　36　24					
B	63　47　30					30875.435	50946.070
		102　23　57	267.220	−57.361	+260.979		
T_1	140　36　18					30818.074	51207.049
		63　00　17	103.760	+47.105	+92.452		
T_2	235　25　30					30865.179	51299.501
		118　25　50	154.650	−73.618	+135.994		
T_3	100　18　12					30791.560	51435.494
		38　44　05	178.430	+139.196	+111.641		
C	267　33　42					30930.756	51547.135
		126　17　49					
D						30791.135	51737.227
辅助计算	$f_\beta=-13''$　$f_x=-0.043$m　$f_y=+0.022$m　$f_S=0.048$m　$K=1/14640$						

（3）程序操作步骤。运行程序"DX-FUHE"，进行附合导线近似平差计算的操作步骤见表 7-4。

表 7-4　　　　　　　　　　　　　　　　附合导线近似平差计算的操作步骤

步骤	屏幕提示	按键操作	操作说明
1	N=?	3 EXE	输入待定点个数
2	XA(m)=?	31043.915 EXE	输入已知点 A 的纵坐标 x_A

步骤	屏幕提示	按键操作	操作说明
3	YA(m)＝?	51080.598 EXE	输入已知点 A 的横坐标 y_A
4	XB(m)＝?	30875.435 EXE	输入已知点 B 的纵坐标 x_B
5	YB(m)＝?	50946.070 EXE	输入已知点 B 的横坐标 y_B
6	XC(m)＝?	30930.756 EXE	输入已知点 C 的纵坐标 x_C
7	YC(m)＝?	51547.135 EXE	输入已知点 C 的横坐标 y_C
8	XD(m)＝?	30791.135 EXE	输入已知点 D 的纵坐标 x_D
9	YD(m)＝?	51737.227 EXE	输入已知点 D 的横坐标 y_D
10	NO：1.000 ZZJ(Deg)＝?	63°47′30″ EXE	输入第 1 个转折角的观测值
11	NO：2.000 ZZJ(Deg)＝?	140°36′18″ EXE	输入第 2 个转折角的观测值
12	NO：3.000 ZZJ(Deg)＝?	235°25′30″ EXE	输入第 3 个转折角的观测值
13	NO：4.000 ZZJ(Deg)＝?	100°18′12″ EXE	输入第 4 个转折角的观测值
14	NO：5.000 ZZJ(Deg)＝?	267°33′42″ EXE	输入第 5 个转折角的观测值
15	NO：1.000 BC(m)＝?	267.220 EXE	输入第 1 条导线边的边长观测值
16	NO：2.000 BC(m)＝?	103.760 EXE	输入第 2 条导线边的边长观测值
17	NO：3.000 BC(m)＝?	154.650 EXE	输入第 3 条导线边的边长观测值
18	NO：4.000 BC(m)＝?	178.430 EXE	输入第 4 条导线边的边长观测值
19		等待计算完成	① 计算已知边的坐标方位角 ② 推算导线边的近似坐标方位角 ③ 计算方位角闭合差 f_β
20	**Disp** FB(Deg)＝ 　　　　−0°0′13.04″	EXE	按度分秒格式显示方位角闭合差 f_β
21		等待计算完成	① 计算角度改正数 ② 计算改正后的转折角 ③ 推算导线边的坐标方位角 ④ 计算导线边的近似坐标增量 ⑤ 计算导线边近似坐标增量的总和 ⑥ 计算坐标闭合差 ⑦ 计算导线全长闭合差 ⑧ 计算导线全长相对闭合差
22	**Disp** FX(m)＝　−0.043 FY(m)＝　0.022 FS(m)＝　0.048 K^{-1}＝　14640.670	EXE	显示纵坐标闭合差 f_x、横坐标闭合差 f_y、导线全长闭合差 f_S 及导线全长相对闭合差的分母

续表

步骤	屏幕提示	按键操作	操作说明
23		等待计算完成	① 计算导线边坐标增量的改正数 ② 计算导线边改正后的坐标增量 ③ 推求待定点的坐标
24	**Disp** NO：1.000 X=30818.074 Y=51207.049	**EXE**	显示第 1 个待定点 T_1 的坐标
25	**Disp** NO：2.000 X=30865.179 Y=51299.501	**EXE**	显示第 2 个待定点 T_2 的坐标
26	**Disp** NO：3.000 X=30791.560 Y=51435.494	**EXE**	显示第 3 个待定点 T_3 的坐标
27	THE Prog END! PRESS〔AC〕	**EXE**（或 **AC/ON**）	重新运行（或结束）程序

2. 闭合导线的计算

（1）算例。如图 7-5 所示的闭合导线，
AB 为已知边，其中 A 点的坐标为
（31879.139，50544.375）、B 点的坐标为
（31800.553，50672.897），T_1、T_2、T_3 和
T_4 是待定点，连接角、转折角（多边形内
角）和边长的观测值见图中标注。

由于连接角（$\angle A\text{-}B\text{-}T_1$）测量的误差
没有严格的几何校核条件，其误差大小不
可知，因此在传统的闭合导线近似平差计

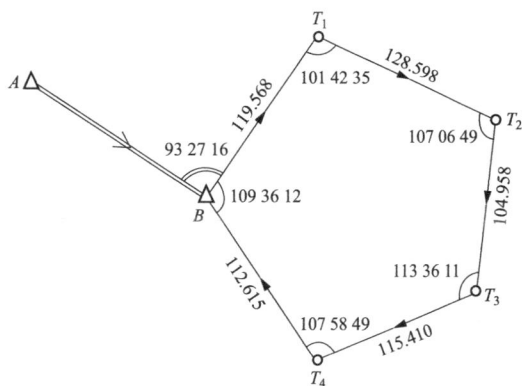

图 7-5　闭合导线略图

算中，对连接角不进行角度误差的改正计算。但连接角的观测误差是客观存在的，连接测量
的成果是闭合导线坐标方位角推算的起算数据，其误差直接影响到整个闭合导线待定点坐标
的计算结果。

我们可以采用一种基于附合导线计算理论的优化方法，将闭合导线作为附合导线的特例
来处理。例如，图 7-5 所示的闭合导线，可以看成是附合导线 $A \rightarrow B \rightarrow T_1 \rightarrow T_2 \rightarrow T_3 \rightarrow T_4 \rightarrow$
$B \rightarrow A$。要特别注意，此时附合导线的起始边是 AB，终边是 BA，导线的起点是 B 点，终点
也是 B 点。在平差计算中，连接角也作为附合导线的转折角进行计算和误差改正。由于附
合导线有严格的角度和边长检核条件，因此优化方法可以有效地提高导线测量成果的精度和
可靠性。

（2）计算结果（表 7-5）。

表 7-5   闭合导线近似平差计算

点名 （点号）	观测角值 $\beta_{左}$ （° ′ ″）	坐标方位角 （° ′ ″）	边长 （m）	改正后的坐标增量		坐标值	
				Δx(m)	Δy(m)	x(m)	y(m)
A						31879.139	50544.375
		121 26 39					
B	93 27 16					31800.553	50672.897
		34 54 01	119.568	+98.066	+68.401		
T_1	258 17 25					31898.619	50741.298
		113 11 32	128.598	−50.641	+118.195		
T_2	252 53 11					31847.977	50859.493
		186 04 49	104.958	−104.366	−11.126		
T_3	246 23 49					31743.612	50848.367
		252 28 44	115.410	−34.743	−110.065		
T_4	252 01 11					31708.869	50738.302
		324 30 01	112.615	+91.684	−65.405		
$C(B)$	156 56 32					31800.553	50672.897
		301 26 39					
$D(A)$						31879.139	50544.375
辅助计算	$f_{\beta}=-36''$ $f_x=-0.011$m $f_y=+0.048$m $f_S=0.049$m $K=1/11740$						

（3）程序操作步骤。运行程序"DX-FUHE"，进行闭合导线近似平差计算的操作步骤
见表 7-6。

表 7-6   闭合导线近似平差计算的操作步骤

步骤	屏幕提示	按键操作	操作说明
1	N=?	4 EXE	输入待定点个数
2	XA(m)=?	31879.139 EXE	输入已知点 A 的纵坐标 x_A
3	YA(m)=?	50544.375 EXE	输入已知点 A 的横坐标 y_A
4	XB(m)=?	31800.553 EXE	输入已知点 B 的纵坐标 x_B
5	YB(m)=?	50672.897 EXE	输入已知点 B 的横坐标 y_B
6	XC(m)=?	31800.553 EXE	输入已知点 B 的纵坐标 x_B
7	YC(m)=?	50672.897 EXE	输入已知点 B 的横坐标 y_B
8	XD(m)=?	31879.139 EXE	输入已知点 A 的纵坐标 x_A
9	YD(m)=?	50544.375 EXE	输入已知点 A 的横坐标 y_A
10	NO：1.000 ZZJ(Deg)=?	93°27′16″ EXE	输入第 1 个转折角的观测值
11	NO：2.000 ZZJ(Deg)=?	258°17′25″ EXE 或 360-101°42′35″ EXE	输入第 2 个转折角的观测值
12	NO：3.000 ZZJ(Deg)=?	252°53′11″ EXE 或 360-107°06′49″ EXE	输入第 3 个转折角的观测值
13	NO：4.000 ZZJ(Deg)=?	246°23′49″ EXE 或 360-113°36′11″ EXE	输入第 4 个转折角的观测值
14	NO：5.000 ZZJ(Deg)=?	252°01′11″ EXE 或 360-107°58′49″ EXE	输入第 5 个转折角的观测值
15	NO：6.000 ZZJ(Deg)=?	156°56′32″ EXE 或 360-93°27′16″-109°36′12″ EXE	输入第 6 个转折角的观测值
16	NO：1.000 BC(m)=?	119.568 EXE	输入第 1 条导线边的边长观测值

续表

步骤	屏幕提示	按键操作	操作说明
17	NO：2.000 BC(m)＝?	128.598 EXE	输入第 2 条导线边的边长观测值
18	NO：3.000 BC(m)＝?	104.958 EXE	输入第 3 条导线边的边长观测值
19	NO：4.000 BC(m)＝?	115.410 EXE	输入第 4 条导线边的边长观测值
20	NO：5.000 BC(m)＝?	112.615 EXE	输入第 5 条导线边的边长观测值
21		等待计算完成	① 计算已知边的坐标方位角 ② 推算导线边的近似坐标方位角 ③ 计算方位角闭合差 f_β
22	**Disp** FB(Deg)＝−0°0′36″	EXE	按度分秒格式显示方位角闭合差 f_β
23		等待计算完成	① 计算角度改正数 ② 计算改正后的转折角 ③ 推算导线边的坐标方位角 ④ 计算导线边的近似坐标增量 ⑤ 计算导线边近似坐标增量的总和 ⑥ 计算坐标闭合差 ⑦ 计算导线全长闭合差 ⑧ 计算导线全长相对闭合差
24	**Disp** FX(m)＝−0.011 FY(m)＝0.048 FS(m)＝0.049 K^{-1}＝11743.372	EXE	显示纵坐标闭合差 f_x、横坐标闭合差 f_y、导线全长闭合差 f_S 及导线全长相对闭合差的分母
25		等待计算完成	① 计算导线边坐标增量的改正数 ② 计算导线边改正后的坐标增量 ③ 推求待定点的坐标
26	**Disp** NO：1.000 X＝31898.619 Y＝50741.298	EXE	显示第 1 个待定点 T_1 的坐标
27	**Disp** NO：2.000 X＝31847.977 Y＝50859.493	EXE	显示第 2 个待定点 T_2 的坐标
28	**Disp** NO：3.000 X＝31743.612 Y＝50848.367	EXE	显示第 3 个待定点 T_3 的坐标

步骤	屏幕提示	按键操作	操作说明
29	**Disp** NO：4.000 X＝31708.869 Y＝50738.302	EXE	显示第 4 个待定点 T_4 的坐标
30	THE Prog END! PRESS [AC]	EXE（或 AC/ON）	重新运行（或结束）程序

7.2 高斯投影坐标计算程序的设计及应用

高斯投影是一种等角横切椭圆柱投影，它是由德国数学家高斯（Gauss，1777—1855）于 19 世纪 20 年代提出，后经德国大地测量学家克吕格（Kruger，1857—1923）加以补充完善，故又称"高斯-克吕格投影"，简称"高斯投影"。现在世界上许多国家都采用高斯-克吕格投影，比如奥地利、德国、希腊、英国、美国、前苏联等，我国于 1952 年正式决定采用高斯-克吕格投影。

《国家三角测量规范》（GB/T 17942—2000）规定国家三角测量的平面坐标采用高斯-克吕格平面坐标系统。相关规范规定，在大比例尺测图和工程测量中使用 3°带投影，特殊情况下，工程测量控制网也可以采用 1.5°带或任意带，但为了测量成果的通用，需同国家 6°带或 3°带相联系，因此高斯投影坐标计算是从事测绘工作的技术人员必须具备的重要技能之一。

7.2.1 数学模型

高斯投影坐标计算包含三项内容：坐标正算、坐标反算和邻带坐标换算。

1. 高斯投影坐标正算

已知椭球面上某点 P 的大地坐标（L，B），求其高斯平面坐标（x，y）的问题称为高斯投影坐标正算。

高斯投影坐标正算的计算步骤如下：

（1）计算 P 点所在投影带的带号 n 和中央子午线经度 L_0。

$$3° 带：n_3 = \text{Int}\left(\frac{L}{3} + 0.5\right) \quad L_0 = 3n_3 \tag{7-14}$$

$$6° 带：n_6 = \text{Int}\left(\frac{L}{6}\right) + 1 \quad L_0 = 6n_6 - 3 \tag{7-15}$$

（2）计算 P 点的经差 l。椭球面上某点的经度 L 与其所在投影带的中央子午线经度 L_0 之差称为经差，通常用 l 表示。

$$l = L - L_0 \tag{7-16}$$

（3）根据指定的参考椭球计算子午线弧长 X。在我国，常见的参考椭球有 4 种：克拉索夫斯基椭球（1954 年北京坐标系）、1975 年国际椭球（1980 年西安坐标系）、WGS-84 椭球（WGS-84 大地坐标系）和 2000 国家大地坐标系椭球（2000 国家大地坐标系）。参考椭球的参数见表 7-7。

表 7-7　　　　　　　　　　　　**参 考 椭 球 的 参 数**

椭球参数	1954 年北京坐标系	1980 年西安坐标系	2000 国家大地坐标系	WGS-84 坐标系
$a(\mathrm{m})$	6378245	6378140	6378137	6378137
$b(\mathrm{m})$	6356863. 0187730473	6356755. 2881575287	6356752. 3141403561	6356752. 3142451793
$c(\mathrm{m})$	6399698. 9017827110	6399596. 6519880105	6399593. 6258640232	6399593. 6257584933
$\alpha = 1/f$	1/298. 3	1/298. 257	1/298. 257222101	1/298. 257223563
e^2	0. 006693421622966	0. 006694384999588	0. 006694380022901	0. 00669437999013
e'^2	0. 006738525414683	0. 006739501819473	0. 006739496775479	0. 006739496742276

表 7-7 中，a 为椭球的长半轴，b 为椭球的短半轴，c 为椭球的极曲率半径，α 为椭球的扁率，e^2 为椭球第一偏心率的平方，e'^2 为椭球第二偏心率的平方。

子午线弧长 X 的计算公式为：

$$X = C_0 B + (C_2 \cos B + C_4 \cos^3 B + C_6 \cos^5 B + C_8 \cos^7 B) \sin B \tag{7-17}$$

式（7-17）中，第 1 项 $C_0 B$ 中 B 的单位为弧度，其他各项系数的计算公式如下：

$$\left. \begin{aligned}
C_0 &= \left(1 - \frac{3}{4}e'^2 + \frac{45}{64}e'^4 - \frac{175}{256}e'^6 + \frac{11025}{16384}e'^8\right)c \\
C_2 &= \left(-\frac{3}{4}e'^2 + \frac{45}{64}e'^4 - \frac{175}{256}e'^6 + \frac{11025}{16384}e'^8\right)c \\
C_4 &= \left(\frac{15}{32}e'^4 - \frac{175}{384}e'^6 + \frac{3675}{8192}e'^8\right)c \\
C_6 &= \left(-\frac{35}{96}e'^6 + \frac{735}{2048}e'^8\right)c \\
C_8 &= \left(\frac{315}{1024}e'^8\right)c
\end{aligned} \right\} \tag{7-18}$$

式（7-18）中，e' 为椭球的第二偏心率，c 为椭球的极曲率半径。

（4）计算 P 点的高斯平面坐标 x、y（y 为自然值）。

$$\left. \begin{aligned}
x &= X + Nt\left\{\left[\frac{1}{2} + \left(\frac{1}{24}(5 - t^2 + 9\eta^2 + 4\eta^4) + \right.\right.\right. \\
&\quad \left.\left.\left. \frac{1}{720}(61 - 58t^2 + t^4)m^2\right)m^2\right]m^2\right\} \\
y &= N\left\{\left[1 + \left(\frac{1}{6}(1 - t^2 + \eta^2) + \frac{1}{120}(5 - 18t^2 + \right.\right.\right. \\
&\quad \left.\left.\left. t^4 + 14\eta^2 - 58\eta^2 t^2)m^2\right)m^2\right]m\right\}
\end{aligned} \right\} \tag{7-19}$$

式中

$$\left. \begin{aligned}
t &= \tan B \\
\eta^2 &= e'^2 \cos^2 B \\
N &= \frac{c}{\sqrt{1 + \eta^2}} \\
m &= \cos B \cdot l \cdot \frac{\pi}{180} (l \text{ 的单位为度})
\end{aligned} \right\} \tag{7-20}$$

（5）计算 P 点 y 坐标的常用值。

$$y_{常用} = y_{自然} + 500000 \tag{7-21}$$

2. 高斯投影坐标反算

已知某点 P 的高斯平面坐标 (x, y) 和所在投影带中央子午线的经度 L_0，求其椭球面上大地坐标 (L, B) 的问题称为高斯投影坐标反算。

高斯投影坐标反算的计算步骤如下：

（1）计算 P 点横坐标 y 的自然值。

$$y_{自然} = y_{常用} - 500000 \tag{7-22}$$

（2）计算 P 点的底点纬度 B_f。

1）求 B_f 的近似值 B_f^1

$$B_f^1 = \frac{x}{C_0} \cdot \frac{180}{\pi} \quad （B_f^1 \text{ 的单位为度}） \tag{7-23}$$

2）利用迭代法求 B_f

$$\begin{aligned}
F^i &= (C_2 \cos B_f^i + C_4 \cos^3 B_f^i + C_6 \cos^5 B_f^i + C_8 \cos^7 B_f^i) \sin B_f^i \\
&= (C_2 + C_4 \cos^2 B_f^i + C_6 \cos^4 B_f^i + C_8 \cos^6 B_f^i) \sin B_f^i \cos B_f^i
\end{aligned} \tag{7-24}$$

$$B_f^{i+1} = \frac{x - F^i}{C_0} \cdot \frac{180}{\pi} \quad （B_f^{i+1} \text{ 的单位为度}） \tag{7-25}$$

式中，$i = 1, 2, 3, \cdots\cdots$

计算时，为保证计算精度，可重复迭代计算直至 $B_f^{i+1} - B_f^i < 1 \times 10^{-12}$ 为止。

（3）计算 P 点的大地纬度 B 和经差 l。

$$\left.\begin{aligned}
B &= B_f - \left[\frac{1}{2} V_f^2 t_f \frac{y^2}{N_f^2} - \frac{1}{24} V_f^2 t_f \frac{y^4}{N_f^4} (5 + 3t_f^2 + \eta_f^2 - 9\eta_f^2 t_f^2) + \right. \\
&\quad \left. \frac{1}{720} V_f^2 t_f \frac{y^6}{N_f^6} (61 + 90t_f^2 + 45t_f^4) \right] \frac{180}{\pi} \\
&= B_f - \frac{V_f^2 t_f}{\pi} \left[90 \left(\frac{y}{N_f} \right)^2 - 7.5(5 + 3t_f^2 + \eta_f^2 - 9\eta_f^2 t_f^2) \left(\frac{y}{N_f} \right)^4 + \right. \\
&\quad \left. 0.25(61 + 90t_f^2 + 45t_f^4) \left(\frac{y}{N_f} \right)^6 \right]
\end{aligned}\right\} \tag{7-26}$$

$$\left.\begin{aligned}
l &= \frac{1}{\cos B_f} \left[\frac{y}{N_f} - \frac{1}{6}(1 + 2t_f^2 + \eta_f^2) \left(\frac{y}{N_f} \right)^3 + \frac{1}{120}(5 + 28t_f^2 + 24t_f^4 + \right. \\
&\quad \left. 6\eta_f^2 + 8\eta_f^2 t_f^2) \left(\frac{y}{N_f} \right)^5 \right] \frac{180}{\pi} \\
&= \frac{1}{\pi \cos B_f} \left[180 \frac{y}{N_f} - 30(1 + 2t_f^2 + \eta_f^2) \left(\frac{y}{N_f} \right)^3 + 1.5(5 + 28t_f^2 + 24t_f^4 + \right. \\
&\quad \left. 6\eta_f^2 + 8\eta_f^2 t_f^2) \left(\frac{y}{N_f} \right)^5 \right]
\end{aligned}\right\} \tag{7-27}$$

式（7-26）、式（7-27）结算结果的单位为度，式中

$$\left.\begin{array}{l} t_{\mathrm{f}} = \tan B_{\mathrm{f}} \\ \eta_{\mathrm{f}}^2 = e'^2 \cos^2 B_{\mathrm{f}} \\ V_{\mathrm{f}} = \sqrt{1 + e'^2 \cos^2 B_{\mathrm{f}}} = \sqrt{1 + \eta_{\mathrm{f}}^2} \\ N_{\mathrm{f}} = \dfrac{c}{V_{\mathrm{f}}} \end{array}\right\} \tag{7-28}$$

（4）计算大地经度 L。

$$L = L_0 + l \tag{7-29}$$

3. 高斯投影邻带坐标换算

已知某点 P 在中央子午线经度为 L_0' 的投影带的高斯平面坐标 (x', y')，求其在中央子午线经度为 L_0'' 的投影带的高斯平面坐标 (x'', y'') 的问题称为高斯投影邻带坐标换算。

高斯投影邻带坐标换算的计算步骤如下：

（1）用 L_0' 和 (x', y') 进行高斯投影坐标反算，计算出 P 点的大地坐标 (L, B)。

（2）用坐标反算得到的大地坐标 (L, B) 进行高斯投影坐标正算，计算出 P 点在中央子午线经度为 L_0'' 的投影带的高斯平面坐标 (x'', y'')。

7.2.2　数据存储设计

根据上述分析可知，在高斯投影坐标计算中，只用到了椭球的参数 c 和 e'^2，且常用的椭球有 4 个，本实例程序采用 4 行 2 列的矩阵 A（Mat A）来存储椭球参数，每行对应一种椭球，具体分配方案见表 7-8。

表 7-8　　　　　　　　　　　　矩阵 Mat A 的分配

Mat A	第 1 列（c）	第 2 列（e'^2）	备注
第 1 行	6399698.9017827110	0.006738525414683	1954 年北京坐标系
第 2 行	6399596.6519880105	0.006739501819473	1980 年西安坐标系
第 3 行	6399593.6258640232	0.006739496775479	2000 国家大地坐标系
第 4 行	6399593.6257584933	0.006739496742276	WGS-84 坐标系

本实例程序采用 8 个额外变量 $Z[1] \sim Z[8]$ 分别存储子午线弧长计算的 5 个系数、L_0' 及 P 点在该投影带的高斯平面坐标 (x', y')，具体分配方案如图 7-6 所示。

Z[1]	Z[2]	Z[3]	Z[4]	Z[5]	Z[6]	Z[7]	Z[8]
C_0	C_2	C_4	C_6	C_8	L_0'	x'	y'

图 7-6　额外变量的分配

程序变量清单见表 7-9。

表 7-9　　　　　　　　　　　程 序 变 量 清 单

序号	数学模型变量	CASIO fx-5800P计算器变量	输入（输出）提示符	单位	说明
1		G	LB⇒XY(1) XY⇒LB(2) XY1⇒XY2(3) EXIT(0)＝?		选择程序功能： 1—高斯投影坐标正算 2—高斯投影坐标反算 3—高斯投影邻带坐标换算 0—退出程序

序号	数学模型变量	CASIO fx-5800P计算器变量	输入（输出）提示符	单位	说明
2		Q	TUO QIU (54, 80, 2000, 84) =?		选择参考椭球： 54—克拉索夫斯基椭球 80—1975 年国际椭球 2000—2000 国家大地坐标系椭球 84—WGS-84 椭球
3		R			参考椭球的计算代码，即椭球在矩阵 Mat A 中的对应行号
4		Mat A			见表 7-8
5	c	C		m	所选椭球的 c 值
	e'^2	P			所选椭球的 e'^2 值
6	C_0、C_2、C_4、C_6、C_8	Z[1]～Z[5]			子午线弧长计算的系数
7	L	L	输入：Lp(Deg)=? 输出：Lp=	° ′ ″	P 点的大地经度
8	B	B	输入：Bp(Deg)=? 输出：Bp=	° ′ ″	P 点的大地纬度
	B_f			° ′ ″	坐标反算时 P 点的底点纬度
9		D	TOU YING DAI (0, 3, 6)=?		选择投影带宽度： 0—任意带 3—3°带 6—6°带
10		H	DAI HAO：		带号
11	L_0	Z	L0(Deg)=?	° ′ ″	中央子午线的经度
12		I			$I=\sin B$ $I=\sin B_f$
13		J			$J=\cos B$ $J=\cos B_f$
14		U			$U=\cos^2 B$ $U=\cos^2 B_f$
15	t	T			$t=\tan B$
	t_f				$t_f=\tan B_f$
16		A			$A=t^2$ $A_f=t_f^2$
17	η^2	E			$\eta^2=e'^2\cos^2 B=P\times U$
	η_f^2				$\eta_f^2=e'^2\cos^2 B_f=P\times U$
18	V_f	V			$V_f=\sqrt{1+e'^2\cos^2 B_f}$ $=\sqrt{1+E}$
19	N	N			$N=\dfrac{c}{\sqrt{1+\eta^2}}=\dfrac{c}{\sqrt{1+E}}$
	N_f				$N_f=\dfrac{c}{V_f}=\dfrac{C}{V}$
20	m	M			$m=\cos Bl\dfrac{\pi}{180}=J\times(L-Z)\div 180\times\pi$
	$\dfrac{y}{N_f}$				$M=\dfrac{y}{N_f}$

序号	数学模型变量	CASIO fx-5800P 计算器变量	输入（输出）提示符	单位	说明
21	X			m	子午线弧长
	x	X	输入：Xp(m)＝? 输出：Xp＝	m	P 点的纵坐标 x
22	y	Y	输入：Yp(m)＝? 输出：Yp＝	m	P 点的横坐标 y（自然值）
23			Y＋500km:	m	P 点的横坐标 y（常用值）
24		W			$W＝m^2＝M^2$
25	F^i	O			$F^i＝(C_2＋C_4\cos^2 B_f^i＋C_6\cos^4 B_f^i＋C_8\cos^6 B_f^i)$ $\cdot \sin B_f^i \cos B_f^i$
26		S			底点纬度 B_f 的近似值
27		K	K(0，500km)＝? K1(0，500km)＝? K2(0，500km)＝?		选择 y 坐标加常数： 0——输入的 y 为自然值 500——输入的 y 是常用值
28		F	坐标正算： LB⇒XY(1) EXIT(0)＝ 坐标反算： XY⇒LB(1) EXIT(0)＝ 邻带坐标换算： XY1⇒XY2(1) EXIT(0)＝		选择后续操作： 1——继续本项计算 0——退出本项计算

7.2.3 算法设计与表示

高斯投影坐标计算的算法如图 7-7 所示。

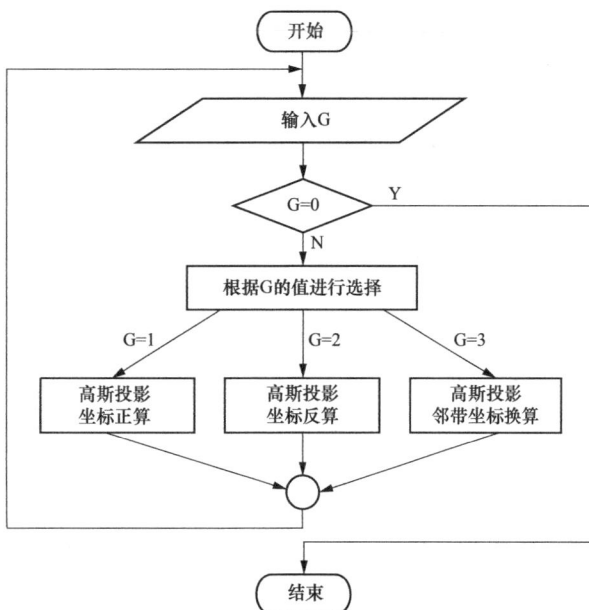

图 7-7 高斯投影坐标计算的算法

7.2.4 程序代码设计

1. 主程序的程序代码（程序文件名"GSTY"）

Deg 设置角度单位

Lbl 0 设置标记 0，与 Goto 0 语句构成循环

Norm 1 设置数值显示格式

Do 通过 DO…LpWhile 循环，控制 G 的值只能输入 1、2、3 和 0

  Cls

  "LB⇒XY(1)":"XY⇒LB(2)":"XY1⇒XY2(3)":"EXIT(0)="?→G 分 4 行显示程序功能选择的提示信息。G=1 高斯投影坐标正算；G=2 高斯投影坐标反算；G=3 邻带坐标换算；G=0 退出程序

LpWhile G≠1 And G≠2 And G≠3 And G≠0

G=0⇒Goto E 退出程序

0→Dim Z:8→Dim Z 先清除额外变量，再重新定义程序需要的 8 个额外变量

Prog "GSTY-TQCS" 调用子程序创建参考椭球参数矩阵 Mat A

Do 通过 DO…LpWhile 循环，控制 Q 的值只能输入 54、80、2000 和 84

  CLs

  "TUO QIU":"(54,80,2000,84)="?→Q 分 2 行显示参考椭球选择提示信息。Q=54 克拉索夫斯基椭球；Q=80 1975 年国际椭球；Q=2000 2000 国家大地坐标系椭球；Q=84 WGS-84 椭球

LpWhile Q≠54 And Q≠80 And Q≠2000 And Q≠84

Q=54⇒1→R:Q=80⇒2→R:Q=2000⇒3→R:Q=84⇒4→R 生成参考椭球的计算代码（即椭球在矩阵 Mat A 中的对应行号）：克拉索夫斯基椭球 R=1；1975 年国际椭球 R=2；2000 国家大地坐标系椭球 R=3；WGS-84 椭球 R=4

Mat A[R,1]→C:Mat A[R,2]→P 将所选椭球的极曲率半径 c、第二偏心率的平方 e'^2 分别保存到变量 C、P

Prog "GSTY-HCXS" 计算参考椭球子午线弧长系数

G=1⇒Prog "GSTY-ZS" 高斯投影坐标正算

G=2⇒Prog "GSTY-FS" 高斯投影坐标反算

G=3⇒Prog "GSTY-HD" 高斯投影邻带坐标换算

Goto 0 与 Lbl 0 语句构成循环，重新开始新一轮高斯投影坐标计算

Lbl E 退出程序的标记

Cls

Locate 2,2,"GSTY Prog END!" 显示程序运行结束的提示信息

Locate 4,3,"PRESS [AC]" 按 EXE（或 AC/ON）重新运行（或结束）程序

2. 子程序 1 的程序代码（程序文件名"GSTY-TQCS"）

程序功能：创建参考椭球参数矩阵 Mat A。

[[0]]→Mat A 重置矩阵 Mat A

[[6399698.9017827110, 0.006738525414683] [6399596.6519880105, 0.006739501819473] [6399593.6258640232,0.006739496775479][6399593.6257584933,0.006739496742276]]→Mat A 矩阵 Mat A 的第 1 行对应 1954 年北京坐标系椭球，第 2 行对应 1980 年西安坐标系椭球，第 3 行对应 2000

国家大地坐标系椭球,第 4 行对应 WGS-84 坐标系椭球

Return　返回主程序

3. 子程序 2 的程序代码（程序文件名 "GSTY-HCXS"）

程序功能：计算参考椭球子午线弧长系数 C_0、C_2、C_4、C_6、C_8。

$(1 - 3 \div 4 \times P + 45 \div 64 \times P^2 - 175 \div 256 \times P^3 + 11025 \div 16384 \times P^4) \times C \to Z[1]$　计算 C_0 的值并保存到变量 Z[1]

$(- 3 \div 4 \times P + 45 \div 64 \times P^2 - 175 \div 256 \times P^3 + 11025 \div 16384 \times P^4) \times C \to Z[2]$　计算 C_2 的值并保存到变量 Z[2]

$(15 \div 32 \times P^2 - 175 \div 384 \times P^3 + 3675 \div 8192 \times P^4) \times C \to Z[3]$　计算 C_4 的值并保存到变量 Z[3]

$(- 35 \div 96 \times P^3 + 735 \div 2048 \times P^4) \times C \to Z[4]$　计算 C_6 的值并保存到变量 Z[4]

$(315 \div 1024 \times P^4) \times C \to Z[5]$　计算 C_8 的值并保存到变量 Z[5]

Return　返回主程序

4. 子程序 3 的程序代码（程序文件名 "GSTY-ZS"）

程序功能：高斯投影坐标正算。

G = 3⇒Goto 3　若进行邻带坐标换算,则程序跳转至 Lbl 3 执行

Fix 3　设置数值显示格式为 3 位小数(高斯坐标精确至 0.001m)

Lbl 0　设置标记 0,与 Goto 0 语句构成循环

Cls

"Lp(Deg) = "?L:"Bp(Deg) = "?B　输入 P 点的大地经度 L 和大地纬度 B

Do　通过 DO…LpWhile 循环,控制 D 的值只能输入 0、3 和 6

　Cls

　"TOU YING DAI":"(0,3,6) = "?→D　输入投影选择代码。0—任意带投影;3—3°带投影;6—6°带投影

LpWhile D≠0 And D≠3 And D≠6

Cls

D = 0⇒"L0(Deg) = "?→Z　若是任意带投影,则要输入投影带的中央子午线经度

If D = 3:Then Int(L ÷ 3 + 0.5)→H:3 × H→Z:IfEnd　计算 3°带投影时的带号和中央子午线经度

If D = 6:Then Int(L ÷ 6) + 1→H:6 × H - 3→Z:IfEnd　计算 6°带投影时的带号和中央子午线经度

Lbl 3　设置标记,邻带坐标换算时不用执行之前的语句

sin(B)→I　将 $\sin B$ 的值保存到变量 I

cos(B)→J:J²→U　将 $\cos B$ 的值保存到变量 J,将 $\cos^2 B$ 的值保存到变量 U

tan(B)→T:T²→A　将 t 的值保存到变量 T,将 t^2 的值保存到变量 A($t = \tan B$)

P×U→E　计算 η^2 的值并保存到变量 E($\eta^2 = e'^2 \cos^2 B$)

C÷√(1 + E)→N　计算 N 的值并保存到变量 N$\left(N = \dfrac{c}{\sqrt{1 + \eta^2}}\right)$

Z[1]×B÷180×π + (Z[2] + Z[3]×U + Z[4]×U² + Z[5]×U³)×I×J→X　计算子午线弧长并保存到变量 X

J×(L - Z) ÷ 180 × π→M:M²→W　计算 m 的值并保存到变量 M,将 m^2 的值保存到变量 W

$\left(m = \cos B \cdot l \cdot \dfrac{\pi}{180}\right)$

X + N × T × ((0.5 + ((5 − A + 9 × E + 4 × E²) ÷ 24 + (61 − 58 × A + A²) ÷ 720 × W) × W) × W)→X　计算 P

点的高斯平面坐标 x 并保存到变量 X

N × ((1 + ((1 − A + E) ÷ 6 + (5 − 18 × A + A² + 14 × E − 58 × E × A) ÷ 120 × W) × W) × M¹)→Y　计算 P

点的高斯平面坐标 y (自然值)并保存到变量 Y(使用 M¹ 表示 M 可解决 L_0 不为整数时,坐标 y

显示为"度分秒"格式的问题)

G = 3⇒Goto R　邻带坐标换算不用输出正算的结果,程序跳转至 Lbl R 执行

Cls

Locate 1,1,"Lp = ":Locate 5,1,L　显示 P 点的大地经度

Locate 1,2,"Bp = ":Locate 5,2,B　显示 P 点的大地纬度

Locate 1,3,"Xp = ":Locate 5,3,X　显示 P 点的高斯平面坐标 x

Locate 1,4,"Yp = ":Locate 5,4,Y ◢　显示 P 点的高斯平面坐标 y 的自然值后暂停,等待用户按

◻EXE◻ 键继续运行程序

Cls

Locate 1,1,"Y + 500km:"　显示输出常用坐标的提示信息

Locate 7,2,Y + 500000 ◢　显示 P 点的高斯平面坐标 y 的常用值后暂停,等待用户按 ◻EXE◻ 键继续

运行程序

If D≠0

Then Locate 1,3,"DAI HAO:":Locate 7,4,H ◢　若不是任意带投影,则显示 P 点所在投影带的带号

后暂停,等待用户按 ◻EXE◻ 键继续运行程序

IfEnd

Do　通过 DO···LpWhile 循环,控制 F 的值只能输入 0 和 1

　Cls

　"LB⇒XY(1)":"EXIT(0) = "?→F　　输入 1 则继续进行坐标正算(参考椭球不变),输入 0 则退出

　坐标正算,返回主程序。若要更改参考椭球,应输入 0 返回主程序,然后继续运行程序。

LpWhile F≠1 And F≠0

F = 1⇒Goto 0　继续进行坐标正算(参考椭球不变)【0 表示重新开始】

Lbl R　设置程序调用返回标记【R 是 Return 的首字母,表示返回】

Return　返回调用程序

📖按 ◻FUNCTION◻◻4◻(CONST) ◉◉◉◻1◻ 键输入字符 k。

5. 子程序 4 的程序代码 (程序文件名 "GSTY-FS")

程序功能:高斯投影坐标反算。

G = 3⇒Goto 3　若进行邻带坐标换算,则程序跳转至 Lbl 3 执行

Fix 4　设置数值显示格式为 4 位小数(角度计算取至 0.0001")

Lbl 0　设置标记 0,与 Goto 0 语句构成循环

Cls

"L0(Deg) = "?→Z　输入投影带的中央子午线经度

Do　通过 DO···LpWhile 循环,控制 K 的值只能输入 0 和 500

Cls

"K(0,500km) = "?→K　输入横坐标 y 的加常数 K。P 点的横坐标 y 是自然值时输入 0，P 点的横坐标 y 是常用值时输入 500

LpWhile K≠0 And K≠500

Cls

"Xp(m) = "?X:"Yp(m) = "?Y　输入 P 点的高斯平面坐标

Y-K×1000→Y　计算横坐标 y 的自然值并保存到变量 Y

Lbl 3　设置标记，邻带坐标换算时不用执行之前的语句

X÷Z[1]×180÷π→B　计算底点纬度 B_f 的初始值

Do　用迭代法计算底点纬度 B_f

　B→S　将 B_f^{i-1} 保存到变量 S

　sin(S)→I

　cos(S)→J:J²→U

　(Z[2]+Z[3]×U+Z[4]×U²+Z[5]×U³)×I×J→O

　(X−O)÷Z[1]×180÷π→B　计算 B_f^i 并保存到变量 B

LpWhile Abs(B−S)>1×10⁻¹²　若 $|B_f^i - B_f^{i-1}| < 1 \times 10^{-12}$，则变量 B 中保存的 B_f^i 即为底点纬度 B_f

sin(B)→I　计算 $\sin B_f$ 的值并保存到变量 I

cos(B)→J:J²→U　计算 $\cos B_f$ 的值并保存到变量 J，计算 $\cos^2 B_f$ 的值并保存到变量 U

tan(B)→T　计算 t_f 的值并保存到变量 T($t_f = \tan B_f$)

P×U→E　计算 η_f^2 的值并保存到变量 E($\eta_f^2 = e'^2 \cos^2 B_f$)

√(1+E)→V　计算 V_f 的值并保存到变量 V($V_f = \sqrt{1 + e'^2 \cos^2 B_f} = \sqrt{1 + \eta_f^2}$)

C÷V→N　计算 N_f 的值并保存到变量 N$\left(N_f = \dfrac{c}{V_f}\right)$

Y÷N→M　计算 $\dfrac{y}{N_f}$ 的值并保存到变量 M

B−V²×T÷π×(90×M²−7.5×(5+3×T²+E−9×E×T²)×M⁴+0.25×(61+90×T²+45×T⁴)×M⁶)→B　计算 P 点的大地纬度 B 并保存到变量 B

1÷(π×J)×(180×M−30×(1+2×T²+E)×M³+1.5×(5+28×T²+24×T⁴+6×E+8×E×T²)×M⁵)+Z→L　计算 P 点的大地经度 L 并保存到变量 L

G=3⇒Goto R　邻带坐标换算不用输出反算的结果，程序跳转至 Lbl R 执行

Cls

Locate 1,1,"Xp = ":Locate 5,2,X　显示 P 点的高斯平面坐标 x

Locate 1,3,"Yp = ":Locate 5,4,Y+1000×K ◢　显示 P 点的高斯平面坐标 y 后暂停（用于核对数据），等待用户按 EXE 键继续运行程序

Cls

"Lp (Deg) = ":L▶DMS ◢　按度分秒格式显示 P 点的大地经度 L 后暂停，等待用户按 EXE 键继续运行程序

DZ"Lp(S) = ":Frac(Abs(L)＊60)＊60 ◢　显示 P 点大地经度的秒值（精确到 0.0001"）后暂停，等待用户按 EXE 键继续运行程序

Cls

"Bp (Deg) = ":B▶DMS ◢　按度分秒格式显示 P 点的大地纬度 B 后暂停，等待用户按 EXE 键继续运行程序

"Bp(S) = ":Frac(Abs(B) * 60) * 60 ◢　显示 P 点大地纬度的秒值（精确到 0.0001"）后暂停，等待用户按 EXE 键继续运行程序

Do　通过 DO…LpWhile 循环，控制 F 的值只能输入 0 和 1

　Cls

　"XY⇒LB(1)":"EXIT(0) = "?→F　输入 1 则继续进行坐标反算（参考椭球不变），输入 0 则退出坐标反算，返回主程序。若要更改参考椭球，应输入 0 返回主程序，然后继续运行程序。

LpWhile F≠1 And F≠0

F = 1⇒Goto 0　继续进行坐标反算（参考椭球不变）

Lbl R　设置程序调用返回标记

Return　返回调用程序

6. 子程序 5 的程序代码（程序文件名 "GSTY-HD"）

程序功能：高斯投影邻带坐标换算。

　Fix 3　设置数值显示格式为 3 位小数（高斯坐标精确至 0.001m）

　Lbl 0　设置标记 0，与 Goto 0 语句构成循环

　Cls

　"L1(Deg) = "?→Z:Z→Z[6]　输入 P 点的源中央子午线经度 L_0' 并保存到变量 Z 和 Z[6]

　Do　通过 DO…LpWhile 循环，控制 K 的值只能输入 0 和 500

　　Cls

　　"K1(0,500km) = "?→K　输入 P 点的源高斯坐标 y' 的加常数 K。y' 是自然值时输入 0，y' 是常用值时输入 500

　　LpWhile K≠0 And K≠500

　　Cls

　"X1(m) = "?X:X→Z[7]　输入 P 点的源高斯坐标 x' 并保存到变量 X 和 Z[7]

　"Y1(m) = "?Y:Y→Z[8]　输入 P 点的源高斯坐标 y' 并保存到变量 Y 和 Z[8]

　Y－K×1000→Y　计算源高斯坐标 y' 的自然值并保存到变量 Y

　Prog "GSTY-FS"　调用程序"GSTY-FS"，计算 P 点的大地经度（保存到变量 L）和纬度（保存到变量 B）

　Cls

　"L2(Deg) = "?→Z　输入目标中央子午线经度 L_0'' 并保存到变量 Z

　Do　通过 DO…LpWhile 循环，控制 K 的值只能输入 0 和 500

　　Cls

　　"K2(0,500km) = "?→K　输入目标高斯坐标 y'' 的加常数 K。若要计算自然值则输入 0，若要计算常用值则输入 500

　LpWhile K≠0 And K≠500

　Prog "GSTY-ZS"　调用程序"GSTY-ZS"，计算 P 点的目标高斯坐标 x''（保存到变量 X）和 y'' 的自然值（保存到变量 Y）

　Y＋K×1000→Y　计算 P 点的目标高斯坐标 y''

　Cls

Locate 1,1,"L1 = ":Locate 5,1,Z[6]　显示 P 点的 L_0'

Locate 1,2,"X1 = ":Locate 5,2,Z[7]　显示 P 点的 x'

Locate 1,3,"Y1 = ":Locate 5,3,Z[8]◢　显示 P 点的 y' 后暂停（用于核对数据），等待用户按 ㊀㊀ 键继续运行程序

Cls

Locate 1,1,"L2 = ":Locate 5,1,Z　显示 P 点的 L_0''

Locate 1,2,"X2 = ":Locate 5,2,X　显示 P 点的 x''

Locate 1,3,"Y2 = ":Locate 5,3,Y◢　显示 P 点的 y'' 后暂停，等待用户按 ㊀㊀ 键继续运行程序

Do　通过 DO…LpWhile 循环，控制 F 的值只能输入 0 和 1

　Cls

　"XY1⇒XY2(1)":"EXIT(0)"?→F　输入 1 则继续进行邻带换算（参考椭球不变），输入 0 则退出

　　　邻带换算，返回主程序。若要更改参考椭球，应输入 0 返回主程序，然后继续运行程序。

LpWhile F≠1 And F≠0

F = 1⇒Goto 0　继续进行邻带换算（参考椭球不变）

Return　返回主程序

7.2.5　程序应用

1. 高斯投影坐标正算

（1）算例。我国境内某控制点 P_1，其大地坐标为：$L = 112°56'42.2107''$，$B = 26°55'38.9719''$。试计算该点在 1980 年西安坐标系中统一 6° 带的高斯平面坐标 x、y。

（2）程序操作步骤

运行程序"GSTY"，计算 P_1 点在 1980 年西安坐标系中统一 6° 带的高斯平面坐标 x、y 的操作步骤见表 7-10，计算结果见表 7-11。

表 7-10　　　　　　　　　　　高斯投影坐标正算的操作步骤

步骤	屏幕提示	按键操作	操作说明
1	LB⇒XY(1) XY⇒LB(2) XY1⇒XY2(3) EXIT(0)＝?	1 ㊀㊀	输入 1 选择"高斯投影坐标正算"
2	TUO QIU (54, 80, 2000, 84)＝?	80 ㊀㊀	输入 80 选择"1975 年国际椭球"
3	Lp(Deg)＝?	112°56'42.2107'' ㊀㊀	输入 P_1 点的大地经度
4	Bp(Deg)＝?	26°55'38.9719'' ㊀㊀	输入 P_1 点的大地纬度
5	TOU YING DAI (0, 3, 6)＝?	6 ㊀㊀	输入 6 选择"6°带投影"
6	**Disp** Lp ＝112°56'42.21'' Bp ＝26°55'38.97'' Xp ＝2981083.089 Yp ＝193202.373	㊀㊀	显示 P_1 点的大地坐标（用于核对数据）和高斯平面坐标（y 是自然值）

步骤	屏幕提示	按键操作	操作说明
7	**Disp** Y+500km: 　　　　693202.373	EXE	显示 P_1 点高斯平面坐标 y 的常用值
8	**Disp** Y+500km: 　　　　693202.373 DAI HAO: 　　　　19.000	EXE	显示 P_1 点所在投影带的带号
9	LB⇒XY(1) EXIT(0)＝?	0 EXE	输入 0 退出"高斯投影坐标正算"
10	LB⇒XY(1) XY⇒LB(2) XY1⇒XY2(3) EXIT(0)＝?	0 EXE	显示程序功能选择界面,输入 0 选择"退出程序"
11	GSTY Prog END! PRESS〔AC〕	EXE（或 AC/ON ）	重新运行（或结束）程序

表 7-11　　　　　　　　　　　　　高斯投影坐标正算成果

点名	L	B	x	y	备注
P_1	112°56′42.2107″	26°55′38.9719″	2981083.089	自然值: 193202.373 常用值: 693202.373	1980 年西安坐标系 中央子午线经度 $L_0=111°$ 带号 $n_6=19$

2. 高斯投影坐标反算

（1）算例。我国境内某控制点 P_1,其在 1980 年西安坐标系中统一 6°带的高斯平面坐标为 $x=2981083.089$,$y=19693202.373$。试计算该点的大地坐标 L、B。

（2）程序操作步骤。运行程序"GSTY",计算 P_1 点的大地坐标 L、B 的操作步骤见表 7-12,计算结果见表 7-13。

表 7-12　　　　　　　　　　　　高斯投影坐标反算的操作步骤

步骤	屏幕提示	按键操作	操作说明
1	LB⇒XY(1) XY⇒LB(2) XY1⇒XY2(3) EXIT(0)　=?	2 EXE	输入 2 选择"高斯投影坐标反算"
2	TUO QIU (54, 80, 2000, 84)=?	80 EXE	输入 80 选择"1975 年国际椭球"
3	L0(Deg)=?	111° EXE	输入中央子午线经度 111°
4	K(0, 500km)=?	500 EXE	输入 y 坐标加常数
5	Xp(m)=?	2981083.089 EXE	输入 P_1 点的高斯平面坐标 x
6	Yp(m)=?	693202.373 EXE	输入 P_1 点的高斯平面坐标 y
7	**Disp** Xp= 　　　2981083.089 Yp= 　　　693202.3730	EXE	显示 P_1 点的高斯平面坐标（用于核对数据）

续表

步骤	屏幕提示	按键操作	操作说明
8	Lp(Deg)= **Disp** 112°56′42.21″	EXE	显示 P_1 点的大地经度
9	Lp(Deg)= **Disp** 112°56′42.21″ Lp(S)= 42.2107	EXE	显示 P_1 点大地经度的秒值（精确至 0.0001″）
10	Bp(Deg)= **Disp** 26°55′38.97″	EXE	显示 P_1 点的大地纬度
11	Bp(Deg)= **Disp** 26°55′38.97″ Bp(S)= 38.9719	EXE	显示 P_1 点大地纬度的秒值（精确至 0.0001″）
12	XY⇒LB(1) EXIT(0)=?	0 EXE	输入 0 退出"高斯投影坐标反算"
13	LB⇒XY(1) XY⇒LB(2) XY1⇒XY2(3) EXIT(0)=?	0 EXE	显示程序功能选择界面，输入 0 选择"退出程序"
14	GSTY Prog END! PRESS [AC]	EXE（或 AC/ON）	重新运行（或结束）程序

表 7-13　　　　　　　　　　　　　　高斯投影坐标反算成果

点名	x	y	L	B	备注
P_1	2981083.089	19693202.373	112°56′42.2107″	26°55′38.9719″	1980 年西安坐标系 带号 $n_6=19$ 中央子午线经度 $L_0=111°$

3. 高斯投影邻带坐标换算

（1）算例。我国境内某控制点 P_2，其在 1980 年西安坐标系中统一 3°带的高斯平面坐标为 $x=2980034.469$，$y=38395221.260$。试计算该点在地方坐标系（地方坐标系采用 1980 年西安坐标系椭球、高斯正形投影任意带投影，中央子午线经度为 112°30′）的高斯平面坐标。

（2）程序操作步骤。运行程序"GSTY"，计算 P_2 点在地方坐标系中的坐标 x、y 的操作步骤见表 7-14，计算结果见表 7-15。

表 7-14　　　　　　　　　　　　高斯投影邻带坐标换算的操作步骤

步骤	屏幕提示	按键操作	操作说明
1	LB⇒XY(1) XY⇒LB(2) XY1⇒XY2(3) EXIT(0)=?	3 EXE	输入 3 选择"高斯投影邻带坐标换算"
2	TUO QIU (54, 80, 2000, 84)=?	80 EXE	输入 80 选择"1975 年国际椭球"

步骤	屏幕提示	按键操作	操作说明
3	L1(Deg)＝?	114° EXE	输入源中央子午线经度 L_0'
4	K1(0，500km)＝?	500 EXE	输入源坐标 y 的坐标加常数
5	X1(m)＝?	2980034.469 EXE	输入 P_2 点的源高斯平面坐标 x'
6	Y1(m)＝?	395221.260 EXE	输入 P_2 点的源高斯平面坐标 y'
7	L2(Deg)＝?	112°30′ EXE	输入目标中央子午线经度 L_0''
8	K2(0，500km)＝?	500 EXE	输入目标坐标 y 的坐标加常数
9	**Disp** L1＝　114°0′0″ X1＝　2980034.469 Y1＝　395221.260	EXE	显示 P_2 点的 L_0'、x' 和 y'（用于核对数据，若第 3 步的按键是 114 EXE，则显示的 L1 为 114.000）
10	**Disp** L2＝　112°30′0″ X2＝　2979675.351 Y2＝　544202.817	EXE	显示 P_2 点的 L_0''、x'' 和 y''
11	XY1⇒XY2(1) EXIT(0)＝?	0 EXE	输入 0 退出"高斯投影邻带坐标换算"
12	LB⇒XY(1) XY⇒LB(2) XY1⇒XY2(3) EXIT(0)＝?	0 EXE	显示程序功能选择界面 输入 0 选择"退出程序"
13	GSTY Prog END! PRESS〔AC〕	EXE（或 ACᴼᴺ）	重新运行（或结束）程序

表 7-15　　　　　　　高斯投影邻带坐标换算成果

点名	x'	y'	x''	y''	备注
P_2	2980034.469	38395221.260 （通用值）	2979675.351	544202.817 （常用值）	$n_3＝38$, $L_0'＝114°$ $L_0''＝112°30'$

4. 计算案例数据

读者可用表 7-16 中的数据验证程序的运行结果。

表 7-16　　　　　　　高斯投影坐标计算案例数据

点名			G1	G2	G3	备注
大地坐标	经度 L		112°35′13.6846″	113°05′55.0018″	113°56′21.9815″	
	纬度 B		22°38′49.5261″	22°36′53.7598″	22°31′15.6236″	
1954 年 北京坐标系	3°带	x	2506190.119	2502219.719	2491539.193	第 38 带 $L_0＝114°$
		y	354762.761	407323.052	493769.367	
	6°带	x	2506370.780	2503459.563	2494511.913	第 19 带 $L_0＝111°$
		y	663154.527	715798.289	802511.101	
	任意带 $L_0＝112°30'$	x	2505503.124	2502063.009	2492250.611	
		y	508956.469	561545.712	648104.114	

续表

点名			G1	G2	G3	备注
1980 年西安坐标系	3°带	x	2506146.614	2502176.283	2491495.940	第 38 带 $L_0=114°$
		y	354765.141	407324.571	493769.469	
	6°带	x	2506327.272	2503416.106	2494468.612	第 19 带 $L_0=111°$
		y	663151.853	715794.752	802506.143	
	任意带 $L_0=112°30'$	x	2505459.631	2502019.575	2492207.347	
		y	508956.322	561544.703	648101.686	
2000 国家坐标系	3°带	x	2506145.447	2502175.118	2491494.780	第 38 带 $L_0=114°$
		y	354765.209	407324.615	493769.472	
	6°带	x	2506326.105	2503414.940	2494467.450	第 19 带 $L_0=111°$
		y	663151.776	715794.651	802506.000	
WGS-84 坐标系	3°带	x	2506145.447	2502175.118	2491494.780	第 38 带 $L_0=114°$
		y	354765.209	407324.615	493769.472	
	6°带	x	2506326.105	2503414.940	2494467.450	第 19 带 $L_0=111°$
		y	663151.776	715794.651	802506.000	

注　表中高斯平面坐标 y 的值均为常用值。

7.3　道路平曲线计算程序的设计及应用

道路中线属于三维空间曲线，设计图纸是用平曲线设置道路中线的平面位置，用竖曲线设置道路中线的高程，平曲线和竖曲线联系的纽带是道路中桩的桩号。桩号也称里程，它表示道路中线上的某点沿道路中线至路线起点的距离（投影到水平面上）。如某中桩距路线起点的距离为 10234.560m，则该中桩桩号为 K10＋234.560。

我国《公路路线设计规范》规定，高速公路、一级公路、二级公路、三级公路的直线同小于表 7-17 不设超高的圆曲线最小半径相连接处，应设置缓和曲线。

表 7-17　　　　　　　　　　**不设超高的圆曲线最小半径**

设计速度（km/h）		120	100	80	60	40	30	20
不设超高圆曲线最小半径（m）	路拱≤2.0%	5500	4000	2500	1500	600	350	150
	路拱＞2.0%	7500	5250	3350	1900	800	450	200

道路（包括立交匝道）的中线不论看上去多么复杂，都不外乎由直线、圆曲线和缓和曲线三种基本线形组成。在现代高速公路上，有时缓和曲线所占的比例超过了直线和圆曲线，成为平面线形的主要组成部分。

道路平曲线一般是按"直线＋缓和曲线＋圆曲线＋缓和曲线＋直线"顺序连续组成的完整线形，线形中的缓和曲线均为完整缓和曲线，其曲率半径从∞→圆曲线的半径 R（或从圆曲线的半径 R→∞）。直线和圆曲线中桩坐标的计算比较简单（参见本书第 6 章相关内容），完整缓和曲线中桩坐标的计算相对复杂，通常把完整缓和曲线和圆曲线连在一起进行讨论和计算。

目前我国高速公路建设发展越来越快，在高速公路互通立交的匝道设计中经常使用非完整缓和曲线（亦称"不完全缓和曲线"），另外，在公路和轨道交通设计中，由于受到地形条件限制也会使用非完整缓和曲线。非完整缓和曲线具有一定的特殊性，使得其在坐标计算时就更加复杂和困难，掌握的难度更大，但它又是道路施工测量员必须掌握的内容，本章节的道路平曲线计算（道路坐标正算和反算）程序能全面解决各种平曲线形（组合）的坐标计算问题。

7.3.1 数学模型

常见的道路坐标计算方法分为两类：①交点法；②线元法。

采用交点法计算时，一般要先建立各个计算单元（直线段、圆曲线段、缓和曲线段）的相对坐标系（或称局部坐标系），求出对应计算单元上各中桩点在该相对坐标系中的坐标，然后转换为路线统一坐标系的坐标。

线元法亦称积木法，它将组合复杂的道路平面线形"化整为零"，把组成道路平面线形的直线段、圆曲线段和缓和曲线段看做独立的单元——线元。线元是构成道路平面线形的基本元素，线元的起点和线元的终点统称为线元端点。一条复杂多变的道路，其平面线形总是由若干个线元首尾相连而构成的，一旦各个线元确定，道路的平面线形也就随之而定。直线可以看作是曲率半径为∞的曲线，圆曲线为曲率半径为定值的曲线，缓和曲线为曲率半径渐变的曲线，因此，道路中线可以看成是由曲线构成的。如果一条曲线的长度及两端点的曲率半径确定了，那么这个曲线的形状和尺寸也就确定了。若给出了曲线起点的坐标和切线方位角，则曲线在坐标系中的位置也就确定了。线元法是以线元起点的坐标和切线方位角、起终点的桩号、起终点的曲率（半径）等元素为参数，计算线元上任意中桩（或边桩）坐标的方法。

道路坐标计算的关键是数学模型的选择。根据作者的实践经验，道路坐标的计算，特别是互通立交匝道坐标的计算，线元法明显优于交点法，它既适用于圆曲线配置对称缓和曲线的计算，也适用于配置不对称缓和曲线及卵形线的计算，特别适合编程计算，因此本实例程序基于线元法建立数学模型。

线元法求路线的中桩坐标可用复化 Simpson（辛普森）公式或 Gauss-Legendre（高斯-勒让德）公式，这两个公式导出的通用公式都是道路中桩坐标计算的万能公式，可以解决任意曲线的坐标计算问题，而且具有很高的精度。本实例程序采用 5 节点 Gauss-Legendre 通用公式计算道路的中桩坐标。

道路平曲线的计算包含两项内容：①道路坐标正算；②道路坐标反算。

1. 道路坐标正算

如图 7-8 所示，P 是线元 SE 上的任意中桩，B_Z 是中桩 P 的左侧边桩，B_Y 是中桩 P 的右侧边桩。线元起点 S 的桩号为 Z_S，曲率半径为 R_S，坐标为 (x_S, y_S)，切线方位角为 α_S；线元终点 E 的桩号为 Z_E，曲率半径为 R_E。中桩 P 至边桩的水平距离称为偏距，记为 D，其中 P 至左侧边桩的水平距离为"一"（负），P 至右侧边桩的水平距离为"＋"（正）。中桩 P 的切线方向顺时针旋转至右侧边桩 B_Y 所得的角度 β_P 称为偏角。

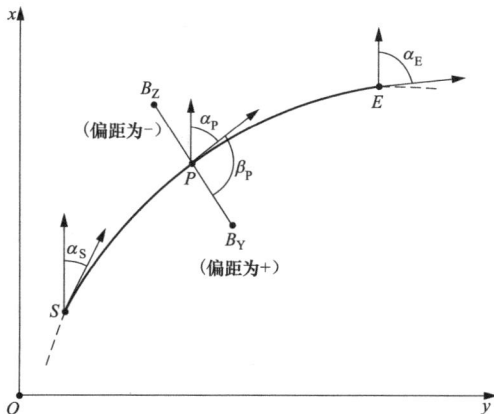

图 7-8 线元法道路坐标正算

160

道路坐标正算指根据任意中桩 P 的桩号 Z_P、偏距 D 和偏角 β_P，计算中桩 P 的坐标 (x_P, y_P) 和切线方位角 α_P 及对应边桩的坐标 (x_B, y_B)。

曲线上某点的曲率 ρ 和曲率半径 R 的关系为：

$$\rho = \frac{1}{R} \tag{7-30}$$

由上式可知，线元起点 S 的曲率 $\rho_S = \dfrac{1}{R_S}$，线元终点 E 的曲率 $\rho_E = \dfrac{1}{R_E}$。

中桩 P 的曲率为 ρ_P，其计算公式为：

$$\rho_P = \rho_S + \frac{\rho_E - \rho_S}{Z_E - Z_S}(Z_P - Z_S) \tag{7-31}$$

上式中：当曲线左偏时，ρ_S、ρ_E 取负（－）；当曲线右偏时，ρ_S、ρ_E 取正（＋）。

中桩 P 的切线方位角为 α_P，其计算公式为：

$$\alpha_P = \alpha_S + (\rho_P + \rho_S)(Z_P - Z_S)\frac{90}{\pi} \tag{7-32}$$

中桩 P 的坐标为 (x_P, y_P)，用 5 节点 Gauss-Legendre 通用公式计算 x_P、y_P 的公式为：

$$\left. \begin{aligned} x_P &= x_S + l\sum_{j=1}^{5}A_j\cos\left[\alpha_S + \left(\rho_S V_j l + \frac{\rho_{SE}V_j^2 l^2}{2L_S}\right)\frac{180}{\pi}\right] \\ y_P &= y_S + l\sum_{j=1}^{5}A_j\sin\left[\alpha_S + \left(\rho_S V_j l + \frac{\rho_{SE}V_j^2 l^2}{2L_S}\right)\frac{180}{\pi}\right] \end{aligned} \right\} \tag{7-33}$$

式中　x_P，y_P——线元上任意中桩 P 的坐标；

　　　　l——线元上任意中桩 P 到线元起点 S 的弧长，$l = Z_P - Z_S$；

　　　x_S，y_S——线元起点 S 的坐标；

　　　　α_S——线元起点 S 的切线方位角；

　　　　L_S——线元的长度，$L_S = Z_E - Z_S$；

　　ρ_S、ρ_E——线元起点和终点的曲率（曲线左偏时取"－"号，右偏时取"＋"号）；

　　　　ρ_{SE}——线元起点和终点的曲率差，$\rho_{SE} = \rho_E - \rho_S$。

$A_1 = A_5 = 0.118\ 463\ 4425$

$A_2 = A_4 = 0.239\ 314\ 3352$

$A_3 = 0.284\ 444\ 4444$

$V_1 = 0.046\ 910\ 0770$

$V_2 = 0.230\ 765\ 3449$

$V_3 = 0.5$

$V_4 = 1 - V_2$

$V_5 = 1 - V_1$

道路线形的连续性是路线设计的基本要求之一。我们把自某一点开始，由若干个曲率半径连续的线元组成的路线称为连续线形。"曲率半径连续"指前一个线元终点的曲率半径等于后一个线元起点的曲率半径。

若某连续线形路段由 n 个线元组成，从路段起点至路段终点的线元端点编号依次为 1、2、…、n、$n+1$，则第 i（$1\leqslant i\leqslant n$）个线元起点的编号为 i，终点的编号为 $i+1$。根据线元端点 1（路段起点）的桩号 Z_1、曲率半径 R_1、坐标 (x_1, y_1)、切线方位角 α_1，线元端点 2

的桩号 Z_2、曲率半径 R_2，线元端点 3 的桩号 Z_3、曲率半径 R_3，…，线元端点 n 的桩号 Z_n、曲率半径 R_n，线元端点 $n+1$（路段终点）的桩号 Z_{n+1}、曲率半径 R_{n+1}，任意中桩 P 的桩号 Z_P（$Z_1 \leqslant Z_P \leqslant Z_{n+1}$）及其偏角 β_P 和偏距 D，采用 5 节点 Gauss-Legendre 通用公式进行道路坐标正算的步骤如下：

（1）计算连续线形路段各线元的线元参数。线元参数包括：①线元起点的桩号、曲率（或曲率半径）、坐标和切线方位角；②线元终点的桩号和曲率（或曲率半径）。

在连续线形路段，前一个线元的终点是后一个线元的起点，在计算后一个线元上的中桩坐标时，后一个线元起点的桩号、曲率（或曲率半径）、坐标和切线方位角是必要参数。其中每个线元端点的桩号和曲率（或曲率半径）是已知的，因此只需计算出前 $n-1$ 个线元的终点（即线元端点 2～n）的坐标和切线方位角即可。但为了便于进行其它项目的计算，建议一并计算出路段终点（即线元端点 $n+1$）的坐标和切线方位角。

第 1 个线元的长度为 L_{S1}，其计算公式为：

$$L_{S1} = Z_2 - Z_1 \tag{7-34}$$

第 1 个线元终点（端点 2）的切线方位角为 α_2，依据式（7-32）推导可得其计算公式为：

$$\alpha_2 = \alpha_1 + (\rho_2 + \rho_1)L_{S1}\frac{90}{\pi} \tag{7-35}$$

第 1 个线元终点（端点 2）的坐标为 (x_2, y_2)，依据式（7-33）推导可得其计算公式为：

$$\left.\begin{aligned} x_2 &= x_1 + L_{S1}\sum_{j=1}^{5} A_j \cos\left\{\alpha_1 + \left[\rho_1 V_j L_{S1} + \frac{(\rho_2 - \rho_1)V_j^2 L_{S1}}{2}\right]\frac{180}{\pi}\right\} \\ y_2 &= y_1 + L_{S1}\sum_{j=1}^{5} A_j \sin\left\{\alpha_1 + \left[\rho_1 V_j L_{S1} + \frac{(\rho_2 - \rho_1)V_j^2 L_{S1}}{2}\right]\frac{180}{\pi}\right\} \end{aligned}\right\} \tag{7-36}$$

设第 i（$1 \leqslant i \leqslant n$）个线元的长度为 L_{Si}，其终点（即端点 $i+1$）的坐标为 (x_{i+1}, y_{i+1})，终点的切线方位角为 α_{i+1}，由上述 3 个公式可推导出以下通用公式：

$$L_{Si} = Z_{i+1} - Z_i \tag{7-37}$$

$$\alpha_{i+1} = \alpha_i + (\rho_{i+1} + \rho_i)L_{Si}\frac{90}{\pi} \tag{7-38}$$

$$\left.\begin{aligned} x_{i+1} &= x_i + L_{Si}\sum_{j=1}^{5} A_j \cos\left\{\alpha_i + \left[\rho_i V_j L_{Si} + \frac{(\rho_{i+1} - \rho_i)V_j^2 L_{Si}}{2}\right]\frac{180}{\pi}\right\} \\ y_{i+1} &= y_i + L_{Si}\sum_{j=1}^{5} A_j \sin\left\{\alpha_i + \left[\rho_i V_j L_{Si} + \frac{(\rho_{i+1} - \rho_i)V_j^2 L_{Si}}{2}\right]\frac{180}{\pi}\right\} \end{aligned}\right\} \tag{7-39}$$

用不同的 i 值代入上述 3 个公式，可以求出连续线形全部线元的长度、端点坐标和切线方位角。由 n 个线元组成的连续线形的线元参数见表 7-18。

表 7-18 连续线形的线元参数（n 个线元）

线元端点序号	桩号	曲率半径	坐标		切线方位角	线元长度
			x	y		
1	Z_1	R_1	x_1	y_1	α_1	第 1 个线元的长度 L_{S1}
2	Z_2	R_2	x_2	y_2	α_2	第 2 个线元的长度 L_{S2}
…	…	…	…	…	…	…
n	Z_n	R_n	x_n	y_n	α_n	第 n 个线元的长度 L_{Sn}
$n+1$	Z_{n+1}	R_{n+1}	x_{n+1}	y_{n+1}	α_{n+1}	—

（2）确定中桩 P 所在的线元。从连续线形路段的第 1 个线元开始，将中桩 P 的桩号 Z_P 与线元两个端点（起点和终点）的桩号进行比较，直到 $Z_i \leqslant Z_P \leqslant Z_{i+1}$，则中桩 P 位于第 i 个线元上。

例如，某连续线形路段由 2 个线元组成，其 3 个线元端点的桩号依次为 $Z_1 =$ K5 + 240.870、$Z_2 =$ K5 + 540.870、$Z_3 =$ K6 + 796.516，若中桩 P 的桩号 Z_P 为 K5 + 600，确定中桩 P 所在的线元时，首先将 Z_P 与第 1 个线元的两个端点的桩号 Z_1、Z_2 进行比较，由于 Z_P 不满足条件 $Z_1 \leqslant Z_P \leqslant Z_2$，因此它不在第 1 个线元上，接着将 Z_P 与第 2 个线元的两个端点的桩号 Z_2、Z_3 进行比较，Z_P 满足条件 $Z_2 \leqslant Z_P \leqslant Z_3$，因此中桩 P 位于第 2 个线元上（线元起点是端点 2，线元终点是端点 3）。

应特别注意，若 Z_P 小于连续线形路段起点的桩号 Z_1 或大于连续线形路段终点的桩号 Z_{i+1}，则中桩 P 不在该连续线形路段的区间内。

（3）计算中桩 P 的坐标。若中桩 P 位于第 i 个线元上，那么相对于图 7-8 来说，端点 i 相当于图中的 S 点，端点 $i+1$ 相当于图中的 E 点，将端点 i 和 $i+1$ 的相关参数代入式（7-33）中，即可求出中桩 P 的坐标（x_P，y_P）。计算时，要注意 $l = Z_P - Z_i$。

（4）计算对应边桩的坐标。先用式（7-32）计算中桩 P 的切线方位角 α_P，然后根据 α_P 和偏角 β_P 计算出中桩至边桩的坐标方位角，最后按照给定的偏距 D，采用高斯平面坐标正算的方法计算出边桩的坐标（x_B，y_B）。

$$\left. \begin{array}{l} x_B = x_P + D \cdot \cos(\alpha_P + \beta_P) \\ y_B = y_P + D \cdot \sin(\alpha_P + \beta_P) \end{array} \right\} \tag{7-40}$$

2. 道路坐标反算

如图 7-9 所示，B_1（或 B_2）是线元 SE 外的任意一点，其坐标为（x_B，y_B）；线元起点 S 的桩号为 Z_S，曲率半径为 R_S，坐标为（x_S，y_S），切线方位角为 α_S；线元终点 E 的桩号为 Z_E，曲率半径为 R_E。

道路坐标反算指根据路线外一点 B_1（或 B_2）的坐标，确定该点与道路中线之间的相对关系，即求出该点至道路中线之间距离最近点（即中桩 P）的桩号 Z_P、距中线的水平距离 D（即偏距，含左右位置）。

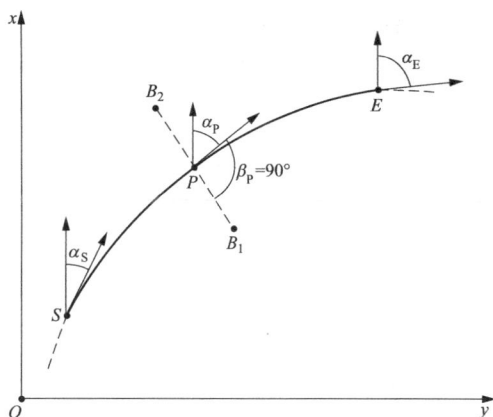

图 7-9 线元法道路坐标反算

道路坐标反算常用于以下工程实际应用：

① 在勘测设计阶段，通过测定路线两侧重要地物特征点的坐标，确定地物与设计线路之间的相对位置关系，为线路设计提供依据。

② 在施工阶段，通过测定边坡上任意一点的三维坐标，确定该点对应中桩的桩号及该点到道路中线的距离，然后根据对应的设计断面求出该点的设计高程，确定该点所在位置的填挖高度。

③ 在竣工验收阶段，通过测定道路特征点的坐标，确定建成线路与设计线路的偏差，为竣工验收提供准确的检测数据。

  道路坐标反算的关键是求线元外任意一点 B_1（或 B_2）的对应中桩 P 与线元起点 S 的里程之差，即 P 点到 S 点的弧长 l。若线元是直线或圆曲线，弧长 l 可使用数学公式直接求得。当线元是缓和曲线时，我们无法直接求得弧长 l，只能采用逐次趋近法进行计算。逐次趋近法适用于直线、圆曲线和缓和曲线等三种线元的坐标反算计算。

  如图 7-10 所示，B 是线元 SE 外的任意一点，其坐标为 (x_B, y_B)，下面以 B 点为例，阐述用逐次趋近法进行道路坐标反算的计算原理。

  从几何学可知，线元 SE 可以看做是由无穷多个点构成的曲线，每个点都对应的有一条法线（切线的垂线），因此线元 SE 对应的法线也有无穷多个。在线元 SE 对应的若干法线中，通过 B 点的法线是唯一的，B 点到该法线的垂距为 0，因此 B 点对应的中桩也是可以唯一确定的。

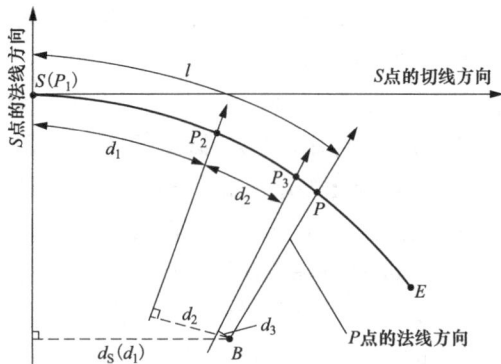

图 7-10　逐次趋近法的计算原理

  若规定线元对应法线的正方向指向路线左侧边桩方向，则 $\alpha_法 = \alpha_切 - 90°$。设线元上任意一点 P_i（P_i 为中桩）的桩号为 Z_{Pi}，坐标为 (x_{Pi}, y_{Pi})，点 P_i 的切线方位角为 α_{Pi}，则 B 点至 P_i 的法线的垂距 d_i 为：

$$d_i = (y_B - y_{Pi}) \cdot \cos(\alpha_{Pi} - 90°) - (x_B - x_{Pi}) \cdot \sin(\alpha_{Pi} - 90°) \qquad (7\text{-}41)$$

逐次趋近法计算的步骤如下：

  (1) 将线元 SE 的起点 S 作为起算点 P_1（即 $x_{P1} = x_S$、$y_{P1} = y_S$、$\alpha_{P1} = \alpha_S$），用 x_{P1}、y_{P1}、α_{P1} 代入式 (7-41) 计算 d_1。

  (2) 以 d_1 作为 l 的近似值（即 $l = d_1$），求得线元上 P_2 点的桩号 Z_{P2}（$Z_{P2} = Z_S + l$）；然后根据 P_2 点的桩号计算其坐标 (x_{P2}, y_{P2}) 和切线方位角 α_{P2}；再将 x_{P2}、y_{P2}、α_{P2} 代入式 (7-41) 计算 d_2。

  (3) 若 $|d_2|$ 小于限差（一般取 0.001m），则以 $d_1 + d_2$ 作为线元起点 S 至所求 P 点的弧长 l。如果 d_2 不满足限差的要求，则以 $d_1 + d_2$ 作为 l 的新近似值（即 $l = d_1 + d_2$），求得线元上 P_3 点的桩号 Z_{P3}（$Z_{P3} = Z_S + l = Z_S + d_1 + d_2$）；然后根据 P_3 的桩号计算其坐标 (x_{P3}, y_{P3}) 和切线方位角 α_{P3}；再将 x_{P3}、y_{P3}、α_{P3} 代入式 (7-41) 计算 d_3。

  (4) 若 $|d_3|$ 小于限差，则以 $d_1 + d_2 + d_3$ 作为线元起点 S 至所求 P 点的弧长 l；否则，重复以上步骤，直到 $|d_i|$ 小于限差为止。

  按以上计算步骤，最终弧长 l 的值为：

$$l = \sum d_i \qquad (7\text{-}42)$$

对应中桩 P 的桩号 Z_P 为：

$$Z_P = Z_S + l \qquad (7\text{-}43)$$

  (5) 根据中桩 P 的桩号 Z_P，用道路坐标正算的方法，求其坐标 (x_P, y_P) 和切线方位角 α_P。

  (6) 计算 B 点距中桩 P 的水平距离 D（即偏距）。D 的计算公式为：

$$D = \frac{y_{\mathrm{P}} - y_{\mathrm{B}}}{\sin(\alpha_{\mathrm{P}} - 90°)} \tag{7-44}$$

若 D 为负值，表示 B 点在路线的左侧；若 D 为正值，表示 B 点在路线的右侧。

若要进行连续线形路线的道路坐标反算，可从连续线形的起点（即第 1 个线元的起点）开始，进行逐次趋近计算，即把连续线形的起点当做逐次趋近计算时的 P_1 点。

7.3.2　数据存储设计

在道路坐标正、反算中，5 节点 Gauss-Legendre 通用公式的 10 个计算参数（$A_1 \sim A_5$、$V_1 \sim V_5$）和线元参数的使用频次高，其精度直接影响到计算结果的精度，因此必须存储在一个固定、可靠的位置。这些参数在使用时，具有一定的规律性，如计算时 A_1 对应 V_1、A_2 对应 V_2、……、A_5 对应 V_5，因此宜采用额外变量来存储这些参数。本实例程序采用 10 个额外变量 $Z[1] \sim Z[10]$ 分别存储 5 节点 Gauss-Legendre 通用公式的 10 个计算参数 $A_1 \sim A_5$ 和 $V_1 \sim V_5$，具体分配方案见图 7-11。

Z[1]	Z[2]	Z[3]	Z[4]	Z[5]	Z[6]	Z[7]	Z[8]	Z[9]	Z[10]
A_1	A_2	A_3	A_4	A_5	V_1	V_2	V_3	V_4	V_5

图 7-11　额外变量的分配

由表 7-18 可知，n 个线元组成的连续线形路段，其计算时必不可少的线元参数是由 $n+1$ 个线元端点的桩号、曲率半径、坐标和切线方位角等构成的，且每个线元端点的数据都具有相同的结构，因此宜采用矩阵来存储这些数据。本实例程序采用 10 行 6 列的矩阵 A（Mat A）来存储一个连续线形的线元参数，每行对应一个线元端点，具体分配方案见表 7-19。

表 7-19　　　　　　　　矩阵 Mat A 的分配　（线元数 $n \leqslant 9$）

Mat A	第 1 列 端点的桩号	第 2 列 端点处的半径	第 3 列 端点的 x 坐标	第 4 列 端点的 y 坐标	第 5 列 端点的切线方位角	第 6 列 线元长度
第 1 行	Z_1	R_1	x_1	y_1	α_1	$L_{\mathrm{S}1}$
第 2 行	Z_2	R_2	x_2	y_2	α_2	$L_{\mathrm{S}2}$
…	…	…	…	…	…	…
第 n 行	Z_n	R_n	x_n	y_n	α_n	$L_{\mathrm{S}n}$
第 $n+1$ 行	Z_{n+1}	R_{n+1}	x_{n+1}	y_{n+1}	α_{n+1}	——

📖应特别注意，由于 CASIO fx-5800P 矩阵的最大行数为 10，因此本实例程序能直接计算的连续线形最多只能包含 9 个线元（即 10 个线元端点）。若连续线形路段由 9 个以上的线元组成，应将其分解为多个子路段进行计算。

程序变量清单见表 7-20。

表 7-20　　　　　　　　　　程 序 变 量 清 单

序号	数学模型变量	CASIO fx-5800P计算器变量	输入（输出）提示符	单位	说明
1		G	ZBZS（1） ZBFS（2） XYCS（3） EXIT(0)＝?		选择程序功能： 1—道路坐标正算 2—道路坐标反算 3—线元参数计算 0—退出程序

序号	数学模型变量	CASIO fx-5800P 计算器变量	输入（输出）提示符	单位	说明
2		Q	--ZUOBIAO ZS-- ZHONG ZHUANG(1) BIAN ZHUANG(2) EXIT(0)＝?		选择坐标正算的计算项目： 1—中桩坐标 2—边桩坐标 0—退出坐标正算
3	$A_1 \sim A_5$	$Z[1] \sim Z[5]$			见图 7-11
4	$V_1 \sim V_5$	$Z[6] \sim Z[10]$			见图 7-11
5	n	N	XianYuanShu $[1\text{-}9;0\Rightarrow\text{EXIT}]$＝?		连续线形的线元个数
			越界提示： XianYuanShu OUT! PRESS［EXE］		$n<1$ 或 $n>9$
6	连续线形的线元参数（表7-18）	Mat A			见表 7-19
7	i	I			循环变量
					线元的编号（$1 \sim n$）
			DuanDianNO:		线元端点的编号（$1 \sim n+1$）
8	j	J			循环变量
					Gauss-Legendre 通用公式计算参数的下标
9	R_i	R	［ZP－：YP+］ R(m)＝?	m	线元端点处的曲率半径 （$1 \leqslant i \leqslant n+1$）
10	x_i	Mat A［I，3］	输入：X(m)＝? 输出：X＝	m	线元端点的 x 坐标（$1 \leqslant i \leqslant n+1$）
11	y_i	Mat A［I，4］	输入：Y(m)＝? 输出：Y＝	m	线元端点的 y 坐标（$1 \leqslant i \leqslant n+1$）
12	α_i	Mat A［I，5］	输入：T(Deg)＝? 输出：T＝	° ′ ″	线元端点的切线方位角 α（$1 \leqslant i \leqslant n+1$）
13	Z_i	K	输入：K(m)＝? 输出：K＝	m	线元端点的桩号（$1 \leqslant i \leqslant n+1$）
	Z_P		输入：K_P(m)＝? 输出：K_P＝	m	坐标正算时，任意中桩 P 的桩号
			输出：K_b＝	m	坐标正算时，边桩对应中桩的桩号
			输出：K_b＝	m	坐标反算时，线外一点对应中桩的桩号
14	x_{i+1}	X		m	线元终点的 x 坐标 （$1 \leqslant i \leqslant n$）
	x_1		X(m)＝?	m	连续线元起点的 x 坐标
	x_i		X＝	m	线元端点的 x 坐标 （$1 \leqslant i \leqslant n+1$）
	x_P		--ZHONG ZHUANG-- X_P＝	m	任意中桩 P 的 x 坐标

续表

序号	数学模型变量	CASIO fx-5800P 计算器变量	输入（输出）提示符	单位	说明
15	y_{i+1}	Y		m	线元终点的 y 坐标　（$1 \leqslant i \leqslant n$）
	y_1		Y(m)＝?	m	连续线元起点的 y 坐标
	y_i		Y＝	m	线元端点的 y 坐标　（$1 \leqslant i \leqslant n+1$）
	y_P		Y_P＝	m	任意中桩 P 的 y 坐标
16	α_{i+1}	T		° ′ ″	线元终点的切线方位角　（$1 \leqslant i \leqslant n$）
	α_1		T(Deg)＝?	° ′ ″	连续线元起点的切线方位角
	α_i		T＝	° ′ ″	线元端点的切线方位角　（$1 \leqslant i \leqslant n+1$）
	α_P		T_P＝	° ′ ″	任意中桩 P 的切线方位角
17		C			$\alpha_S + \left(\rho_S V_j l + \dfrac{\rho_{SE} V_j^2 l^2}{2 L_S} \right) \dfrac{180}{\pi}$ 的值
18		U			$\sum\limits_{j=1}^{5} A_j \cos(C)$ 的值
19		V			$\sum\limits_{j=1}^{5} A_j \sin(C)$ 的值
20		B			输出标志变量： B＝1 输出端点数据 B＝2 输出中桩数据 B＝3 输出边桩数据 B＝4 输出坐标反算结果 B＝0 点不在路线区间内
21	β_P	H	[0⇒HUAN ZHUANG] Y-PJ（Deg）＝?	° ′ ″	偏角
22	D	D	输入： [ZUO－；YOU ＋] PianJu(m)＝? 输出：PianJu＝	m	偏距
23	x_B	E	X_b＝	m	坐标正算时，边桩的 x 坐标
			输入： BianDian ZUOBIAO [(0，0)⇒EXIT] X_b(m)＝? 输出：X_b＝	m	线外任意一点 B 的 x 坐标
24	y_B	F	Y_b＝	m	坐标正算时，边桩的 y 坐标
			输入：Y_b(m)＝? 输出：Y_b＝	m	线外任意一点 B 的 y 坐标
25	d_i	S		m	线外任意一点 B 至 P_i 的法线的垂距
26	l	L		m	线元上任意中桩 P 到所在线元起点的弧长

7.3.3　算法设计与表示

道路平曲线计算的算法如图 7-12 所示。

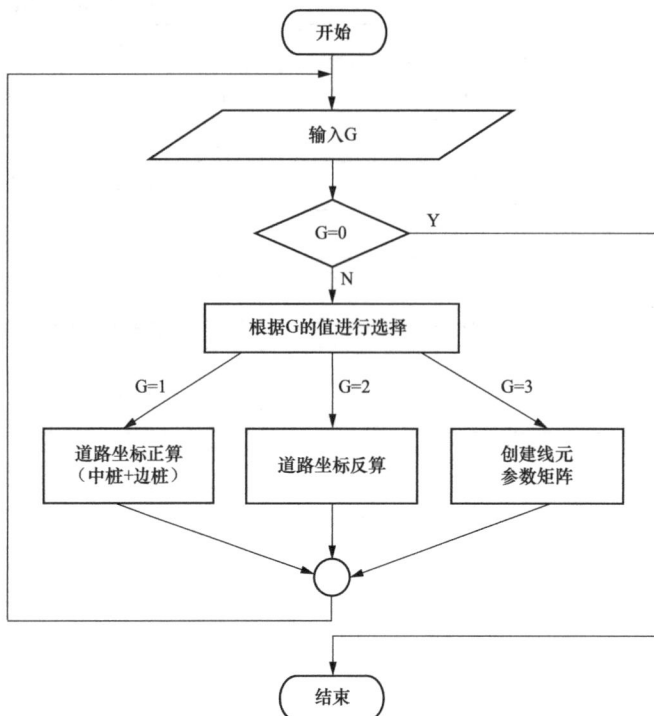

图 7-12　道路平曲线计算的算法

7.3.4　程序代码设计

程序由主程序 ROAD-PQX 和 PQX-XY-XYCS、PQX-XY-ZBZS、PQX-XY-ZBFS、PQX-XY-ZZJS、PQX-XY-XS 等 5 个子程序组成。

1. 主程序的程序代码（程序文件名"ROAD-PQX"）

Deg:Fix 3　设置角度单位和数值显示格式

0→DimZ:10→DimZ　先清除额外变量,再重新定义程序需要的 10 个额外变量

0.1184634425→Z[1]:0.2393143352→Z[2]:0.2844444444→Z[3]:Z[2]→Z[4]:Z[1]→Z[5]　将 5 节点 Gauss-Legendre 通用公式的计算参数 A_1~A_5 保存到额外变量 Z[1]~Z[5]

0.0469100770→Z[6]:0.2307653449→Z[7]:0.5→Z[8]:1-Z[7]→Z[9]:1-Z[6]→Z[10]　将 5 节点 Gauss-Legendre 通用公式的计算参数 V_1~V_5 保存到额外变量 Z[6]~Z[10]

Lbl0　设置标记 0,与 Goto 0 语句构成循环

DO　通过 DO…LpWhile 循环,控制 G 的值只能输入 1、2、3 和 0

　Cls

　"ZBZS(1)":"ZBFS(2)":"XYCS(3)":"EXIT(0)＝"?→G　分 4 行显示程序功能选择的提示信息。G＝1 道路坐标正算;G＝2 道路坐标反算;G＝3 线元参数计算;G＝0 退出程序

LpWhile G≠1 And G≠2 And G≠3 And G≠0　若连续线形的线元参数已存放在矩阵 Mat A 中,可直接
　　跳过线元参数的计算,否则需先输入 3 进行线元参数的计算,然后才能进行坐标正算(或反算)

G = 0⇒Goto E　退出程序

G = 1⇒Prog "PQX-XY-ZBZS"　坐标正算

G = 2⇒Prog "PQX-XY-ZBFS"　坐标反算

G = 3⇒Prog "PQX-XY-XYCS"　计算线元参数

Goto 0

Lbl E　退出程序的标记

Cls

Locate 2,2,"PQX Prog END!"　显示程序运行结束的提示信息

Locate 4,3,"PRESS [AC]"　按 EXE (或 AC/ON)重新运行(或结束)程序

2. 子程序 1 的程序代码 (程序文件名 "PQX-XY-XYCS")

程序功能:计算道路平曲线的线元参数。

Norm 1　设置数值显示格式。数值显示格式设为 Norm 1 后,在输入端点数据时,提示信息显示的
　　端点号为整数

Lbl 0　设置标记 0,与 Goto 0 语句构成循环

Cls

"XianYuanShu"　显示输入线元数的提示信息

"[1 - 9:0⇒EXIT] = "?→N　输入连续线形的线元数 $n(1{\leqslant}n{\leqslant}9)$ 并保存到变量 N

N = 0⇒Goto R　退出线元参数计算。用于程序功能选择操作错误时的容错

If N<1 Or N>9:Then

　　Cls

　　Locate 1,2,"XianYuanShu OUT!"

　　Locate 3,3,"PRESS [EXE]"◢　显示线元数 n 越界(小于 1 或大于 9)的提示信息后暂停,等待用
　　　　户按 EXE 键继续运行程序

　　Goto 0　与 Lbl 0 语句构成循环,重新输入正确的线元数 n

IfEnd

[[0,0,0,0,0,0,0][0,0,0,0,0,0,0][0,0,0,0,0,0,0][0,0,0,0,0,0,0][0,0,0,0,0,0,0][0,0,0,0,0,0,0][0,0,
　　0,0,0,0,0][0,0,0,0,0,0,0][0,0,0,0,0,0,0][0,0,0,0,0,0,0]]→Mat A　初始化线元参数矩阵 Mat A

For 1→I To N + 1　输入连续线形线元端点的相关数据

　　Cls

　　"DuanDian NO:":Locate 14,1,I　显示线元端点的编号,提醒用户当前要输入的是第几个线元端
　　　　点的数据

　　"K(m) = "?→Mat A[I,1]　输入当前线元端点的桩号

　　"[ZP - :YP +]R(m) = "?→Mat A[I,2]　输入线元端点处的曲率半径。路线左偏时,输入 R 要加
　　　　负号(-);路线右偏时,输入 R 要加正号(+),"+"可以省略。线元端点处的曲率半径为∞
　　　　时(如直线线元的端点、直缓点),R 输入 $1×10^{45}$,其按键序列为 1 ×10ˣ 45

　　If I = 1:Then　输入连续线形起点的坐标 (x,y) 和切线方位角 $α$

　　　　"X(m) = "?→Mat A[I,3]:"Y(m) = "?→Mat A[I,4]

　　　　"T(Deg) = "?→Mat A[I,5]

```
    IfEnd
  Next

  Fix 3   设置数值显示格式。屏幕显示恢复为 3 位小数格式
  For 1→I To N   计算全部线元的长度、终点坐标和终点的切线方位角
    0→U:0→V:0→T
    Mat A[I+1,1]－Mat A[I,1]→Mat A[I,6]   计算第 i 个线元的长度并保存到 Mat A[i,6]
    For 1→J To 5
      Mat A[I,5]+(Z[5+J]×Mat A[I,6]÷Mat A[I,2]+(1÷Mat A[I+1,2]－1÷Mat A[I,2])×Z
      [5+J]²×Mat A[I,6]÷2)×180÷π→C
```

$$\text{计算 } \alpha_S+\left(\rho_S V_j L_S+\frac{\rho_{SE} V_j^2 L_S}{2}\right)\cdot\frac{180}{\pi} \text{ 的值并保存到变量 C}$$

```
      U＋Z[J]×cos(C)→U    计算 ∑ⱼ₌₁⁵ Aⱼcos(C) 的值并保存到变量 U
```
$U＋Z[J]×\cos(C)→U$ 计算 $\sum_{j=1}^{5} A_j\cos(C)$ 的值并保存到变量 U

$V＋Z[J]×\sin(C)→V$ 计算 $\sum_{j=1}^{5} A_j\sin(C)$ 的值并保存到变量 V

```
    Next
    Mat A[I,3]＋Mat A[I,6]×U→X   计算第 i 个线元终点的 x 坐标并保存到变量 X
    Mat A[I,4]＋Mat A[I,6]×V→Y   计算第 i 个线元终点的 y 坐标并保存到变量 Y
    Mat A[I,5]＋(1÷Mat A[I+1,2]＋1÷Mat A[I,2])×Mat A[I,6]×90÷π→T   计算第 i 个线元终
      点切线方位角 α 的初始值并保存到变量 T
    Frac((T＋360)÷360)×360→T   计算第 i 个线元终点的切线方位角 α 并保存到变量 T(解决 α 的
      初始值≥360°或＜0°的问题)
    X→Mat A[I+1,3]:Y→Mat A[I+1,4]   将第 i 个线元终点的坐标保存到线元参数矩阵 Mat A
    T→Mat A[I+1,5]   将第 i 个线元终点的切线方位角保存到线元参数矩阵 Mat A
  Next

  1→B   设置输出标志。B＝1 时可显示线元端点的相关信息
  For 1→I To N+1
    Mat A[I,1]→K
    Mat A[I,3]→X:Mat A[I,4]→Y
    Mat A[I,5]→T
    Prog "PQX-XY-XS"   显示连续线元上第 i 个端点的桩号、坐标和切线方位角
  Next

  Lbl R   设置返回主程序标记
  Return   返回主程序
```

📖按 i 键输入字符 i，按 ⏢1 (MATH) ⏷⏷⏷3 键输入字符 n，按 ⏢4 (CONST) ⏷⏷1 键输入字符 u，按 ⏢4 (CONST) 6 键输入字符 h，按 ⏢8 (MATRIX) 1 输入字符 Mat。

3. 子程序 2 的程序代码(程序文件名"PQX-XY-ZBZS")

程序功能：道路坐标正算，分为 2 个子功能：①根据给定的桩号 Z_P 计算其对应中桩 P 的坐标 (x_P, y_P)；②根据给定的桩号 Z_P、偏角 β_P 和偏距 D 计算对应边桩的坐标 (x_B, y_B)。

Lbl 0　设置标记 0,与 Goto 0 构成循环

DO　通过 DO…LpWhile 循环,控制 G 的值只能输入 1、2 和 0

　Cls

　"--ZUOBIAO ZS--"

　"ZHONG ZHUANG(1)":"BIAN ZHUANG(2)":"EXIT(0) = "?→Q　道路坐标正算时,分 4 行显示计算项
　　目选择的提示信息。Q＝1 中桩坐标;Q＝2 边桩坐标;Q＝0 退出坐标正算,返回主程序。

LpWhile Q≠1 And Q≠2 And Q≠0

Q = 0⇒Goto R　退出道路坐标正算

Lbl 1　设置标记 1,与 Goto 1 构成循环

Cls

"ZHUANG HAO":"[0⇒Return ZBZS]"　显示桩号输入的提示信息

"K$_p$(m) = "?→K　输入桩号并保存到变量 K

K = 0⇒Goto 0　若桩号输入 0,则程序执行流程转至 Lbl 0 处,用户可按照提示信息重新选择计算
　项目(中桩坐标、边桩坐标或退出坐标正算)

Prog "PQX-XY-ZZJS"　若输入的桩号在连续线形区间内,输出标志变量 B＝2

If Q = 1:Then　选择的是"中桩坐标"计算项目

　B = 2⇒Prog"PQX-XY-XS"　输入的桩号在连续线形区间内则显示中桩的坐标

　Goto 1　输入新的桩号进行中桩坐标计算

Else　选择的是"边桩坐标"计算项目

　If B = 2:Then　输入的桩号在连续线形区间内,则进行边桩坐标的计算

　　3→B　设置输出标志。B＝3 时可显示指定边桩的相关信息

　　90→H　设置偏角的默认值为 90°

　　Lbl 2　设置标记 2,与 Goto 2 构成循环

　　Cls

　　"[0⇒HUAN ZHUANG]"　提示输入 0,程序会更换桩号继续进行边桩计算

　　"Y－PJ(Deg)="?H　将输入的偏角保存到变量 H。若偏角等于显示的当前值,可直接按EXE键

　　H=0⇒Goto 1　若偏角输入 0,则更换桩号继续进行边桩计算

　　Cls

　　"[ZUO －:YOU ＋]"　显示偏距输入的提示信息:左负(－)、右正(＋)

　　"PianJu(m)="?→D　输入偏距并保存到变量 D

　　X+D×cos(T+H)→E　计算边桩的 x 坐标并保存到变量 E

　　Y+D×sin(T+H)→F　计算边桩的 y 坐标并保存到变量 F

　　Prog "PQX-XY-XS"　显示边桩的坐标

　　Goto 2　继续计算边桩坐标(桩号保持不变)

　Else　输入的桩号不在连续线形区间内

　　Goto 1　可输入新的桩号继续计算边桩坐标

　IfEnd

IfEnd

Lbl R　设置返回主程序标记

Return　返回主程序

4. 子程序 3 的程序代码（程序文件名 "PQX-XY-ZBFS"）

程序功能：道路坐标反算。

```
Lbl 0    设置标记 0,与 Goto 0 语句构成循环
Cls
"BianDian ZUOBIAO[(0,0)⇒EXIT]"    显示输入线外任意一点坐标的提示信息
"Xb(m) = "?→E    输入线外任意一点的 x 坐标并保存到变量 E
"Yb(m) = "?→F    输入线外任意一点的 y 坐标并保存到变量 F
(E = 0 And F = 0)⇒Goto R    若输入的坐标为(0,0)则退出坐标反算,返回主程序
Mat A[1,1]→K    将连续线形起点的桩号保存到变量 K
0→S
Do    用逐次趋近法计算线外任意一点对应中桩的桩号,并保存到变量 K
   K + S→K    用 di 修正中桩的桩号 K,Zi＝Zi-1＋di-1
   Prog "PQX-XY-ZZJS"    计算桩号为 K 的中桩 Pi 的坐标(xPi,yPi)和切线方位角 αPi 并将其分别保
      存到变量 X、Y 和 T
   B = 0⇒Goto 0    若 B＝0,则可输入新的坐标进行坐标反算。B＝0 表示线外任意一点对应中桩
      的桩号不在连续线形区间内
   (F - Y)×cos(T - 90) - (E - X)×sin(T - 90)→S    计算线外任意一点至中桩 Pi 的法线的垂距
      di,并保存到变量 S
LpWhile Abs(S≥0.001)
(Y - F)÷sin(T - 90)→D    计算偏距并保存到变量 D
4→B    设置输出标志。B＝4 时可显示坐标反算的结果
Prog "PQX-XY-XS"    显示坐标反算的结果
Goto 0    重新输入新的坐标进行坐标反算

Lbl R    设置返回主程序标记
Return    返回主程序
```

5. 子程序 4 的程序代码（程序文件名 "PQX-XY-ZZJS"）

程序功能：计算桩号为 K（即桩号等于变量 K 的值）的中桩的坐标。

```
0→B    设置输出标志的初始值。B 的值为 0 表示不存在对应中桩;若存在对应中桩,则将 B 的值修
   改为 2,即 B＝2 表示连续线形上有桩号为 K 的中桩
K<Mat A[1,1]⇒Goto E    变量 K 的值小于连续线形起点的桩号,说明桩号不在连续线形区间内,
   程序显示相应的提示信息
2→I
While K>Mat A[I,1]
   I + 1→I
   I>10⇒Goto E    I>10 表示超出矩阵的最大行数,说明桩号不在连续线形区间内
   Mat A[I,1] = 0⇒Goto E    Mat A[I,1]＝0 表示桩号 K 的值大于连续线形终点的桩号,说明计算
      点不在连续线形区间内
WhileEnd    若循环正常结束,则说明桩号在连续线形区间内,此时变量 I 的值等于中桩所在线元的
   终点的编号
```

I－1→I　使变量 I 的值等于中桩所在线元的起点的编号

0→U:0→V

K－Mat A[I,1]→L　　计算桩号为 K 的中桩到其所在线元起点的弧长 l,并保存到变量 L

For 1→J To 5

　　Mat A[I,5]＋(Z[5＋J]×L÷Mat A[I,2]＋(1÷Mat A[I＋1,2]－1÷Mat A[I,2])×Z[5＋J]²×L²

　　　　÷Mat A[I,6]÷2)×180÷π→C　计算 $\alpha_S+\left(\rho_S V_j l+\dfrac{\rho_{SE}\cdot V_j^2\cdot l^2}{2L_S}\right)\dfrac{180}{\pi}$ 的值并保存到变量 C

　　U＋Z[J]×cos(C)→U　计算 $\displaystyle\sum_{j=1}^{5}A_j\cos(C)$ 的值并保存到变量 U

　　V＋Z[J]×sin(C)→V　计算 $\displaystyle\sum_{j=1}^{5}A_j\sin(C)$ 的值并保存到变量 V

Next

Mat A[I,3]＋L×U→X　计算中桩的 x 坐标并保存到变量 X

Mat A[I,4]＋L×V→Y　计算中桩的 y 坐标并保存到变量 Y

1÷Mat A[I,2]＋(1÷Mat A[I＋1,2]－1÷Mat A[I,2])÷Mat A[I,6]×L→P　计算中桩的曲率并保
　　存到变量 P

Mat A[I,5]＋(P＋1÷Mat A[I,2])×L×90÷π→T　计算中桩切线方位角 α 的初始值并保存到变量 T

Frac((T＋360)÷360)×360→T　计算中桩的切线方位角并保存到变量 T(解决 α 的初始值≥360°
　　或<0°的问题)

2→B　设置输出标志。B＝2 时可显示指定中桩的相关信息

Goto　R　退出中桩坐标计算

Lbl E　设置显示桩号越界提示信息的标记

Cls

Locate 2,2,"The K IS OUT!"

Locate 3,3,"PRESS[EXE]"◢　显示桩号为 K 的中桩不在连续线形区间内的提示信息后暂停,等待
　　用户按 EXE 键继续运行程序

Lbl R　设置返回调用程序标记

Return　返回调用程序

6. 子程序 5 的程序代码(程序文件名"PQX-XY-XS")

程序功能:显示平曲线的计算结果。

Cls

If B＝1:Then　输出线元端点的信息

　　"DuanDian NO:":Locate 14,1,I　显示线元端点的编号,提醒用户当前显示的是第几个线元端点的
　　　　信息

　　"K＝":Locate 5,2,K　显示线元端点的桩号

　　"X＝":Locate 5,3,X　显示线元端点的 x 坐标

　　"Y＝":Locate 5,4,Y◢　显示线元端点的 y 坐标后暂停,等待用户按 EXE 键继续运行程序

　　Cls

　　"T＝":T▸DMS◢　按度分秒格式显示线元端点的切线方位角 α 后暂停,等待用户按 EXE 键继续运

行程序

IfEnd

If B = 2:Then 　输出中桩的信息

　"Kₚ = ":Locate 5,1,K 　显示中桩的桩号

　Locate1,2,"--ZHONG ZHUANG--" 　显示中桩输出的提示信息

　Locate1,3,"Xₚ = ":Locate 5,3,X 　显示中桩的 x 坐标

　Locate1,4,"Yₚ = ":Locate 5,4,Y ◣ 　显示中桩的 y 坐标后暂停,等待用户按 EXE 键继续运行程序

　Cls

　"Tₚ = ":T▶DMS ◣ 　按度分秒格式显示中桩的切线方位角 α 后暂停,等待用户按 EXE 键继续运行程序

IfEnd

If B = 3:Then 　输出边桩的信息

　"K_b = ":Locate 5,1,K 　显示边桩的桩号(用于核对数据)

　"PianJu = ":Locate 9,2,D 　显示边桩的偏距(用于核对数据)

　"X_b = ":Locate 5,3,E 　显示边桩的 x 坐标

　"Y_b = ":Locate 5,4,F ◣ 　显示边桩的 y 坐标后暂停,等待用户按 EXE 键继续运行程序

IfEnd

If F = 4:Then 　输出坐标反算的信息

　"X_b = ":Locate 5,1,E 　显示线外任意一点的 x 坐标(用于核对数据)

　"Y_b = ":Locate 5,2,F 　显示线外任意一点的 y 坐标(用于核对数据)

　"K_b = ":Locate 5,3,K 　显示线外任意一点对应中桩的桩号

　"PianJu = ":Locate 9,4,D ◣ 　显示偏距后暂停,等待用户按 EXE 键继续运行程序。若显示为负值,表示线外任意一点在路线的左侧;若显示为正值,表示线外任意一点在路线的右侧

IfEnd

Return 　返回调用程序

7.3.5　程序应用

1. 道路坐标正算——中桩坐标计算

(1) 算例。沙市至公安高速公路××至××段第 2 合同段江北段的桩号为 K30＋591～K32＋557.312,长度 1.966312km,其"直线、曲线及转角表"见表 7-21。试计算其起点 K30＋591 的中桩坐标。

表 7-21 　　　　　　　　　　直线、曲线及转角表

工程名称:沙市至公安高速公路××至××段第 2 合同段江北段

交点序号	交点坐标		交点桩号	转角值(° ′ ″)左－右＋	曲线要素值						
	x	y			半径 R	第一缓和曲线参数 $A1$	第一缓和段长 $Ls1$	第二缓和曲线参数 $A2$	第二缓和段长 $Ls2$	第一切线长度 $T1$	第二切线长度 $T2$
ZD_1	31716.366	6482.152	K28＋270.000								
$JD13$	30980.814	5684.980	K29＋354.675	＋17°02′12.4″	6000	0.000	0.000	0.000	0.000	898.675	898.675

续表

交点序号	交点坐标		交点桩号	转角值 (° ′ ″) 左—右+	曲线要素值						
	x	y			半径 R	第一缓 和曲线 参数 $A1$	第一缓 和段长 $Ls1$	第二缓 和曲线 参数 $A2$	第二缓 和段长 $Ls2$	第一切 线长度 $T1$	第二切 线长度 $T2$
$JD14$	30154.656	3965.356	K31+ 249.198	−40°55′16.0″	2300	830.662	300.000	1274.178	300.000	1009.110	922.147
$JD15$	28915.220	3428.545	K32+ 525.062	−12°13′49.0″	4000	0.000	0.000	0.000	0.000	428.545	428.545
ZD_2	28465.732	3339.645	K32+ 980.000								

交点序号	曲线要素值（续）		曲线主点位置					直线长度及方向		
	曲线长度 L	外矢距 E	第一缓和 段起点 ZH	第一缓和 段终点 HY（ZY）	曲线中点 QZ	第二缓和 段起点 YH（YZ）	第二缓和 段终点 HZ	直线长度 （m）	交点间距 （m）	计算 方位角 (° ′ ″)
ZD_1										
$JD13$	1784.088	66.928		K28+ 456.000	K29+ 348.044	K30+ 240.088		186.000	1084.675	227°18′08.0″
$JD14$	1856.429	156.748	K30+ 240.088	K30+ 540.088	K31+ 168.303	K31+ 796.517	K32+ 096.517	0.000	1907.785	244°20′20.4″
$JD15$	853.834	22.891	K32+ 096.517	K32+ 523.434	K32+ 950.350			0.000	1350.692	203°25′04.4″
ZD_2								29.650	458.195	191°11′15.4″

注　本成果平面坐标系统采用1980年西安坐标系，中央子午线为112°30′00″，高程投影面为0m。高程系统采用1985 国家高程基准。

（2）程序操作步骤。根据表7-21所示的"直线、曲线及转角表"可以绘制如图7-13所示的平曲线示意图。

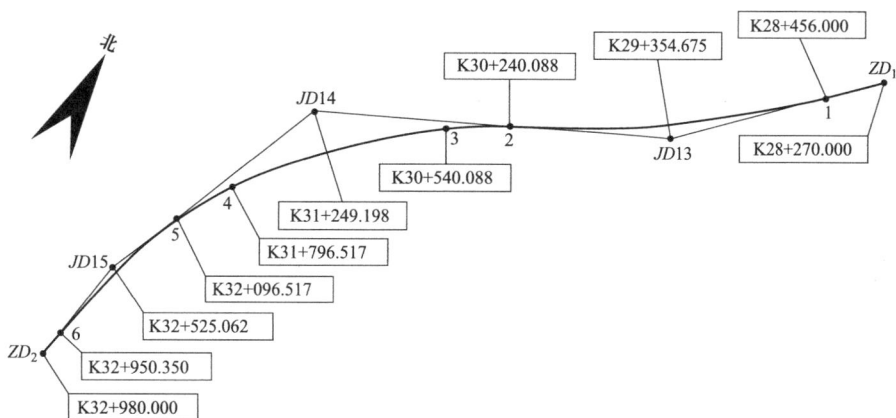

图 7-13　第 2 合同段江北段平曲线示意图

表 7-22 $ZD_1 \sim ZD_2$ 平曲线各线元的曲率半径

线元	线形	起点		终点	
		桩号	曲率半径（m）	桩号	曲率半径（m）
ZD_1-1	直线	K28＋270.000	∞	K28＋456.000	∞
1-2	圆曲线	K28＋456.000	6000	K30＋240.088	6000
2-3	完整缓和曲线	K30＋240.088	∞	K30＋540.088	2300
3-4	圆曲线	K30＋540.088	2300	K31＋796.517	2300
4-5	非完整缓和曲线	K31＋796.517	2300	K32＋096.517	4000
5-6	圆曲线	K32＋096.517	4000	K32＋950.350	4000
6-ZD_2	直线	K32＋950.350	∞	K32＋980.000	∞

注　线元 4-5 是 $JD14$ 综合曲线的组成部分，根据其 A、R 的值（$A=1274.178$，$R=2300$m），用公式 $A^2=R \times L_S$ 可算出完整缓和曲线的长度 L_S 应为 705.882m，而实际缓和曲线的长度为 300m，因此线元 3-4 是非完整缓和曲线。

从表 7-22 可以看出，线元 ZD_1-1 终点的曲率半径（$R=\infty$）不等于线元 1-2 起点的曲率半径（$R=6000$），线元 1-2 终点的曲率半径（$R=6000$）不等于线元 2-3 起点的曲率半径（$R=\infty$），线元 2-3～线元 5-6 的 4 个线元的曲率半径连续，线元 5-6 终点的曲率半径（$R=4000$）不等于线元 6-ZD_2 起点的曲率半径（$R=\infty$），因此用本实例程序计算时应将其分为 4 段：第 1 段为线元 ZD_1-1；第 2 段为线元 1-2；第 3 段为线元 2-3～线元 5-6；第 4 段为线元 6-ZD_2。

由第 2 合同段江北段的起止桩号可知，它全部位于第 3 段，且其起点 K30＋591 位于线元 3-4 上，但求解线元 3-4 起点的坐标和切线方位角的过程较复杂，而线元端点 2 正好位于 $JD13$ 和 $JD14$ 的连线上，求解其坐标和切线方位角的过程相对简单，因此宜以点 2 为连续线形的起点进行计算。

通过计算可得：线元端点 2 的坐标为（30591.647，4874.940），切线方位角为 $244°20'20.4''$（线元端点 2 的切线方位角等于 $JD13$-$JD14$ 的坐标方位角）。

首次运行程序"ROAD-PQX"计算第 2 合同段江北段起点（K30＋591）的中桩坐标时，应先选择"线元参数计算"功能，创建线元参数矩阵 Mat A，其操作步骤见表 7-23；然后再选择"道路坐标正算"功能，计算 K30＋591 的中桩坐标，其操作步骤见表 7-24。

表 7-23   创建线元参数矩阵 Mat A 的操作步骤

步骤	屏幕提示	按键操作	操作说明
1	ZBZS(1) ZBFS(2) XYCS(3) EXIT(0)＝?	3 EXE	输入 3 选择"线元参数计算"
2	XianYuanShu [1－9;0⇒EXIT]＝?	4 EXE	输入连续线形的线元个数
3	DuanDian NO：1 K(m)＝?	30240.088 EXE	输入第 1 个线元端点的桩号
4	[ZP－;YP＋]R(m)＝?	－1 ×10ˣ 45 EXE	输入第 1 个线元端点的曲率半径 1×10^{45}（左偏）

续表

步骤	屏幕提示	按键操作	操作说明
5	X(m)＝?	30591.647 EXE	输入第 1 个线元端点的 x 坐标
6	Y(m)＝?	4874.940 EXE	输入第 1 个线元端点的 y 坐标
7	T(Deg)＝?	244°20′20.4″ EXE	输入第 1 个线元端点的切线方位角
8	DuanDian NO：2 K(m)＝?	30540.088 EXE	输入第 2 个线元端点的桩号
9	［ZP－；YP＋］R(m)＝?	－2300 EXE	输入第 2 个线元端点的曲率半径 2300（左偏）
10	DuanDian NO：3 K(m)＝?	31796.517 EXE	输入第 3 个线元端点的桩号
11	［ZP－；YP＋］R(m)＝?	－2300 EXE	输入第 3 个线元端点的曲率半径 2300（左偏）
12	DuanDian NO：4 K(m)＝?	32096.517 EXE	输入第 4 个线元端点的桩号
13	［ZP－；YP＋］R(m)＝?	－4000 EXE	输入第 4 个线元端点的曲率半径 4000（左偏）
14	DuanDian NO：5 K(m)＝?	32950.350 EXE	输入第 5 个线元端点的桩号
15	［ZP－；YP＋］R(m)＝?	－4000 EXE	输入第 5 个线元端点的曲率半径 4000（左偏）
16	Disp DuanDian NO：1.0 K＝　30240.088 X＝　30591.647 Y＝　4874.940	EXE	显示第 1 个线元端点的桩号、坐标
17	Disp T＝ 　　　　　244°20′20.4″	EXE	显示第 1 个线元端点的切线方位角
18	Disp DuanDian NO：2.0 K＝　30540.088 X＝　30455.912 Y＝　4607.467	EXE	显示第 2 个线元端点的桩号、坐标
19	Disp T＝ 　　　　　240°36′8.35″	EXE	显示第 2 个线元端点的切线方位角
20	Disp DuanDian NO：3.0 K＝　31796.517 X＝　29577.764 Y＝　3730.767	EXE	显示第 3 个线元端点的桩号、坐标
21	Disp T＝ 　　　　　209°18′11.35″	EXE	显示第 3 个线元端点的切线方位角
22	Disp DuanDian NO：4.0 K＝　32096.517 X＝　29308.465 Y＝　3598.863	EXE	显示第 4 个线元端点的桩号、坐标

步骤	屏幕提示	按键操作	操作说明
23	**Disp** T＝ 　　　　　203°25′4.37″	EXE	显示第 4 个线元端点的切线方位角
24	**Disp** DuanDian NO：5.0 K＝　32950.350 X＝　28494.818 Y＝　3345.397	EXE	显示第 5 个线元端点的桩号、坐标
25	**Disp** T＝ 　　　　　191°11′15.45″	EXE	显示第 5 个线元端点的切线方位角
26	ZBZS(1) ZBFS(2) XYCS(3) EXIT(0)＝?		显示程序功能选择界面

　　📖由于计算工具的精度和计算的方法存在差异，程序的计算结果与设计数据可能存在若干 mm 的差值，这属于正常现象。为避免出现较大的差值，可适当控制一次计算的连续线形的总长度。

表 7-24　　　　　　　　　　　**计算中桩坐标的操作步骤**

步骤	屏幕提示	按键操作	操作说明
1	ZBZS(1) ZBFS(2) XYCS(3) EXIT(0)＝?	1 EXE	输入 1 选择"道路坐标正算"
2	--ZUOBIAO ZS-- ZHONG ZHUANG(1) BIAN ZHUANG(2) EXIT(0)＝?	1 EXE	输入 1 选择"中桩坐标"计算项目
3	ZHUANG HAO [0⇒Return ZBZS] K$_P$(m)＝?	30591 EXE	输入要计算坐标的中桩桩号 K30＋591
4	**Disp** K$_P$＝30591.000 --ZHONG ZHUANG-- X$_P$＝　30430.432 Y$_P$＝　4563.391	EXE	显示中桩 K30＋591 的坐标
5	**Disp** T$_P$＝ 　　　　　239°20′2.54″	EXE	显示中桩 K30＋591 的切线方位角
6	ZHUANG HAO [0⇒Return ZBZS] K$_P$(m)＝?	0 EXE	输入 0 返回坐标正算计算项目选择界面

续表

步骤	屏幕提示	按键操作	操作说明
7	--ZUOBIAO ZS-- ZHONG ZHUANG(1) BIAN ZHUANG(2) EXIT(0)＝?	0 EXE	输入 0 选择"退出坐标正算"
8	ZBZS(1) ZBFS(2) XYCS(3) EXIT(0)＝?	0 EXE	显示程序功能选择界面，输入 0 选择"退出程序"
9	PQX Prog End! PRESS [AC]	EXE（或 AC/ON）	重新运行（或结束）程序

📖程序运行结束后，可以在 COMP 模式下，通过赋值命令（→）将存储当前连续线形线元参数的矩阵 Mat A 赋值给矩阵 Mat B～Mat F 中的任意一个（例如，赋值给 Mat F 可执行命令 Mat A→Mat F）。赋值完成后，在进行坐标正算（或反算）前，将其再赋值给矩阵 Mat A（执行命令 Mat F→Mat A），就可直接进行坐标正算（或反算），用户无需重新输入线元端点的相关数据进行线元参数的计算，从而有效地提高计算效率。

表 7-21 所示路线的逐桩坐标（部分）见表 7-25，读者可用来验证程序的运行结果，熟练掌握中桩坐标计算的操作步骤。

表 7-25　　　　　　　　　　　逐 桩 坐 标 表

桩号	坐标		桩号	坐标	
	N(x)	E(y)		N(x)	E(y)
K30+600	30425.826	4555.658	K30+970	30211.205	4254.756
K30+620	30415.484	4538.540	K30+990	30198.254	4239.515
K30+640	30404.993	4521.512	K30+997	30193.690	4234.207
K30+660	30394.355	4504.577	K31+000	30191.729	4231.937
K30+680	30383.569	4487.734	K31+005	30188.454	4228.159
K30+700	30372.638	4470.986	K31+008	30186.485	4225.895
K30+711	30366.564	4461.815	K31+030	30171.957	4209.375
K30+730	30355.969	4446.043	K31+050	30158.613	4194.477
K30+750	30344.676	4429.537	K31+064	30149.196	4184.118
K30+770	30333.240	4413.129	K31+067	30147.169	4181.906
K30+790	30321.662	4396.821	K31+080	30138.356	4172.350
K30+817.312	30305.622	4374.715	K31+100	30124.691	4157.746
K30+830	30298.082	4364.511	K31+102	30123.318	4156.292
K30+842	30290.899	4354.898	K31+120	30110.900	4143.261
K30+849	30286.686	4349.308	K31+140	30096.984	4128.897
K30+870	30273.944	4332.616	K31+149	30090.681	4122.472
K30+890	30261.668	4316.827	K31+157	30085.057	4116.783
K30+910	30249.255	4301.145	K31+165	30079.413	4111.113
K30+930	30236.706	4285.572	K31+170	30075.876	4107.579
K30+950	30224.022	4270.108	K31+175	30072.331	4104.053

2. 道路坐标正算——边桩坐标计算

（1）算例。如图 7-14 所示，沙市至公安高速公路××至××段第 2 合同段江北段 K30＋711 处设有一圆管涵，其设计交角为 125°，涵长为 50m。为满足施工需要，需在现场用坐标放样的方法测设圆管涵中线，试计算中桩、道路两侧沿圆管涵中线偏距为 10m、20m 和 25m 的边桩 1～6 的坐标。

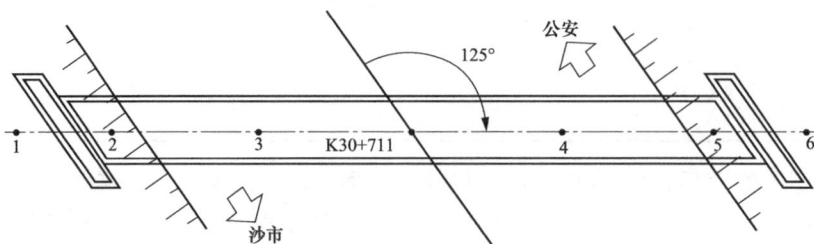

图 7-14　K30＋711.000 圆管涵平面示意图

（2）程序操作步骤。运行程序"ROAD-PQX"，先计算 K30＋711 的中桩坐标，然后计算圆管涵中线上指定位置边桩的坐标，操作步骤见表 7-26。

表 7-26　　　　　　　　　　　　　计算中桩和边桩坐标的操作步骤

步骤	屏幕提示	按键操作	操作说明
1	ZBZS(1) ZBFS(2) XYCS(3) EXIT(0)＝?	1 [EXE]	输入 1 选择"道路坐标正算"
2	--ZUOBIAO ZS-- ZHONG ZHUANG(1) BIAN ZHUANG(2) EXIT(0)＝?	1 [EXE]	输入 1 选择"中桩坐标"计算项目
3	ZHUANG HAO [0⇒Return ZBZS] K_P(m)＝?	30711 [EXE]	输入要计算坐标的中桩桩号 K30＋711
4	**Disp** K_P＝30711.000 --ZHONG ZHUANG-- X_P＝　30366.564 Y_P＝　4461.815	[EXE]	显示中桩 K30＋711 的坐标
5	**Disp** T_P＝ 　　　236°20′40.9″	[EXE]	显示中桩 K30＋71 的切线方位角
6	ZHUANG HAO [0⇒Return ZBZS] K_P(m)＝?	0 [EXE]	输入 0 返回坐标正算计算项目选择界面

续表

步骤	屏幕提示	按键操作	操作说明
7	--ZUOBIAO ZS-- ZHONGZ HUANG(1) BIAN ZHUANG(2) EXIT(0)＝?	2 EXE	输入 2 选择"边桩坐标"计算项目
8	ZHUANG HAO [0⇒Return ZBZS] K_P(m)＝?	30711 EXE	输入边桩对应中桩的桩号 K30＋711
9	[0⇒HUAN ZHUANG] Y－PJ(Deg)＝? 90.000	125° EXE	输入边桩 1 的偏角（交角）
10	[ZUO －；YOU ＋] PianJu(m)＝?	－25 EXE	输入边桩 1 的偏距
11	**Disp** K_b＝ 30711.000 PianJu＝ －25.000 X_b＝ 30341.571 Y_b＝ 4461.228	EXE	显示边桩 1 的坐标
12	[0⇒HUAN ZHUANG] Y－PJ(Deg)＝? 125°0′0″	EXE （偏角没有改变， 可直接按 EXE 键）	输入边桩 2 的偏角（交角）
13	[ZUO －；YOU ＋] PianJu(m)＝?	－20 EXE	输入边桩 2 的偏距
14	**Disp** K_b＝ 30711.000 PianJu＝ －20.000 X_b＝ 30346.569 Y_b＝ 4461.346	EXE	显示边桩 2 的坐标
15	[0⇒HUAN ZHUANG] Y－PJ(Deg)＝? 125°0′0″	EXE （偏角没有改变， 可直接按 EXE 键）	输入边桩 3 的偏角（交角）
16	[ZUO －；YOU ＋] PianJu(m)＝?	－10 EXE	输入边桩 3 的偏距
17	**Disp** K_b＝ 30711.000 PianJu＝ －10.000 X_b＝ 30356.566 Y_b＝ 4461.580	EXE	显示边桩 3 的坐标
18	[0⇒HUAN ZHUANG] Y－PJ(Deg)＝? 125°0′0″	EXE （偏角没有改变， 可直接按 EXE 键）	输入边桩 4 的偏角（交角）
19	[ZUO －；YOU ＋] PianJu(m)＝?	10 EXE	输入边桩 4 的偏距

续表

步骤	屏幕提示	按键操作	操作说明
20	**Disp** $K_b=$ 30711.000 PianJu= 10.000 $X_b=$ 30376.561 $Y_b=$ 4462.050	EXE	显示边桩 4 的坐标
21	[0⇒HUAN ZHUANG] Y－PJ(Deg)＝? 125°0′0″	EXE （偏角没有改变， 可直接按 EXE 键）	输入边桩 5 的偏角（交角）
22	[ZUO －：YOU ＋] PianJu(m)＝?	20 EXE	输入边桩 5 的偏距
23	**Disp** $K_b=$ 30711.000 PianJu= 20.000 $X_b=$ 30386.558 $Y_b=$ 4462.284	EXE	显示边桩 5 的坐标
24	[0⇒HUAN ZHUANG] Y－PJ(Deg)＝? 125°0′0″	EXE （偏角没有改变， 可直接按 EXE 键）	输入边桩 6 的偏角（交角）
25	[ZUO －；YOU ＋] PianJu(m)＝?	25 EXE	输入边桩 6 的偏距
26	**Disp** $K_b=$ 30711.000 PianJu= 25.000 $X_b=$ 30391.557 $Y_b=$ 4462.402	EXE	显示边桩 6 的坐标
27	[0⇒HUAN ZHUANG] Y－PJ(Deg)＝? 125°0′0″	0 EXE	输入 0 更换桩号继续进行边桩计算
28	ZHUANG HAO [0⇒Return ZBZS] K_P(m)＝?	0 EXE	输入 0 返回坐标正算计算项目选择界面
29	--ZUOBIAO ZS-- ZHONG ZHUANG(1) BIAN ZHUANG(2) EXIT(0)＝?	0 EXE	输入 0 选择"退出坐标正算"
30	ZBZS(1) ZBFS(2) XYCS(3) EXIT(0)＝?	0 EXE	显示程序功能选择界面，输入 0 选择"退出程序"
31	PQX Prog END! PRESS [AC]	EXE（或 AC）	重新运行（或结束）程序

3. 道路坐标反算

（1）算例。沙市至公安高速公路××至××段第 2 合同段江北段路线外有两点 B_1 和 B_2，其中 B_1 的坐标为（29328.337，3552.982），B_2 的坐标为（29282.632，3658.509），试计算两点至道路中线之间距离最近点（即中桩）的桩号、距中线的水平距离（即偏距，含左右位置）。

（2）程序操作步骤。运行程序"ROAD-PQX"，计算 B_1 和 B_2 至道路中线之间距离最近点（即中桩）的桩号、距中线的水平距离的操作步骤见表 7-27。

表 7-27　　　　　　　　　　　　道路坐标反算的操作步骤

步骤	屏幕提示	按键操作	操作说明
1	ZBZS（1） ZBFS（2） XYCS（3） EXIT(0)＝？	2 EXE	输入 2 选择"道路坐标反算"
2	BianDian ZUOBIAO [(0，0)⇒EXIT] Xb(m)＝？	29328.337 EXE	输入 B_1 的 x 坐标
3	Yb(m)＝？	3552.982 EXE	输入 B_1 的 y 坐标
4	**Disp** Xb＝　29328.337 Yb＝　3552.982 Kb＝　32096.517 PianJu＝　50.000	EXE	显示 B_1 的坐标、对应中桩的桩号、偏距（偏距为"＋"表示在路线前进方向的右侧）
5	BianDian ZUOBIAO [(0，0)⇒EXIT] Xb(m)＝？	29282.632 EXE	输入 B_2 的 x 坐标
6	Yb(m)＝？	3658.509 EXE	输入 B_2 的 y 坐标
7	**Disp** Xb＝　29282.632 Yb＝　3658.509 Kb＝　32096.517 PianJu＝　－65.000	EXE	显示 B_2 的坐标、对应中桩的桩号、偏距（偏距为"－"表示在路线前进方向的左侧）
8	BianDian ZUOBIAO [(0，0)⇒EXIT] Xb(m)＝？	0 EXE	坐标 x 和 y 均输入 0 退出"道路坐标反算"
9	Yb(m)＝？	0 EXE	
10	ZBZS(1) ZBFS(2) XYCS(3) EXIT(0)＝？	0 EXE	显示程序功能选择界面，输入 0 选择"退出程序"
11	PQX Prog END! PRESS [AC]	EXE（或 AC/ON）	重新运行（或结束）程序

7.4　道路竖曲线计算程序的设计及应用

为了行车的平稳和满足视距的要求，道路两相邻坡度段应以竖向曲线连接，称这种竖向曲线为竖曲线。竖曲线可以用圆曲线或二次抛物线，我国一般采用圆曲线型的竖曲线。纵坡变更处称为变坡点，也称竖交点，用 BP 表示。当变坡点在曲线的上方时，称为凸型竖曲线；反之，称为凹型竖曲线，如图 7-15 所示。在图 7-15 中，BP_2 和 BP_3 是变坡点，路线上有三条相邻的纵坡 $i_1(+)$、$i_2(-)$、$i_3(+)$，在 i_1 和 i_2 之间设置的是凸型竖曲线，在 i_2 和 i_3 之间设置的是凹型竖曲线。

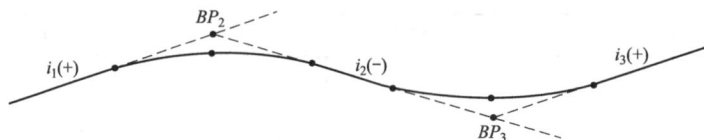

图 7-15　凸型竖曲线和凹型竖曲线

7.4.1　数学模型

1. 竖曲线要素计算公式

如图 7-16 所示，竖曲线半径为 R，BP 是变坡点，其桩号为 Z_{BP}、高程为 H_0。A 是竖曲线起点，B 是竖曲线终点，沿路线前进方向，i_1 为后坡坡度，i_2 为前坡坡度。当 $i_1-i_2>0$ 时为凸曲线，当 $i_1-i_2<0$ 时为凹曲线。

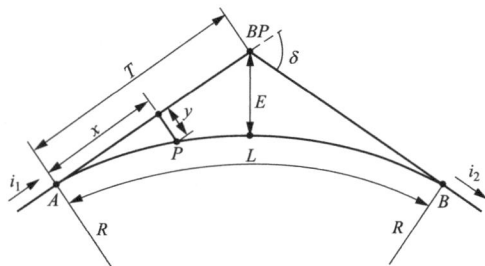

图 7-16　竖曲线要素计算

δ 为变坡角，其计算公式为：

$$\delta = |i_1 - i_2| \tag{7-45}$$

T 为切线长，其计算公式为：

$$T \approx R \cdot \frac{\delta}{2} \tag{7-46}$$

L 为竖曲线长，其计算公式为：

$$L \approx 2T = R \cdot \delta \tag{7-47}$$

E 为竖曲线外矢距，其计算公式为：

$$E \approx \frac{T^2}{2R} \tag{7-48}$$

竖曲线起点 A 的桩号为 Z_A，其计算公式为：

$$Z_A = Z_{BP} - T \tag{7-49}$$

竖曲线终点 B 的桩号为 Z_B，其计算公式为：

$$Z_B = Z_A + L \approx Z_{BP} + T \tag{7-50}$$

竖曲线上任一点 P 的切曲差为 y，其计算公式为：

$$y \approx \frac{x^2}{2R} \tag{7-51}$$

式中　x——任一点 P 的桩号与竖曲线起点（或终点）的桩号之差。

2. 中桩设计高程计算公式

竖曲线上不同区间的点，其设计高程的计算方式不同。设中桩 P 的设计高程为 H_P，H_P 的计算可分为以下 3 种情况来处理：

（1）P 位于竖曲线外后坡的直坡段

$$H_P = H_0 - d \cdot i_1 \tag{7-52}$$

（2）P 位于竖曲线外前坡的直坡段

$$H_P = H_0 + d \cdot i_2 \tag{7-53}$$

式（7-52）和式（7-53）中，d 为 P 点的桩号与变坡点的桩号之差，$d = |Z_P - Z_{BP}|$。

（3）P 位于竖曲线内

$$H_P = H_坡 \pm y \tag{7-54}$$

式中，凹型竖曲线取"$+$"，凸型竖曲线取"$-$"；$H_坡$ 为 P 点的切线高程，可参照直坡段上点的高程计算。

3. 道路中桩设计高程的计算

如图 7-17 所示，某路段的竖曲线有 $n+1$ 个变坡点，编号依次为 BP_1、BP_2、BP_3、……、BP_n、BP_{n+1}（其中 BP_1 和 BP_{n+1} 位于直坡段），竖曲线由 n 个纵坡组成，其坡度分别为 i_1、i_2、i_3、…、i_n。

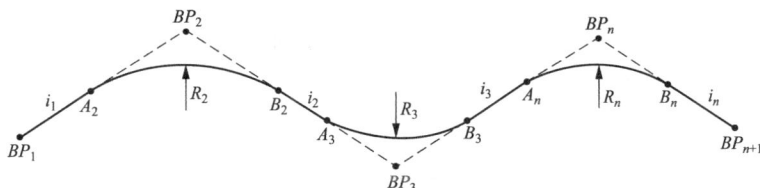

图 7-17　道路竖曲线

根据变坡点 BP_1（路段起点）的桩号 Z_1 和设计高程 H_1，变坡点 BP_2 的桩号 Z_2、设计高程 H_2 和曲线半径 R_2，变坡点 BP_3 的桩号 Z_3、设计高程 H_3 和曲线半径 R_3，……，变坡点 BP_n 的桩号 Z_n、设计高程 H_n 和曲线半径 R_n，变坡点 BP_{n+1}（路段终点）的桩号 Z_{n+1} 和设计高程 H_{n+1}，计算中桩 P（桩号为 Z_P）的设计高程的步骤如下：

（1）计算竖曲线的曲线要素。根据编程计算的需要，竖曲线的曲线要素应包括：①变坡点的桩号、设计高程、曲线半径、凸凹标记（凸为"$+1$"，凹为"-1"）、至下一变坡点的纵坡；②切线长、曲线长和外矢距；③曲线起点的桩号、曲线终点的桩号。

应注意，路段起点 BP_1（终点 BP_{n+1}）设置在直坡段，其曲线半径、凸凹标记、切线长、曲线长和外矢距均为 0，曲线起点和终点的桩号均为变坡点 BP_1（BP_{n+1}）的桩号。

第 j 个变坡点的曲线要素计算公式如下：

① i_j 为至下一变坡点的坡度，其计算公式为：

$$i_j = \frac{H_{j+1} - H_j}{Z_{j+1} - Z_j} \tag{7-55}$$

185

式中，$1 \leqslant j \leqslant n$。

② δ_j 为变坡角，其计算公式为：

$$\delta_j = |i_{j-1} - i_j| \tag{7-56}$$

式中，i_{j-1} 是变坡点 j 的后坡坡度，i_j 是变坡点 j 的前坡坡度。

③ F_j 为凸凹标记，其计算公式为：

$$F_j = \begin{cases} +1 & (i_{j-1} - i_j > 0) \\ -1 & (i_{j-1} - i_j < 0) \\ 0 & (j = 1 \text{ 或 } j = n+1) \end{cases} \tag{7-57}$$

④ T_j 为切线长，其计算公式为：

$$T_j \approx R_j \cdot \frac{\delta_j}{2} \tag{7-58}$$

⑤ L_j 为竖曲线长，其计算公式为：

$$L_j = R_j \cdot \delta_j \tag{7-59}$$

⑥ E_j 为竖曲线外矢距，其计算公式为：

$$E_j = \frac{T_j^2}{2R_j} \tag{7-60}$$

⑦ Z_{Aj} 为曲线起点 A_j 的桩号，其计算公式为：

$$Z_{Aj} = Z_j - T_j \tag{7-61}$$

⑧ Z_{Bj} 为曲线终点 B_j 的桩号，其计算公式为：

$$Z_{Bj} = Z_j + T_j \tag{7-62}$$

用不同的 j（$1 \leqslant j \leqslant n+1$）值代入上述公式，可以求出全部变坡点的曲线要素。有 n 个纵坡的竖曲线的曲线要素见表 7-28。

表 7-28   **竖曲线的曲线要素（n 个纵坡）**

变坡点序号	桩号	设计高程	曲线半径	至下一变坡点的坡度	凸凹标记	切线长	曲线长	外矢距	曲线起点桩号	曲线终点桩号
1	Z_1	H_1	0	i_1	0	0	0	0	Z_1	Z_1
2	Z_2	H_2	R_2	i_2	F_2	T_2	L_2	E_2	Z_{A2}	Z_{B2}
3	Z_3	H_3	R_3	i_3	F_3	T_3	L_3	E_3	Z_{A3}	Z_{B3}
…	…	…	…	…	…	…	…	…	…	…
n	Z_n	H_n	R_n	i_n	F_n	T_n	L_n	E_n	Z_{An}	Z_{Bn}
$n+1$	Z_{n+1}	H_{n+1}	0	—	0	0	0	0	Z_{n+1}	Z_{n+1}

（2）确定中桩 P 所在的纵坡。根据中桩 P 的桩号 Z_P 与纵坡两端变坡点桩号之间的大小关系，就可以确定中桩 P 所在的纵坡。若 $Z_j < Z_P \leqslant Z_{j+1}$，则中桩 P 位于第 j 个纵坡上。

例如，$Z_2 = \text{K0}+625$，$Z_3 = \text{K1}+120$，$Z_4 = \text{K1}+450$，中桩 P 的桩号 Z_P 为 K1+000，因为 $Z_2 < Z_P \leqslant Z_3$，因此中桩 P 位于第 2 个纵坡上（纵坡起点是变坡点 2，纵坡终点是变坡点 3）。

（3）计算中桩 P 的设计高程。纵坡 j 通常可分为 3 个区间：①区间 1——变坡点 BP_j～变坡点 BP_j 处曲线的终点 B_j；②区间 2——变坡点 BP_j 处曲线的终点 B_j～变坡点 BP_{j+1} 处曲线的起点 A_{j+1}；③区间 3——变坡点 BP_{j+1} 处曲线的起点 A_{j+1}～变坡点 BP_{j+1}。中桩 P 处于纵坡的不同区间上，其切曲差 y 的计算也不相同。设中桩 P 位于第 j 个纵坡上，切曲差

y_P 的计算方法如下：

① 若 $Z_P \leqslant Z_{Bj}$，则切曲差 y_P 为

$$y_P = -F_j \cdot \frac{(Z_{Bj} - Z_P)^2}{2R_j} \tag{7-63}$$

② 若 $Z_{Bj} \leqslant Z_P \leqslant Z_{Aj+1}$，则切曲差 y_P 为

$$y_P = 0 \tag{7-64}$$

③ 若 $Z_P > Z_{Aj+1}$，则切曲差 y_P 为

$$y_P = -F_{j+1} \cdot \frac{(Z_P - Z_{Aj+1})^2}{2R_{j+1}} \tag{7-65}$$

中桩 P 的设计高程为 H_P，其计算公式为：

$$H_P = H_j + (Z_P - Z_j) \cdot i_j + y_P \tag{7-66}$$

7.4.2　数据存储设计

由表 7-28 可知，n 个纵坡组成的竖曲线，其计算时必不可少的曲线要素是由 $n+1$ 个变坡点的桩号、设计高程、曲线半径等构成的，且每个变坡点的数据都具有相同的结构，因此宜采用矩阵来存储这些数据。

为避免与平曲线线元参数矩阵 Mat A 发生冲突，本实例程序采用 10 行 10 列的矩阵 B（Mat B）存储竖曲线的曲线要素，每行对应一个变坡点，具体分配方案见表 7-29。

表 7-29　　　　　　　　　　矩阵 Mat B 的分配（纵坡数 $n \leqslant 9$）

Mat B	第 1 列 变坡点的桩号	第 2 列 设计高程	第 3 列 曲线半径	第 4 列 至下一变坡点的坡度%	第 5 列 凸凹标记	第 6 列 切线长	第 7 列 曲线长	第 8 列 外矢距	第 9 列 曲线起点桩号	第 10 列 曲线终点桩号
第 1 行	Z_1	H_1	0	i_1	0	0	0	0	Z_1	Z_1
第 2 行	Z_2	H_2	R_2	i_2	F_2	T_2	L_2	E_2	Z_{A2}	Z_{B2}
第 3 行	Z_3	H_3	R_3	i_3	F_3	T_3	L_3	E_3	Z_{A3}	Z_{B3}
…	…		…	…	…	…	…	…	…	…
第 n 行	Z_n	H_n	R_n	i_n	F_n	T_n	L_n	E_n	Z_{An}	Z_{Bn}
第 $n+1$ 行	Z_{n+1}	H_{n+1}	0	—	0	0	0	0	Z_{n+1}	Z_{n+1}

📖 应特别注意，由于 CASIO fx-5800P 矩阵的最大行数为 10，因此本实例程序能直接计算的竖曲线最多只能包含 9 个纵坡（即 10 个变坡点）。若竖曲线由 9 个以上的纵坡组成，应将其分解为多个子路段进行计算。

程序变量清单见表 7-30。

表 7-30　　　　　　　　　　程 序 变 量 清 单

序号	数学模型变量	CASIO fx-5800P计算器变量	输入（输出）提示符	单位	说明
1		G	SQX Main-menu 1-ZZGC 2-QXYS 0-EXIT　＝?		选择程序功能： 1—计算中桩设计高程 2—计算曲线要素 0—退出程序

序号	数学模型变量	CASIO fx-5800P 计算器变量	输入（输出）提示符	单位	说明
2		Q	QXYS Sub-menu 1-NEW 2-UPDATE 0-EXIT ＝?		选择曲线要素计算子功能： 1—新建路线 2—数据更新 0—退出
3	n	N	输入： ZONG PO Shu [1-9;0⇒EXIT]＝?		竖曲线的纵坡数
			越界提示： ZONG PO Shu OUT! PRESS [EXE]		超出范围（$n<1$ 或 $n>9$）时，先显示提示信息，然后要求重新输入纵坡数
	$n+1$				路线的变坡点个数
4	竖曲线的曲线要素（表7-28）	Mat B			见表 7-29
5	j	J	BIANPODian NO：		循环变量 变坡点的编号 $1\sim n+1$ 纵坡编号 $1\sim n$
6	Z_j	Mat B [J, 1]	输入：K(m)＝? 输出：K＝	m	变坡点的桩号
7	H_j	Mat B[J, 2]	输入：H(m)＝? 输出：H＝	m	变坡点的设计高程
8	R_j	Mat B[J, 3]	输入：R(m)＝? 输出：R＝	m	变坡点的曲线半径
9	δ_j	W		%	变坡角
10	i_j	Mat B[J, 4]			至下一变坡点的坡度
11	F_j	Mat B[J, 5]			凸凹标记
12	T_j	Mat B[J, 6]	T＝	m	变坡点的切线长
13	L_j	Mat B[J, 7]	L＝	m	变坡点的曲线长
14	E_j	Mat B[J, 8]	E＝	m	变坡点的外矢距
15	Z_{Aj}	Mat B[J, 9]	Ka＝	m	变坡点曲线起点的桩号
16	Z_{Bj}	Mat B[J, 10]	Kb＝	m	变坡点曲线终点的桩号
17	Z_P	K	输入： ZHUANG HAO [0⇒EXIT] Kp(m)＝? 输出： Kp＝ -SHEJI GAOCHENG- 出界提示： THE K IS OUT! PRESS [EXE]	m	中桩 P 的桩号
18	y_P	Y		m	切曲差
19	H_P	H	Hp＝	m	中桩 P 的设计高程

7.4.3 算法设计与表示

道路竖曲线计算的算法如图 7-18 所示。

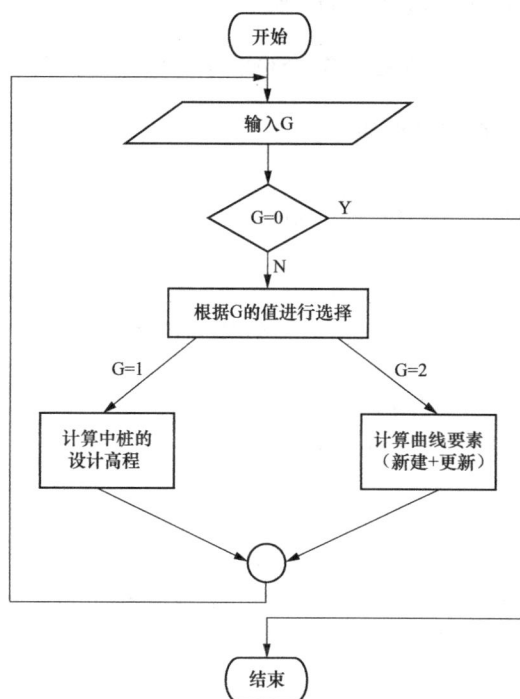

图 7-18 道路竖曲线计算的算法

7.4.4 程序代码设计

程序由主程序 ROAD-SQX 和 SQX-QXYS、SQX-ZZGC 等 2 个子程序组成。

1. 主程序的程序代码（程序文件名"ROAD-SQX"）

```
Deg:Norm 1  设置角度单位和数值显示格式
Lbl 0  设置标记 0,与 Goto 0 语句构成循环
Do  通过 DO…LpWhile 循环,控制 G 的值只能输入 1、2 和 0
  Cls
  "SQX Main-menu":"1-ZZGC":"2-QXYS":"0-EXIT  = "?→G  分 4 行显示程序功能选择的提示信
      息。G=1 计算中桩设计高程;G=2 计算曲线要素;G=0 退出程序
LpWhile G≠1 And G≠2 And G≠0
G = 0⇒Goto E  退出程序
G = 1⇒Prog "SQX-ZZGC"
G = 2⇒Prog "SQX-QXYS"
Goto 0


Lbl E  退出程序的标记
```

189

Cls

Locate 2,2,"SQX Prog END!"　显示程序运行结束的提示信息

Locate 4,3,"PRESS[AC]"　按 EXE (或 AC/ON)重新运行(或结束)程序

📖 按 FUNCTION 4 (CONST) 3 键输入字符 me。

2. 子程序 1 的程序代码 (程序文件名 "SQX-QXYS")

程序功能: 计算道路竖曲线的曲线要素。

Lbl 0　设置标记 0

Do　通过 DO…LpWhile 循环,控制 G 的值只能输入 1、2 和 0

　　Cls

　　"QXYS Sub-menu":"1-NEW":"2-UPDATE":"0-EXIT　＝"?→Q　分 4 行显示曲线要素计算子功能选
　　　　择的提示信息。G＝1 新建路线;G＝2 数据更新;G＝0 退出曲线要素计算

LpWhile Q≠1 And Q≠2 And Q≠0

Q＝0⇒Goto R　退出曲线要素计算

Q＝2⇒Goto 2　更新曲线要素矩阵 Mat B 的内容

Lbl 1　设置标记 1

Cls

"ZONG PO Shu":"[1-9:0⇒EXIT]＝"?→N　输入竖曲线的纵坡个数 $n(1 \leqslant n \leqslant 9)$

N＝0⇒Goto 0　返回 Lbl 0,重新选择曲线要素计算子功能

If N＜1 Or N＞9:Then

　　Cls

　　Locate 1,2,"ZONG PO Shu OUT!"

　　Locate 3,3,"PRESS[EXE]"◢　显示竖曲线的纵坡数 n 越界(小于 1 或大于 9)的提示信息后暂
　　　　停,等待用户按 EXE 键继续运行程序

　　Goto 1　返回 Lbl 1,重新输入竖曲线的纵坡个数

IfEnd

[[0,0,0,0,0,0,0,0,0,0,0][0,0,0,0,0,0,0,0,0,0,0][0,0,0,0,0,0,0,0,0,0,0][0,0,0,0,0,0,0,0,0,0,
0][0,0,0,0,0,0,0,0,0,0,0][0,0,0,0,0,0,0,0,0,0,0][0,0,0,0,0,0,0,0,0,0,0][0,0,0,0,0,0,0,0,
0,0,0][0,0,0,0,0,0,0,0,0,0,0][0,0,0,0,0,0,0,0,0,0,0]]→Mat B　初始化竖曲线要素矩阵
　　Mat B

Norm 1　设置数值显示格式。数值显示格式设为 Norm 1 后,在输入变坡点数据时,提示信息显示
　　的端点号为整数

For 1→J To N＋1　输入竖曲线全部变坡点的相关数据

　　Cls

　　"BIANPODian NO.":Locate 15,1,J　显示变坡点的编号,提醒用户当前要输入的是第几个变坡点的
　　　　数据

　　"K(m)＝"?→Mat B[J,1]　输入当前变坡点的桩号

　　"H(m)＝"?→Mat B[J,2]　输入当前变坡点的设计高程

　　"R(m)＝"?→Mat B[J,3]　输入当前变坡点的曲线半径

Next

Lbl 2　设置标记 2

1→N

While N<10　根据曲线要素矩阵 Mat B 的内容自动统计变坡点的个数

　　If Mat B[N+1,1]≠0 And Mat B[N+1,2]≠0:Then N+1→N:Else Break:IfEnd

WhileEnd　循环结束时,变量 N 的值为变坡点的个数 n

For 1→J To N−1　计算全部纵坡的坡度 i

　　(Mat B[J+1,2]−Mat B[J,2])÷(Mat B[J+1,1]−Mat B[J,1])×100→Mat B[J,4]

Next

For 2→J To N−1　计算第 2～n−1 个变坡点的曲线要素

　　(Mat B[J−1,4]−Mat B[J,4])÷100→W　计算 δ_j 并保存到变量 W

　　If W>0:Then 1→Mat B[J,5]:Else −1→Mat B[J,5]:IfEnd　计算凸凹标记 B_j

　　Mat B[J,3]×Abs(W)÷2→Mat B[J,6]　计算切线长 T_j

　　Mat B[J,3]×Abs(W)→Mat B[J,7]　计算曲线长 L_j

　　Mat B[J,6]^2÷2÷Mat B[J,3]→Mat B[J,8]　计算外矢距 E_j

Next

For 1→J To N　计算各变坡点曲线起点和终点的桩号

　　Mat B[J,1]−Mat B[J,6]→Mat B[J,9]

　　Mat B[J,1]+Mat B[J,6]→Mat B[J,10]

Next

Fix 3　设置数值显示格式。在输出变坡点的信息时,要显示 3 位小数

For 1→J To N　输出全部变坡点的信息

　　Cls

　　"BIANPODian NO.":Locate 15,1,J　　显示变坡点的编号,提醒用户当前显示的是第几个变坡点的
　　　　数据

　　"K = ":Locate 5,2,Mat B[J,1]　显示变坡点的桩号

　　"H = ":Locate 5,3,Mat B[J,2]　显示变坡点的设计高程

　　"T = ":Locate 5,4,Mat B[J,6]◢　显示变坡点的切线长后暂停,等待用户按 EXE 键继续运行程序

　　If J≥2 And J≤N−1:Then　不显示路线起点 BP_1 和终点 BP_{n+1} 的 L、E、Z_A 和 Z_B

　　　　Cls

　　　　"L = ":Locate 5,1,Mat B[J,7]　显示变坡点的竖曲线长

　　　　"E = ":Locate 5,2,Mat B[J,8]　显示变坡点的竖曲线外矢距

　　　　"Ka = ":Locate 5,3,Mat B[J,9]　显示变坡点的曲线起点桩号

　　　　"Kb = ":Locate 5,4,Mat B[J,10]◢　显示变坡点的曲线终点桩号后暂停,等待用户按 EXE 键
　　　　　　继续运行程序

　　IfEnd

Next

Lbl R　设置返回主程序标记

Return　返回主程序

3. 子程序 2 的程序代码（程序文件名 "SQX-ZZGC"）

程序功能：计算道路中桩的设计高程。

Fix 3　设置数值显示格式

1→N

While N<10　根据曲线要素矩阵 Mat B 的内容自动统计变坡点的个数 n

　　If Mat B[N+1,1]≠0 And Mat B[N+1,2]≠0:Then N+1→N:Else Break:IfEnd

WhileEnd　循环结束时,变量 N 的值为变坡点的个数

Lbl 0

Cls

"ZHUANG HAO":"[0⇒EXIT]"　输入中桩桩号的提示信息

"Kp(m)="?→K　将输入的中桩桩号保存到变量 K

K=0⇒Goto R　桩号输入 0 则退出中桩设计高程的计算,返回主程序

If K<Mat B[1,1]Or K>Mat B[N,1]:Then　满足条件说明桩号不在线形区间内

　Cls

　Locate 2,2,"THE K IS OUT!"

　Locate 3,3,"PRESS [EXE]"▲　显示桩号(K 值)不在路线区间内的提示信息后暂停,等待用户按

　　　EXE 键继续运行程序

　Goto 0　返回 Lbl 0,重新输入中桩桩号

IfEnd

1→J

While K>Mat B[J+1,1]

　J+1→J

WhileEnd　循环结束时,变量 J 的值等于中桩所在纵坡的编号

K<Mat B[J,10]⇒−Mat B[J,5]×(Mat B[J,10]−K)²÷Mat B[J,3]÷2→Y　计算区间 1 的切曲差并

　　保存到变量 Y

K≥Mat B[J,10]And K≤Mat B[J+1,9]⇒0→Y　计算区间 2 的切曲差并保存到变量 Y

K>Mat B[J+1,9]⇒−Mat B[J+1,5]×(K−Mat B[J+1,9])²÷Mat B[J+1,3]÷2→Y　计算区间 3

　　的切曲差并保存到变量 Y

Mat B[J,2]+(K−Mat B[J,1])×Mat B[J,4]÷100+Y→H　将中桩的设计高程保存到变量 H

Cls

"Kp=":Locate 5,1,K　显示中桩的桩号(用于核对数据)

Locate 1,2,"-SHEJI GAOCHENG-"　显示输出中桩设计高程的提示信息

Locate 1,3,"Hp=":Locate 5,3,H▲　显示中桩的设计高程后暂停,等待用户按 EXE 键继续运行程序

Goto 0　重新输入新的桩号进行计算

Lbl R　设置返回主程序标记

Return　返回主程序

7.4.5　程序应用

1. 道路竖曲线要素计算

(1) 算例。××至××高速公路第 1 合同段的桩号为 K0+000～K2+510,长度

2.510km，其"纵坡、竖曲线表"见表 7-31，试计算其竖曲线的曲线要素。

表 7-31 　　　　　　　　　　　　　　　**纵 坡 、竖 曲 线 表**

工程名称：××至××高速公路 第 1 合同段

序号	变坡点桩号	高程(m)	纵坡(%)	坡长	竖曲线要素及曲线位置							直坡段长(m)
					半径(凸)	半径(凹)	切线长 T	曲线长 L	外矢距 E	起点	终点	
1	K0+000	596.325										
2	K0+625	618.200	+3.500	625	6000		114.000	228.000	1.083	K0+511.000	K0+739.000	511.000
3	K1+120	616.715	−0.300	495	4000		64.000	128.000	0.512	K1+056.000	K1+184.000	317.000
4	K1+450	605.165	−3.500	330		1500	54.624	109.248	0.995	K1+395.376	K1+504.624	211.376
			+3.783	495								372.544
5	K1+945	623.892			2000		67.834	135.668	1.150	K1+877.166	K2+012.834	429.668
6	K2+510	606.941	−3.000	565								

注 本成果高程系统采用 1985 国家高程基准。

（2）程序操作步骤。运行程序"ROAD-SQX"，计算竖曲线的曲线要素的操作步骤见表 7-32。

表 7-32 　　　　　　　　　　　**计算道路竖曲线要素的操作步骤**

步骤	屏幕提示	按键操作	操作说明
1	SQX Main-menu 1-ZZGC 2-QXYS 0-EXIT ＝？	2 [EXE]	输入 2 选择"计算曲线要素"
2	QXYS Sub-menu 1-NEW 2-UPDATE 0-EXIT ＝？	1 [EXE]	输入 1 选择"新建路线"
3	ZONGPO Shu ［1-9；0⇒EXIT］＝？	5 [EXE]	输入竖曲线的纵坡个数
4	BIANPODian NO：1 K(m)＝？	0 [EXE]	输入第 1 个变坡点的桩号
5	H(m)＝？	596.325 [EXE]	输入第 1 个变坡点的设计高程
6	R(m)＝？	0 [EXE]	输入第 1 个变坡点的曲线半径
7	BIANPODian NO：2 K(m)＝？	625 [EXE]	输入第 2 个变坡点的桩号
8	H(m)＝？	618.2 [EXE]	输入第 2 个变坡点的设计高程
9	R(m)＝？	6000 [EXE]	输入第 2 个变坡点的曲线半径
10	BIANPODian NO：3 K(m)＝？	1120 [EXE]	输入第 3 个变坡点的桩号

续表

步骤	屏幕提示	按键操作	操作说明
11	H(m)＝?	616.715 EXE	输入第 3 个变坡点的设计高程
12	R(m)＝?	4000 EXE	输入第 3 个变坡点的曲线半径
13	BIANPODian NO:4 K(m)＝?	1450 EXE	输入第 4 个变坡点的桩号
14	H(m)＝?	605.165 EXE	输入第 4 个变坡点的设计高程
15	R(m)＝?	1500 EXE	输入第 4 个变坡点的曲线半径
16	BIANPODian NO:5 K(m)＝?	1945 EXE	输入第 5 个变坡点的桩号
17	H(m)＝?	623.892 EXE	输入第 5 个变坡点的设计高程
18	R(m)＝?	2000 EXE	输入第 5 个变坡点的曲线半径
19	BIANPODian NO:6 K(m)＝?	2510 EXE	输入第 6 个变坡点的桩号
20	H(m)＝?	606.941 EXE	输入第 6 个变坡点的设计高程
21	R(m)＝?	0 EXE	输入第 6 个变坡点的曲线半径
22	**Disp** BIANPODian NO:1. K= 0.000 H= 596.525 T= 0.000	EXE	显示第 1 个变坡点的桩号、设计高程、切线长
23	**Disp** BIANPODian NO:2. K= 625.000 H= 618.200 T= 114.000	EXE	显示第 2 个变坡点的桩号、设计高程、切线长
24	**Disp** L= 228.000 E= 1.083 Ka= 511.000 Kb= 739.000	EXE	显示第 2 个变坡点的曲线长、外矢距、曲线起点桩号、曲线终点桩号
25	**Disp** BIANPODian NO:3. K= 1120.000 H= 616.715 T= 64.000	EXE	显示第 3 个变坡点的桩号、设计高程、切线长
26	**Disp** L= 128.000 E= 0.512 Ka= 1056.000 Kb= 1184.000	EXE	显示第 3 个变坡点的曲线长、外矢距、曲线起点桩号、曲线终点桩号
27	**Disp** BIANPODian NO:4. K= 1450.000 H= 605.165 T= 54.624	EXE	显示第 4 个变坡点的桩号、设计高程、切线长

续表

步骤	屏幕提示	按键操作	操作说明
28	**Disp** L= 109.248 E= 0.995 Ka= 1395.376 Kb= 1504.624	EXE	显示第 4 个变坡点的曲线长、外矢距、曲线起点桩号、曲线终点桩号
29	**Disp** BIANPODian NO：5. K= 1945.000 H= 623.892 T= 67.834	EXE	显示第 5 个变坡点的桩号、设计高程、切线长
30	**Disp** L= 135.668 E= 1.150 Ka= 1877.166 Kb= 2012.834	EXE	显示第 5 个变坡点的曲线长、外矢距、曲线起点桩号、曲线终点桩号
31	**Disp** BIANPODian NO：6. K= 2510.000 H= 606.941 T= 0.000	EXE	显示第 6 个变坡点的桩号、设计高程、切线长
32	SQX Main-menu 1-ZZGC 2-QXYS 0-EXIT ＝?	0 EXE	显示程序功能选择界面，输入 0 选择"退出程序"
33	SQX Prog END! PRESS ［AC]	EXE（或 AC/ON）	重新运行（或结束）程序

　　📖 程序运行结束后，可以在 COMP 模式下，通过赋值命令（→）将存储当前竖曲线曲线要素的矩阵 Mat B 赋值给其他矩阵（不建议赋值给存储平曲线线元参数的矩阵 Mat A）。赋值完成后，在进行中桩设计高程计算前，将其再赋值给矩阵 Mat B，就可直接进行计算，无需用户重新输入变坡点的数据进行曲线要素的计算，从而有效地提高计算效率。

　　📖 若个别变坡点的桩号、设计高程或曲线半径输入错误（或设计变更），可直接修改矩阵 Mat B 中的对应数据后选择"数据更新"，程序将重新计算曲线要素，并自动更新矩阵 Mat B 的内容。

　　表 7-31 所示路线的竖曲线要素矩阵见表 7-33，读者可用来验证程序的运行结果。

表 7-33　　　　　　　　　××至××高速公路第 1 合同段的竖曲线要素

Mat B	第 1 列 变坡点的桩号	第 2 列 设计高程	第 3 列 曲线半径	第 4 列 至下一变坡点的坡度%	第 5 列 凸凹标记	第 6 列 切线长	第 7 列 曲线长	第 8 列 外矢距	第 9 列 曲线起点桩号	第 10 列 曲线终点桩号
第 1 行	0.000	596.325	0.000	3.500	0.000	0.000	0.000	0.000	0.000	0.000
第 2 行	625.000	618.200	6000.000	−0.300	1.000	114.000	228.000	1.083	511.000	739.000
第 3 行	1120.000	616.715	4000.000	−3.500	1.000	64.000	128.000	0.512	1056.000	1184.000

Mat B	第 1 列	第 2 列	第 3 列	第 4 列	第 5 列	第 6 列	第 7 列	第 8 列	第 9 列	第 10 列
	变坡点的桩号	设计高程	曲线半径	至下一变坡点的坡度%	凸凹标记	切线长	曲线长	外矢距	曲线起点桩号	曲线终点桩号
第 4 行	1450.000	605.165	1500.000	3.783	-1.000	54.624	109.248	0.995	1395.376	1504.624
第 5 行	1945.000	623.892	2000.000	-3.000	1.000	67.834	135.668	1.150	1877.166	2012.834
第 6 行	2510.000	606.941	0.000	0.000	0.000	0.000	0.000	0.000	2510.000	2510.000

2. 道路中桩设计高程计算

(1) 算例。××至××高速公路第 1 合同段的桩号为 K0＋000～K2＋510，长度 2.510km，其"纵坡、竖曲线表"见表 7-31。试计算中桩 K1＋000、K1＋100 和 K1＋200 的设计高程。

(2) 程序操作步骤。先按表 7-32 的操作步骤计算路线的竖曲线要素，然后运行程序 "ROAD-SQX" 计算中桩的设计高程。运行程序 "ROAD-SQX" 计算中桩设计高程的操作步骤见表 7-34。

表 7-34　　　　　　　　　　　计算中桩设计高程的操作步骤

步骤	屏幕提示	按键操作	操作说明
1	SQX Main-menu 1-ZZGC 2-QXYS 0-EXIT　＝?	1 EXE	输入 1 选择"计算中桩设计高程"
2	ZHUANG HAO [0⇒EXIT] Kp(m)＝?	1000 EXE	输入中桩桩号 K1＋000
3	**Disp** Kp　＝1000.000 　-SHEJI GAOCHENG- Hp　＝617.075	EXE	显示中桩 K1＋000 的桩号和设计高程
4	ZHUANG HAO [0⇒EXIT] Kp(m)＝?	1100 EXE	输入中桩桩号 K1＋100
5	**Disp** Kp　＝1100.000 　-SHEJI GAOCHENG- Hp　＝616.533	EXE	显示中桩 K1＋100 的桩号和设计高程
6	ZHUANG HAO [0⇒EXIT] Kp(m)＝?	1200 EXE	输入中桩桩号 K1＋200
7	**Disp** Kp　＝1200.000 　-SHEJI GAOCHENG- Hp　＝613.915	EXE	显示中桩 K1＋200 的桩号和设计高程

步骤	屏幕提示	按键操作	操作说明
8	ZHUANG HAO ［0⇒EXIT］ Kp(m)＝?	0 EXE	输入0选择退出"计算中桩设计高程"
9	SQX Main-menu 1-ZZGC 2-QXYS 0-EXIT ＝?	0 EXE	显示程序功能选择界面,输入0选择"退出程序"
10	SQX Prog END! PRESS［AC］	EXE(或 AC/ON)	重新运行(或结束)程序

表 7-31 所示路线的中桩设计高程(部分)见表 7-35,读者可用来验证程序的运行结果,熟练掌握计算中桩设计高程的操作步骤。

表 7-35 　　　　　　　　　　　　中 桩 设 计 高 程 表

桩号	设计高程	桩号	设计高程	桩号	设计高程
K0＋600	616.665	K0＋980	617.135	K1＋360	608.315
K0＋620	617.035	K1＋000	617.075	K1＋380	607.615
K0＋640	617.338	K1＋020	617.015	K1＋400	606.922
K0＋660	617.575	K1＋040	616.955	K1＋420	606.417
K0＋680	617.745	K1＋060	616.893	K1＋440	606.179
K0＋700	617.848	K1＋080	616.763	K1＋460	606.207
K0＋720	617.885	K1＋100	616.533	K1＋480	606.502
K0＋740	617.855	K1＋120	616.203	K1＋500	607.064
K0＋760	617.795	K1＋140	615.773	K1＋520	607.813
K0＋780	617.735	K1＋160	615.243	K1＋540	608.570
K0＋800	617.675	K1＋180	614.613	K1＋560	609.327
K0＋820	617.615	K1＋200	613.915	K1＋580	610.083
K0＋840	617.555	K1＋220	613.215	K1＋600	610.840
K0＋860	617.495	K1＋240	612.515	K1＋620	611.596
K0＋880	617.435	K1＋260	611.815	K1＋640	612.353
K0＋900	617.375	K1＋280	611.115	K1＋660	613.110
K0＋920	617.315	K1＋300	610.415	K1＋680	613.866
K0＋940	617.255	K1＋320	609.715		
K0＋960	617.195	K1＋340	609.015		

参 考 文 献

［1］ 工程测量规范（GB 50026—2007）［S］. 北京：中国计划出版社，2008.

［2］ 公路勘测规范（JTG C10—2007）［S］. 北京：人民交通出版社，2007.

［3］ 谭浩强. QBASIC 程序设计教程［M］. 北京：清华大学出版社，2000.

［4］ 卡西欧（上海）贸易有限公司. 卡西欧 fx-5800P 用户说明书.

［5］ 唐保华. 全国高职高专工程测量技术专业规划教材 工程测量技术［M］. 2 版. 北京：中国电力出版社，2012.

［6］ 王中伟. 卡西欧 fx-5800P 计算器道路施工放样程序从入门到精通［M］. 广州：华南理工大学出版社，2014.

［7］ 覃辉. CASIO fx-9750GⅡ图形编程计算器公路与铁路测量程序［M］. 北京：人民交通出版社，2013.